Design City **Milan**

BICENTENNIAL
BICENTENNIAL
1807
WILEY
2007
BICENTENNIAL
BICENTENNIAL

This publication is designed to provide accurate and authoritative information in regard to the subject matter covered. It is sold on the understanding that the Publisher is not engaged in rendering professional services. If professional advice or other expert assistance is required, the services of a competent professional should be sought.

Other Wiley Editorial Offices

John Wiley & Sons Inc., 111 River Street, Hoboken, NJ 07030, USA

Jossey-Bass, 989 Market Street, San Francisco, CA 94103-1741, USA

Wiley-VCH Verlag GmbH, Boschstr. 12, D-69469 Weinheim, Germany

John Wiley & Sons Australia Ltd, 42 McDougall Street, Milton, Queensland 4064, Australia

John Wiley & Sons (Asia) Pte Ltd, 2 Clementi Loop #02-01, Jin Xing Distripark, Singapore 129809

John Wiley & Sons Canada Ltd, 5353 Dundas Street West, Suite 400, Etobicoke, Ontario M9B 6H8

ISBN-13 9780470026830

English translation: Sheena Cleland, Wordsmith

Anniversary Logo Design: Richard Pacifico

Book and cover design by Warren Bonett

Printed and bound in Italy by Conti Tipocolor, Italy

Design City **Milan**

Cecilia Bolognesi   Photography by Matteo Piazza

Editor: Mariangela Palazzi-Williams   **Art Director:** Warren Bonett

Contents

Architetti // Architects

CORRIERE DELLA SERA	Studio Gregotti Associati International	www.gregottiassociati.it
ABITARE VIA VENTURA 5	Gianluigi Mutti – Studio Mutti & Architetti	www.muttiearchitetti.it
SOLE 24 ORE	Renzo Piano Building Workshop RPBW	www.rpbw.com
UNIVERSITÀ BOCCONI	Yvonne Farrell, Shelley McNamara – Studio Grafton Architects	www.graftonarchitects.ie
TRIENNALE	Michele De Lucchi – Studio aMDL	www.amdl.it
HOTEL BULGARI	Studio Citterio & Partners	www.antonio-citterio.it
HOTEL NHOW	Matteo Thun & Partners	www.matteothun.com
HOTEL STRAF	Daniele Beretta	
	Pars Select	www.parsselect.it
	Vincenzo de Cotiis	
SHU	Fabio Novembre	www.novembre.it
MARU	Anna Giorgi – Studio Giorgi	
OBIKA	Studio Labics	www.labics.it
PRINCI	Claudio Silvestrin architects	www.claudiosilvestrin.com
PRADA VIA SPIGA	Roberto Baciocchi Baciocchi e Associati s.r.l.	www.baciocchi.it
DOLCE & GABBANA BOUTIQUE CORSO VENEZIA, METROPOL	David Chipperfield Architects Ltd	www.davidchipperfield.co.uk
	(Interior design) Pietro Ferruccio Laviani	www.laviani.com
VERGELIO	Edoardo Guazzoni	www.edoardoguazzoni.com
DOLCE & GABBANA METROPOL, NUOVA SEDE D&G DI VIA BROGGI	Studio + ARCH	www.piuarch.it
10 CORSO COMO	Galleria Carla Sozzani con Kris Ruhs	www.galleriacarlasozzani.org
BOMBAY SAPPHIRE	Event Concept	www.eventconcept.co.uk
PAOLO LATTUADA	Francesco Copersino – Copersino Partners	www.copersinopartners.it
FONTANA ARTE	Franco Raggi, Piero Russi	
DADRIADE	Antonia Astori	www.antoniaastori.it
PADIGLIONE CITYLIFE STAND MOLTENI	Pierluigi Cerri, Alessandro Colombo Studio Cerri & Associati	
PADIGLIONE RISANAMENTO	Cibic & Partners	cibicpartners.com

Prefazione // Preface

È quasi un assioma pensare a Milano e al design, all'architettura di interni, alla tecnica di realizzazione degli oggetti. Il complesso impresa e creatore in nessuna regione del mondo ha avuto la capacità di svilupparsi per quasi un secolo. Qual è la specificità della Lombardia con epicentro Milano? È che la vicinanza e la prossimità di lavorazioni e materiali, anche i più difficili da reperire sul mercato, determina la possibilità di avere in tempo reale la soluzione migliore per ogni bisogno. Più volte nella mia vita di architetto ho visto che un imprenditore rispondeva con rapidità inverosimile alle mie domande di sperimentare nuove tecniche. In poche ore venivano preparate e presentate le differenti possibilità che il mercato poteva proporre. L'evoluzione dell'architettura di interni, a Milano, non ha avuto mai rallentamenti, a parte il periodo della Seconda Guerra Mondiale; mai è venuta meno la filosofia della ricerca e della creazione. Le riviste d'architettura fondate da personaggi come Rogers o Gio Ponti sono state sempre il supporto favorevole alla produzione. Cultura, immaginazione e fabbricazione sono stati sempre parte del grande sistema territoriale della città-azienda-fabbrica. Negli ultimi anni l'internazionalizzazione di Milano, nonostante difficoltà oggettive, è divenuta maggiormente presente. L'arrivo di creatori e, in genere, designers da ogni parte del mondo hanno protetto, dal provincialismo e dalla chiusura, la ricerca e la formazione di intere generazioni. Milano è anche scuola. Pubblica o privata che sia, è scuola per formare le maestranze e il nuovo design. La complessità del tessuto produttivo, nonostante le difficoltà infrastrutturali, non ha finora conosciuto limiti all'espansione. La Nuova Fiera di Milano, col suo milione di metri quadrati, ha avuto il suo vero battesimo quando oltre 250mila visitatori hanno fatto ingresso negli spazi che una volta all'anno, con il Salone del Mobile, contengono e mettono in evidenza l'ingegno di Milano, ma anche del mondo intero.

Massimiliano Fuksas

When you think of Milan, your thoughts inevitably turn to design, interior architecture, and the technique of making objects. There's nowhere else in the world where enterprise and designers have had such an ability to develop together, going back almost a century. What's so special about Lombardy, with Milan at its epicentre? It's that it's got the skills and materials on its doorstep, even the most difficult ones to find on the market. That makes it possible to find the best solution for all your needs, in real time. Many times in my life as an architect, I've found that a business would respond incredibly quickly to my requests to try out new techniques. Within a few hours I would be presented with all the different possibilities that the market could offer. In Milan, the evolution of interior architecture has continued apace, slowing down only during the Second World War. The city has never been lacking in the philosophy of research and design. Architecture magazines founded by personalities like Rogers or Gio Ponti have always been supportive of manufacturing. Culture, imagination and manufacturing have always been part of the great system of the city, business and factory that is greater Milan. In recent years Milan has become more and more of an international city, despite some objective difficulties. Designers from all over the world have arrived, protecting the research and training of entire generations from becoming provincial and inward-looking. Milan is also a school. Whether public or private, it's a school for training workers and forming new design. Structural difficulties notwithstanding, the complexity of the manufacturing fabric to date has not limited its expansion. Milan's New Exhibition Centre, with its million square metres, had its real baptism when more than 250,000 visitors came through its doors. Once a year, when the Furniture Fair is on, this space contains and showcases the genius of Milan, but also of the whole world.

Massimiliano Fuksas

Introduzione //
Introduction

Una passione per il design // A Passion for Design

L'architettura

'Sento che da queste rovine sorgerà una città più forte, più ricca, più bella'. Così Alberto Savinio nel suo *Ascolto il tuo cuore città* racconta Milano che si rialza da una delle pagine più dolorose della sua storia. È l'agosto 1943: si contano mille morti dopo tre bombardamenti in una sola settimana e la città è gravemente mutilata anche nei suoi simboli, quelle architetture che ne riassumono insieme l'aspetto civile: il Castello, la Villa Reale, il Museo di Storia Naturale, la Galleria, Palazzo Marino, Palazzo Reale e Serbelloni, il Duomo, la Stazione Centrale, Santa Maria delle Grazie, la Ca' Granda...

Anche Savinio, pseudonimo utilizzato dal fratello del pittore Giorgio De Chirico, tratteggia '...una città colpita qua e là da distruzioni immani, in mezzo alle quali sorgono già, come viluppi di nuvole dalla bocca di un cratere, gruppi massicci di costruzioni nuove'. Nel primo dopoguerra Milano risorge attraverso un'epoca di grandi lavori di ricostruzione edilizia accompagnata dalla rinascita intellettuale: due aspetti forgiati da austerità e sobrietà, caratteristiche tipiche dell'ambiente milanese.

La fine del conflitto dà il disco verde all'esplosione dell'editoria. Le rotative dei giornali riprendono a girare. Nascono alcune testate nuove, altre sentono l'esigenza di modificare il nome per segnare la discontinuità e il rinnovamento rispetto al passato regime. *Il Corriere della Sera* diventa

Architecture

'I feel that a stronger, richer, more beautiful city will arise from these ruins.' With these words, taken from his book *Ascolto il tuo cuore città*, Alberto Savinio describes Milan's recovery from one of the most painful episodes in its history. In August 1943, Milan endured three bombing raids in a single week during which a thousand lives were lost and the city's landmarks, the buildings that gave the city its public face, sustained serious damage. The castle, the Villa Reale, the Museum of Natural History, the Galleria, Palazzo Marino, Palazzo Reale, Palazzo Serbelloni, the cathedral, Central Station, the church of Santa Maria delle Grazie and the Ca' Granda were all hit.

Savinio, a pseudonym used by the painter Giorgio de Chirico's brother, wrote of 'a city hit by a terrible, random destruction in the midst of which massive groups of new buildings are already rising up, like clouds of dust from the mouth of a crater'. The immediate postwar period saw Milan reborn in what was an era of great works of reconstruction coupled with an intellectual renaissance. These twin aspects were forged by austerity and sobriety, two characteristics of the ambience of Milan.

The end of the Second World War brought an explosion in publishing. Newspaper presses started rolling again. There were some new titles, while others felt the need to change their names to highlight the break with the old regime and the revival that followed. The *Corriere della Sera* became the

Pagine precedenti: Vista notturna sul Teatro alla Scala di Milano. Sullo sfondo il nuovo volume dell'ampliamento, la torre scenica, progettato da Mario Botta.

Sotto: Rotative nelle stamperie del *Corriere della Sera*.

Previous pages: Nocturnal view of the Teatro alla Scala, Milan. The extension can be seen in the background with the stage tower designed by Mario Botta.

Below: *Corriere della Sera*'s printing presses.

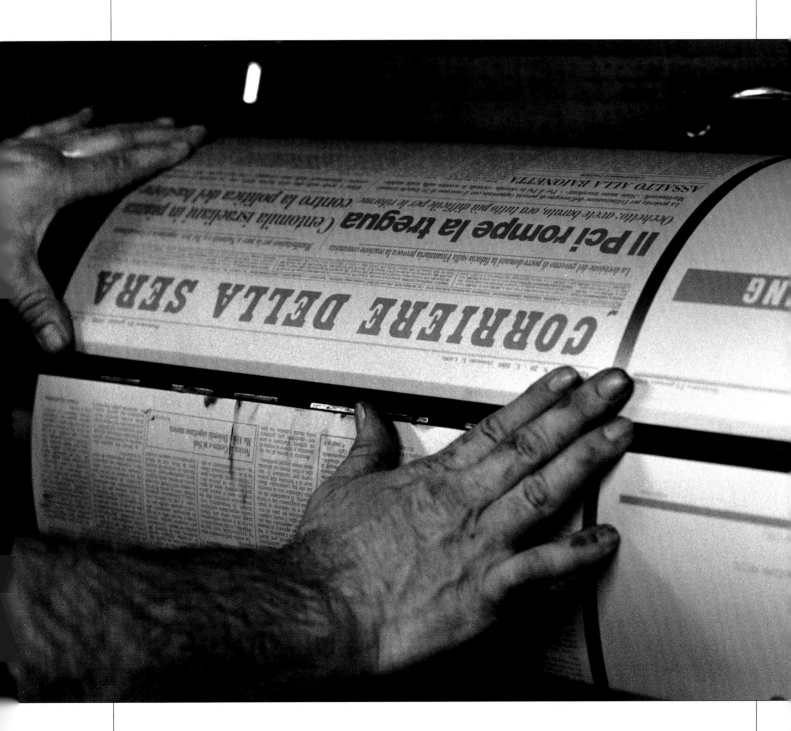

A destra: Impiegati all'opera nella torre Galfa in un'immagine del 1968.

Right: Workers in the Galfa Tower in a picture from 1968.

Corriere di Informazione e poi *Nuovo Corriere della Sera*; nascono il *Corriere Lombardo*, *Il Politecnico*, la rivista *Pirelli*, *Milano Sera*, i nuovi settimanali quali l'*Europeo*, *Oggi*, *Epoca*, *Il Tempo*, *24 Ore*.

Pluralismo di vedute e un ottimismo diffuso rilanciano le case editrici come la Fratelli Fabbri (1947), i primi fumetti come *Tex* (1948), le prime collane come la BUR (1949), nuovi quotidiani popolari come *La Notte*.

Parallelamente alla città delle idee, cresce quella reale impostata da un nuovo Piano Regolatore Generale. Nel primo decennio del secondo dopoguerra, l'architettura milanese matura un proprio carattere essenziale e moderno e una proverbiale matrice locale. In sintonia con questa immagine forte e severa, la città è pronta a reinvestire tutta l'energia e la vitalità che le sono proprie in un progetto di ricostruzione e rinnovamento. In pochi anni la città si caratterizza come fucina di creatività e di valori grazie all'apporto di ingegni e mondi diversi.

Le scelte urbane

Dal punto di vista dell'architettura, il periodo post-bellico non deve solo affrontare il dopo-macerie. I danni agli edifici monumentali si sommano a un tessuto residenziale esistente comunque obsoleto la cui matrice ottocentesca in molti quartieri rivela ormai la sua inadeguatezza formale. Da una parte più del 25% degli alloggi è reso inagibile dai bombardamenti; dall'altra le fabbriche dismesse insieme agli scali ferroviari che arretrano i loro punti terminali offrono spazi per trasformazioni. Le destinazioni d'uso di alcune aree ricche di tessuti misti produttivo, artigianale e residenziale, talvolta dismesse o degradate, favoriscono l'avvio di un dibattito su nuovi progetti e sviluppi della città. In

Corriere di Informazione and then the Nuovo *Corriere della Sera*. New ventures such as the *Corriere Lombardo*, the *Politecnico*, the *Pirelli* magazine, *Milano Sera*, and new weeklies like l'*Europeo*, *Oggi*, *Epoca*, *Il Tempo* and *24 Ore* hit the streets.

Freedom of expression and a widespread optimism were reflected in the relaunch of publishers such as Fratelli Fabbri (1947), as well as publication of the first comics like *Tex* (1948), new imprints such as BUR (1949) and new popular dailies such as *La Notte*.

In parallel with this burgeoning city of ideas grew up a real, physical one, the creation of a new General Master Plan. In the first decade after the Second World War, Milanese architecture developed its own essential Modern character as the local matrix. In line with this strong if severe image the city was prepared to reinvest all its renowned energy and vitality in a project of reconstruction and renovation. The best brains were brought in representing originality and entrepreneurial talent, developing values that soon made the city a hub of creativity.

Urban choices

From the architectural point of view, the postwar period had to deal with the ruins that were left behind. Besides damage to its monumental buildings, the existing residential fabric of the city was now worn threadbare and had become obsolete. While the nineteenth-century fabric of many districts was shown to be unfit for purpose, more than 25 per cent of homes had been made unfit for habitation by the bombing. On the other hand, former factories and railway goods yards lay empty and so offered space for conversion. The existence of some mixed-use areas combining manufacturing, craftwork and residential zones, now often fallen into disuse or simply dilapidated, fuelled the debate about transformation,

questo contesto si fa strada nella cultura cittadina un atteggiamento positivo, efficiente, creativo.

Dal '45 in poi, vengono abbozzate molte delle scelte urbanistiche che accompagnano la direzione del boom economico municipale. A volte si tratta di progetti di concorso a carattere limitato all'architettura, altre volte di piani urbanistici, altre ancora di esempi magari piccoli nello spazio ma dal carattere prorompente e innovativo rispetto all'intero tessuto urbano.

Per capire lo spirito progettuale di quegli anni bisogna fare riferimento allo schema di Piano Regolatore Generale firmato da Franco Albini, Ludovico Belgioioso, Pietro Bottoni, Ezio Cerutti, Ignazio Gardella, Gabriele Mucchi, Giancarlo Palanti, Enrico Peressutti, Mario Pucci, Aldo Puntelli, Ernesto Rogers. Il piano AR, le cui iniziali riprendono i nomi del primo e dell'ultimo

new projects and city developments. In this context of regeneration, a positive, efficient and creative mind-set soon became part of the city's culture.

From 1945 onwards were drafted many of the town planning choices that set the direction the city's economic boom would take. Sometimes the architectural projects were put out to competitive tender, sometimes the process was followed for the town plans themselves. There were too other initiatives that might have been small in terms of space, but were irrepressible and innovative in terms of the overall urban fabric.

To understand the spirit behind the projects of this period one must consider the draft General Master Plan, the brainchild of Franco Albini, Ludovico Belgioioso, Pietro Bottoni, Ezio Cerutti, Ignazio Gardella, Gabriele Mucchi, Giancarlo Palanti, Enrico Peressutti, Mario Pucci, Aldo Puntelli and Ernesto

A sinistra: Via Melchiorre Gioia prima della copertura del canale della Martesana.

Opposite Via Melchiorre Gioia before the Martesana canal was covered up.

progettista, viene pubblicato per intero da *Costruzioni Casabella*, testata nazionale specializzata con sede a Milano. Un documento quasi utopico, privo di specifiche valutazioni tecniche da parte degli organi amministrativi municipali, una sorta di manifesto di intenti sullo sviluppo e organizzazione della città, proposto da un gruppo di architetti razionalisti. Alla base del piano risiede un'ideologia di organizzazione di sviluppo del territorio tale da ipotizzare una distribuzione equanime del lavoro, dei beni e delle ricchezze. Non a caso, saranno i firmatari del piano AR che maggiormente lasceranno il segno nelle nuove opere in città negli anni a venire.

Il piano ragiona principalmente in un'ottica teorica propria del movimento moderno, ipotizzando decentramenti industriali, formazione di quartieri esterni alla città storica costruiti nel verde, realizzazione di un centro direzionale, costruzione di relazioni tra la rete ferroviaria urbana e la creazione di due assi urbani a scorrimento veloce. A far da contorno si immaginano anche nuovi parchi.

Nonostante la portata ideologica dello schema AR, è il successivo PRG del 1953 a operare le scelte operative. La Fiera viene posizionata nel quadrilatero dove era insediata dagli anni '20; il centro direzionale si concentra fra l'attuale Stazione Garibaldi e la Stazione Centrale, in una condizione di tessuti urbani frammentati destinata a rimanere irrisolta per molti anni; vengono disegnati anche due assi attrezzati che attraversando la città si intersecano in pieno centro nei pressi dell'Arco della Pace.

La residenza

In questi anni Milano non si prende grande cura dell'architettura minuta, il tessuto edilizio della

Rogers. The AR plan, the initials of which stand for the first and last of the designers, was published in full by *Costruzioni Casabella*, a specialist national journal based in Milan. It set out an almost utopian vision, one unaccompanied by any specific technical assessments by the city administration. It was a sort of manifesto of intent for the development and organisation of the city proposed by a group of Rationalist architects. The ideological basis of the plan was to arrange land development to facilitate a fair distribution of work, property and wealth. Not by chance were some of the AR plan's signatories to make the most impact on the city with their new buildings over the years to come.

The main thrust of the plan was the decentralisation of industry, formation of suburbs on greenfield sites outside the old town, the creation of a new business district and streamlined connections between urban and regional trains, plus two new fast-transit cross-city axes; new parks were also conceived to surround the redesigned city. The plan's theoretical underpinning had its source in cutting-edge ideas of the time.

But, notwithstanding the ideological significance of the AR plan, it was the subsequent 1953 General Master Plan that made the choices that really mattered. The Exhibition Centre was located on the same site it had occupied since the 1920s; the business district was concentrated between the present Garibaldi and Central Stations. However, the urban infrastructure remained fragmented and was to remain disjointed for years to come. Two cross-city axes were also designed, intersecting right at the heart of the city near the Arco della Pace.

Housing

During this period Milan did not pay much attention to small-scale architecture, the fabric of the city's

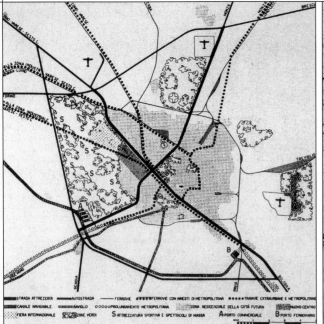
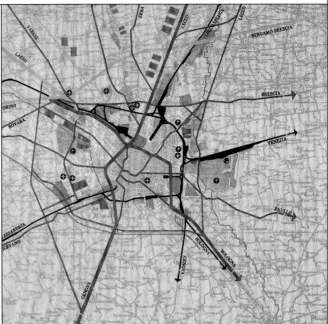

A sinistra: Piano AR, schema di PRG del 1945.

A destra: Piano Regolatore Generale del 1953.

Left: The AR Plan, the draft General Master Plan of 1945.

Right: General Master Plan of 1953.

città, che ci rivela in realtà il suo vero volto. La demolizione di edifici per la sostituzione è all'ordine del giorno e è il momento di interventi architettonici di rinnovamento generale altrimenti inimmaginabili. Milano finalmente rinasce dalle ferite aperte dai bombardamenti con il senso di una città più moderna e improntata al rilancio. Gli episodi generali di edilizia minuta si allargano progressivamente. Tra gli anni '50 e '60 a Milano vengono realizzati 430.000 nuovi vani abitazione e altrettanti tra il '60 e il '70.

Il centro della città in questo periodo continua a essere destinato ad attività terziarie direzionali, mentre, in base al PRG '53, nasce una strada semianulare che avrebbe dovuto attraversare tutto il centro a sud del Duomo che però viene completata solo parzialmente. Questo progetto, chiamato della Racchetta, avvalla gli sventramenti di Corso Europa, Via Larga, Via Albricci, in seguito ai quali nascerà l'edificio in Corso Europa di Caccia Dominioni e di Vico Magistretti, mentre poco più lontano sorgono gli edifici di Asnago e Vender in Via Albricci e in Piazza Velasca. Si tratta di nuove architetture che tendenzialmente sul medesimo sedime aumentano le loro volumetrie in altezza. Di questi anni è anche il progetto di edificio lamellare di Corso Sempione opera di Piero

buildings that reveals the city's true face. Demolishing buildings to replace them was the order of the day. It was the time for the sort of architectural initiatives to renovate the city that would otherwise have been unimaginable. At length Milan was reborn from the open wounds left by the bombing, imbued with the sense of a more modern city on the brink of a new beginning. Now more and more small-scale building was going on. Between 1950 and 1960, 430,000 new homes were built with a similar number constructed over the following decades.

All the while the city centre continued to be devoted to business enterprises. As part of the 1953 General Master Plan, a semi-ring road was built. It was supposed to have extended right across the city centre south of the cathedral, but was only partially completed. This project, known as the 'Rachetta', entailed gutting the Corso Europa, Via Larga and Via Albricci, a process which in turn allowed construction of the building in Corso Europa designed by Caccia Dominioni and Vico Magistretti, while a little further away, Asnago and Vender's buildings were erected in Via Albricci and Piazza Velasca. The trend of these new designs was to retain the original surface area, but increase the volume by building upwards. Another project from this period, designed by Piero Bottoni, was a

Sopra: Il grattacielo Pirelli in un'immagine dall'alto con vista sul Piazzale Duca d'Aosta.

Above: The Pirelli skyscraper from above, with view over Piazzale Duca d'Aosta.

Bottoni, frammento di un precedente piano chiamato Milano Verde.

Le torri

I primi tre edifici a grattacielo nascono nelle aree sfrangiate rimaste a margine dei tentativi di costruzione del centro direzionale. Sono il grattacielo Pirelli, la torre Galfa e la torre Velasca dello studio BBPR.

È il periodo d'oro della cultura architettonica in città: il Pirelli e la Velasca innescano un dibattito di altissimo livello su linguaggio e figurazione dell'architettura moderna, sui significati di modernità intesa come conferma delle forme internazionali dell'architettura opposta al regionalismo, schierando su due precise e opposte fazioni i sostenitori di linguaggi architettonici antitetici.

Il Pirelli impersona la forza di una famiglia di imprenditori così autorevoli da fare diventare l'edificio un'icona se paragonata alle altre torri legate a funzioni pubbliche terziarie. Il Pirelli dimostra l'identità e il potere inequivocabile dell'azienda che riveste un peso sempre più rilevante a Milano e all'estero. Allo stesso tempo,

lamellar building in Corso Sempione which was part of an earlier plan called 'Milano Verde'.

Towers

The city's first three skyscrapers were built on the outskirts in areas that had been left out of attempts to construct the new business district. They were the Pirelli skyscraper, the Galfa Tower and the Velasca Tower designed by the architectural practice Studio BBPR. This was a golden age for Milanese architectonic culture, the Pirelli and Velasca buildings triggering a debate at the highest levels of the discipline about the language and figuration of Modern architecture. Architects questioned the meanings of modernity, understood as endorsing international forms of architecture as opposed to regionalism in a debate that saw the supporters of antithetic architectonic languages pitted against each other in two specific, opposing factions.

Embodying the strength of a family of entrepreneurs that was authoritative enough to make the building an icon compared to other public-sector towers, the Pirelli skyscraper displays the identity and unequivocal power of the company, which was then growing increasingly influential both in Milan and abroad. At the same time other enterprises

In alto a destra: Foto d'epoca dell'ingresso al grattacielo Pirelli. In primo piano la pavimentazione originaria di Piazzale Collina.

In basso a destra: Foto d'epoca dal piano belvedere.

Opposite top: Period photo of the entrance to the Pirelli skyscraper. Close-up of Piazzale Collina's original paving.

Opposite bottom: Period photo of the observation floor.

altre grandi presenze si fanno spazio in città con nuovi edifici, capisaldi nel tessuto urbano che si rinnova. I Magazzini della Rinascente sono uno di questi. Un edificio a palazzo che nel 1950 vive una nuova stagione, ricostruito completamente dopo incendi e bombardamenti. Proprio la Rinascente istituirà il premio del Compasso d'oro, tutt'ora esistente, con il quale si intende premiare l'idea del design come valore aggiunto anche per gli oggetti a larga diffusione.

Residenza e industria

Nonostante il piano AR avesse invocato il decentramento delle industrie, per tutti gli anni '50 e '60 la città continua ad attrarre attività produttive anche di media e grande dimensione. Il tessuto urbano trova una sua configurazione nella quale l'elemento di rinnovamento edilizio, di sviluppo industriale e sociale, uniti all'elemento creativo, producono una miscela interessante.

L'urbanizzazione di nuove masse di immigrati provenienti dal sud alla ricerca di opportunità di lavoro produce di riflesso il problema casa, una realtà oggettiva che innesca la necessità di realizzazione di quartieri residenziali. Le stanze di abitazione censite passano dal '39 al '71 da meno di un milione a quasi due milioni. Nel frattempo Milano assume un ruolo economico sempre più rilevante e dinamico nel contesto delle grandi migrazioni interne al Paese.

In questo periodo vengono costruiti e progettati diversi quartieri residenziali di pregio: all'VIII Triennale si presenta il quartiere QT8, progettato nel '47 ma realizzato negli anni seguenti coerentemente con il piano AR, ideato come esperimento di standardizzazione di residenza a basso costo. Al QT8 seguono altri esperimenti meno brillanti: i quartieri Comasina, Vialba e Feltre. Di soli dieci anni dopo sono gli episodi di residenze a basso costo del Gallaratese, di Aymonino e Rossi, ormai passati nel repertorio degli annali della storia dell'architettura.

made their presence felt in the city with new benchmark buildings that became cornerstones of the urban fabric under renovation. The Rinascente department store was one such project. In 1950, this building was enjoying a new lease of life after complete reconstruction following fire and bomb damage. Rinascente would go on to set up the Compasso d'oro prize; still in existence, this award was intended to honour the idea of design as adding value to consumer goods.

Housing and industry

Although the AR plan had proposed decentralising industry, throughout the 1950s and '60s the city continued to attract medium- and large-scale manufacturing. Building renovation, industrial and social development, combined with a palpable creativity, produced an arresting blend of urban infrastructure.

The arrival of new streams of immigrants from southern Italy in search of jobs had the knock-on effect of exacerbating the housing problem and so triggered an urgent need to construct residential districts. As a result, the number of habitable rooms counted in the census went up from less than a million in 1939 to nearly two million in 1971. In the meantime, Milan played an increasingly important and dynamic economic role in Italy's major internal migrations.

During this period, various prestigious residential districts were designed and built. One such project was the QT8 district, presented at the eighth Triennale. Designed in 1947, but subsequently built in line with the AR plan, it was conceived as an experiment in standardising low-cost housing. Brilliantly innovative, QT8 was followed by other if less groundbreaking experiments in urban design like the Comasina, Vitalba and Feltre districts. And a mere 10 years later came the low-cost housing of Gallaratese, designed by Aymonino and Rossi, that has now passed into the annals of architectural history.

Il rinnovamento e la progressione nel campo dell'edilizia residenziale procedono di pari passo con il rinnovamento dei tessuti produttivi e sociali. Il passaggio che ha innalzato la produzione artigianale trasformandola in produzione industriale è lo stesso motore del rilancio e della ripresa della città. Negli anni '50 Milano inizia la sua specializzazione per aree a differente vocazione produttiva: certe produzioni e lavorazioni si collocano spontaneamente in alcune zone e la creatività si coagula in alcune isole tematiche che si sedimenteranno nel tempo. La vivacità intellettuale della città crea diverse sinergie su più scale: la pagina composta dalla tipografia diventa ora la creazione di un grafico, così come l'oggetto dell'artigiano diventa ora quello del designer; così pure l'edilizia prebellica si trasforma in una nuova architettura secondo lo stesso movimento creativo.

Renovation and progress in the house-building field went hand in hand with renewal of the manufacturing base and the city's social fabric. What used to be small-scale industries such as textile manufactures stepped up a gear into industrial production, helping to drive the city's recovery. During the 1950s various of Milan's districts came to be associated with different specialised manufacturing, some of which spontaneously found their place in certain parts of the city rather than others. Meanwhile, creativity collected in pockets and around thematic areas that have become established over time. The city's intellectual vivacity creates synergies on more than one level: the page first laid out by the typesetter later becomes a graphic designer's work, just as an item first made by a craftsman later becomes a designer object. On a city-wide scale, the same creative thrust saw the conversion of prewar buildings into a new architecture.

A sinistra: Il Quartiere Feltre nel 1963.

Sopra: Uno scorcio del quadrilatero della moda nel 1975.

Opposite: Feltre district in 1963.

Above: The fashion quarter in 1975.

MM – Metropolitana Milanese

Un grande motore del rinnovamento urbano prende corpo e propulsione con la metropolitana i cui studi di progetto iniziano nel 1954, mentre l'apertura del primo cantiere avviene il 12 giugno del 1957. La metropolitana è un'infrastruttura complessa, un sistema integrato frutto di innovazione tecnica e di disegno dello spazio, di cui la città si accolla i costi senza ricorrere allo Stato.

La prima tranche della Linea 1 (la Linea Rossa) seguirà un percorso di circa 12 km, da Piazzale Lotto fino a Sesto Marelli per un totale di 21 stazioni sotterranee. Franco Albini e Franca Helg ricevono l'incarico per la progettazione

MM - Metropolitana Milanese

One great motor of urban renewal was the underground railway known as the Metropolitana. First designed in 1954, work began on its construction on 12 June 1957. The Metropolitana is a complex infrastructure, an integrated system that is the fruit of innovation in technology and spatial design. In a move that compares favourably with other influential initiatives, the city bore the full cost of the Metropolitana without resorting to any state funding.

The first section of the 'Red Line' or Linea 1 followed a route some 12 kilometres long from Piazzale Lotto to Sesto Marelli, serving 21 underground stations in all. Franco Albini and Franca Helg were commissioned to design the stations and Bob

architettonica delle stazioni, mentre quasi simultaneamente Bob Noorda avvia il progetto di allestimento e segnaletica che gli vale poco dopo il Compasso d'oro. La metropolitana di Milano è una 'sotterranea', un treno che corre molto vicino alla superficie, rendendo accessibili i mezzanini che si prolungano, almeno nei primi anni di servizio, in sottopassaggi e gallerie commerciali.

Questa scelta coraggiosa, anche se spesso modificata e mal gestita nel tempo, è la chiave vincente della struttura generale di questo progetto. Le impostazioni strategiche di Albini e Helg non si limitano al rivestimento dello spazio solo per una sua diversa percezione; i colori scuri, verdi o marroni a seconda dei casi, minimizzano le irregolarità della superficie del calcestruzzo rendendo gli interni eleganti ed essenziali. La pannellatura colorata formata da un composto di cemento e polvere di marmo viene collocata a una distanza dal muro tale da permettere la manutenzione di tutti gli impianti, mentre a pavimento campeggia ovunque la gomma nera Pirelli.

Per il progetto grafico Noorda sceglie una lunga fascia rossa che corre lungo tutta la superficie dei locali della metropolitana, riportando frecce e indicazioni per i passeggeri; utilizza un carattere non usuale, l'Helvetica, che ridisegna interamente a mano, adattandolo in base all'effetto ottico provocato dalle scritte in negativo su fondo rosso; coniuga una serie di accorgimenti come linee guida. Il nome della stazione è ripetuto più volte a accompagnare il movimento dei vagoni, la pulizia nella segnaletica si concretizza in un ordine perfetto della localizzazione delle informazioni, tanto da rendere funzionale a tutt'oggi il manuale di applicazione emesso allora. L'illuminazione è lineare, il principio di orientamento sempre nella direzione dei flussi pedonali. Anche il disegno delle opere in ferro viene studiato: il particolare più noto rimane la curvatura alle estremità dei corrimano tubolari di colore arancio.

Il 2 aprile 1966 viene inaugurata la diramazione della Linea 1 Pagano–Wagner–De Angeli–Gambara; via via la struttura cresce fino al 1969

Noorda to design the fittings and signage, eye-catching contributions that shortly after won him the Compasso d'oro. Milan's Metropolitana is a subway, a train that runs very close to the surface, making the mezzanine floors accessible. In the early years of the service, these mezzanines ran along the underpasses and did duty as shopping malls.

This was a courageous choice, even if it has been frequently modified and the system badly managed over the years. It is the winning feature of this project's general structure. Albini and Helg's strategic approach was not limited to fitting out the space just to achieve a different perception. Dark colours – the preference is for green or brown – minimised the visual irregularity of the concrete surface, making the interiors look elegant. Coloured panels made of a compound of cement and marble powder were placed at a set distance from the wall to conceal maintenance equipment. Black Pirelli rubber floorcovering was a prominent feature throughout.

For his graphic design, Noorda chose a long red band running right along the entire surface length of the subway, with arrows to indicate passenger directions. He used an unusual font, Helvetica, redesigning and adapting it on the basis of the visual impact of negative writing against a red background. Alongside it, he used a series of devices to guide passengers. The name of the station is repeated several times so that it can be seen as the carriages move past. The clean lines of the signage place information in the ideal order, so effectively that the original instruction information is still in use. The lighting is linear, following the principle of orientation in the direction of pedestrian flow. The design of the ironwork is also carefully considered, its most noteworthy detail still the curved ends of the orange tubular handrails. Later, on 2 April 1966, the Pagano–Wagner–De Angeli–Gambara branch line off Linea 1 was inaugurated. Gradually the system was extended until 1969, when Linea 2 was opened. In 1972, 1975, 1978 and throughout the 1980s new stations came into operation, until on 3 May 1990, the first train left Linea 3.

con l'apertura della Linea 2. Nel '72, '75, '78 e successivi vengono aperte nuove stazioni, finché il 3 maggio 1990 parte il treno inaugurale della Linea 3.

Il progetto di Albini, Helg e Noorda rappresenta un momento chiave della creatività milanese: si tratta di un'azione unica per sincronismo di ingegneri, architetti e grafici, un riuscitissimo caso di immagine coordinata applicata al territorio, unica a suo tempo nel panorama mondiale.

La grafica a Milano svolge un ruolo di indicatore del processo di catalisi creativa avvolgendo tutti i campi: dalla grafica legata al prodotto industriale alle immagini coordinate delle prime aziende, dalla grafica editoriale alla grafica legata al territorio.

This project, the fruit of the combined achievement of Albini, Helg and Bob Noorda, represents a key moment in Milanese creativity, the unique synchronised work of engineers, architects and graphic designers. Briefly, it was a very auspicious creative period, one that presented a hugely successful co-ordinated image applied throughout the city area. As such, for its time, it was a world first.

Since the mid-1950s, graphic design in Milan has been an indicator of the process of creative catalysis. It has encompassed both business and the professions, from graphic design for industrial products to the co-ordinated corporate look of the first advertising practices; from graphic art in publishing to establishing a city image.

Lambretta o Vespa

Uno degli indicatori della creatività produttiva della città è la Lambretta, concorrente Milanese della Vespa. Nel 1946 alla fiera campionaria viene presentata la Vespa, prodotta dalla Piaggio a Pontedera, in Toscana; l'anno successivo l'Innocenti di Lambrate, una delle aziende siderurgiche lombarde impegnate nella riconversione post-bellica, lancia la Lambretta, che diviene presto punto di riferimento per il bisogno di motorizzazione a basso costo nel mercato del dopoguerra. Il successo è grande, anche se breve, e la produzione in Italia termina nel 1971, mentre la produzione automobilistica dell'Innocenti prosegue negli stabilimenti di Lambrate fino al 1997.

Il boom dei trasporti favorisce lo sviluppo di fabbriche automobilistiche. L'Alfa Romeo agli inizi degli anni '60 si trasferisce dalle aree del Portello, bombardate più volte durante il conflitto, al nuovo stabilimento di Arese. La città si motorizza e struttura le sue arterie: nel 1963 si inaugura la Stazione Garibaldi, nel 1965 iniziano i lavori della tangenziale ovest, nel 1969 quelli della tangenziale est.

Curiosamente sono i luoghi deputati all'insedia-mento e alla crescita delle fabbriche a diventare, in tempi più recenti, i luoghi delle trasformazioni che hanno avuto origine dalla dismissione delle pro-duzioni; quasi una conferma, sotto altra veste, di luoghi che comunque possiedono energie positive.

Tutta l'area dell'Innocenti dalla fine degli anni '90 parteciperà a un progetto di sviluppo residenziale e a parco, a opera fra gli altri di Massimiliano Fuksas. Tuttavia, il caso tipico milanese di un ciclo di storia urbana che vede il susseguirsi dal terreno vuoto alla fabbrica, dalla sua dismissione e demolizione alla riqualificazione dell'area sotto altre vesti, è quello dei terreni della Pirelli in zona Bicocca.

Lambretta or Vespa

One of the best-known indicators of the city's manufacturing creativity was the Lambretta, a Milanese competitor of the Vespa. The 1946 trade fair had seen the unveiling of the Vespa, a scooter produced by Piaggio at Pontedera in Tuscany. The following year Innocenti of Lambrate, one of the many Lombard iron and steel companies involved in postwar reconstruction, launched the Lambretta, the scooter that soon became a benchmark for low-cost motorised transport in the postwar market. A great success, if only relatively briefly, it was manufactured in Italy until 1971, while car production by the Innocenti group at their Lambrate factory continued right up to 1997.

The boom in individual passenger transport drove the development of car factories. At the beginning of the 1960s, Alfa Romeo moved from its old premises at Portello, which had been bombed repeatedly during the war, to a new factory at Arese. The city was rapidly motorising and constructing its arteries to take the volume of new traffic. In 1963 Garibaldi Station was opened; in 1965 work began on the western bypass; and in 1969 on the eastern bypass.

Curiously, it is the sites designated for factories that have become redevelopment sites in much more recent times because of the drastic reduction of manufacturing as a result of competition from the Far East. Their redevelopment in a new guise seems to give a new lease of life to areas that still have a lot to offer.

Since the end of the 1990s, the entire Innocenti site has been incorporated into a residential redevelopment project including careful landscaping, a major undertaking designed by, among others, Massimiliano Fuksas. But it is the Pirelli site at Bicocca that provides an archetypal Milanese case study of effective regeneration. Bicocca has experienced a cycle of urban history that saw a succession of uses from greenfield to factory, from deindustrialisation and demolition to redevelopment of the area for other uses.

Uno degli indicatori della creatività produttiva della città in periodo post-bellico è la Lambretta, lanciata con successo dall'Innocenti di Lambrate in risposta alla Vespa della Piaggio di Pontedera.

One indicator of manufacturing creativity in the postwar city was the Lambretta, launched to great acclaim by Innocenti of Lambrate in response to the Vespa produced by Piaggio of Pontedera.

Pirelli

Agli esordi Pirelli è una piccola azienda dedita alla produzione di articoli tecnici e di vario genere in gomma. In breve il suo raggio d'azione e di produzione cresce in maniera esponenziale di pari passo al suo singolare e variegato contributo al mondo del design e della comunicazione. Alcuni prodotti dell'azienda incarnano il concetto di un nuovo design, altri invece sono le materie prime che entrano a pieno titolo nello sviluppo di aziende locali, come la Arflex e la Kartell di allora.

Quando Pirelli comprende l'importanza della comunicazione e soprattutto della comunicazione visiva, anche le iniziative grafiche ed editoriali dell'azienda conoscono una rapida impennata. Risulta chiaro a Pirelli che, per promuovere un prodotto nuovo in un mercato diffidente, è importante concentrare gli sforzi sulla comunicazione, rassicurando il pubblico con parole e immagini che ribadiscano concetti quali affidabilità, durata, comfort e sicurezza.

Pirelli

When it first started out in 1872, Pirelli was a small company producing rubber goods for the general and technical markets. Before long its range of products and activities had increased exponentially, at the same rate as its unique and varied contribution to the world of design and communications. Some of the company's products embodied the concept of new design, while others were the raw materials for products developed by local design studios, such as Arflex and Kartell were at that time.

Once Pirelli realised the importance of communications, especially visual communications, the company's publishing and graphic design arms took off. The company was one of the first to understand that, when launching a new product on a diffident market, it is important to concentrate efforts on communications, reassuring the public with words and images that evoke such concepts as reliability, durability, comfort and safety.

Il marchio della P lunga è della fine '800; successivamente Pirelli inizia con lungimiranza a utilizzare i maggiori designer europei: Max Huber, Bob Noorda, Albe Steiner, Bruno Munari, Armando Testa. E il marchio diventa un veicolo per il rilancio che svolge a Milano funzioni sociali e culturali analoghe a quelle svolte nel torinese dalla Olivetti o dalla Fiat.

Il grattacielo Pirelli

A metà degli anni '50 nasce il progetto del centro Pirelli, il grattacielo. Una costruzione che fin dall'inizio si carica di significati per il momento in cui si realizza. Il Pirelli è destinato a rivestire per la città un ruolo chiave, un riferimento preciso nel quale i milanesi amano identificarsi. Esso rappresenta una storia straordinaria di cantiere, di felice rapporto tra committente e progettista, di progetto in sé. Il progetto ricerca la creazione di un'opera corrispondente alla rappresentazione chiara della sua destinazione e all'appartenenza schietta all'epoca in cui viene costruita. I motivi ideali della sua costruzione restano legati alla ricerca di essenzialità, alla forma finita, alla rappresentatività.

La buona relazione che si instaura tra il progettista delle strutture, Pierluigi Nervi, e i colleghi architetti come Gio Ponti, fa sì che l'edificio goda di una situazione ottimale, legata allo studio delle singole parti dell'ossatura strutturale, e alle proporzioni e sagoma dell'edificio in generale.

Da una parte il grattacielo Pirelli è il simbolo per eccellenza della città che si rinnova, dall'altra l'azienda si lancia nella pubblicazione di una rivista, la rivista *Pirelli*, che ospita articoli di autori come Ungaretti, Montale, Sciascia ed Eco con immagini provenienti da illustrazioni di Renato Guttuso, fotografie di artisti del calibro di Ugo Mulas e Fulvio Reuter.

The long P trademark dates back to the end of the nineteenth century. Later Pirelli was to become a hothouse for talent, grouping together all the major European designers around the brand: Max Huber, Bob Noorda, Albe Steiner, Bruno Munari and Armando Testa all worked there. The brand also became a vehicle for the revival that was stimulating Milanese society and culture, as Olivetti and Fiat were doing in Turin.

The Pirelli Skyscraper

In the mid-1950s the project for a Pirelli centre took shape in the form of a skyscraper. Right from the start, this building was highly significant because of the period in which it was built. The Pirelli sky-scraper was destined to take on a key role for the city as a precise and unambiguous reference with which the Milanese are proud to identify. It represents an extra-ordinary story of teamwork, of harmonious relations between commissioning body and designer, a project in itself. The project sought to create a building that clearly repre-sented its purpose and showed it truly belonged to the era in which it was built. The ideals behind its construction remain the search for the essential, representative finished form.

Good rapport between the structural engineer Pierluigi Nervi and his architect colleagues like Gio Ponti meant that the construction process could benefit from excellent working relations predicated on a meticulous assessment of the structural framework's individual parts, and the proportions and profile of the building in general.

Not content with making the Pirelli skyscraper the archetypal symbol of a city undergoing refurbishment, the company also launched a magazine. The *Pirelli* magazine boasted articles by high-profile authors such as Ungaretti, Montale, Sciascia and Umberto Eco with illustrations by Renato Guttuso and photographs by artists of the calibre of Ugo Mulas and Fulvio Reuter.

A destra: Il Centro Pirelli in un estratto da *Edilizia Moderna* n 71, settembre 1970.

Opposite: Pirelli Centre in an extract of *Edilizia Moderna*, issue 71, September 1970.

Il Centro Pirelli

A destra: Una copertina storica della rivista *Domus* del 1964.

Opposite: An historic cover of the journal *Domus* from 1964.

Qualche rivista

La rivista *Pirelli* non rappresenta una voce singola nel panorama milanese: la città aveva ospitato già dai primi anni '30 riviste con spirito pionieristico, quali *Campo Grafico* che nel 1933 non aveva esitato a pubblicare polemicamente diversi articoli. Si fa strada a Milano l'idea che definisce un ruolo preciso per il grafico, responsabile del prodotto editoriale finale al pari di un redattore che produce testi. *Campo Grafico* è un caso unico poiché l'esiguità di ogni numero consentiva un impaginato e un progetto grafico ogni volta differenti, attorno ai quali si raccoglievano personalità quali Edoardo Persico, Marcello Nizzoli e Bruno Munari; ogni numero era dimostrativo di nuovi concetti o proposte.

Dal settembre 1945 esce il *Politecnico*: Albe Steiner è alla grafica ed Elio Vittorini alla direzione. Anche questo felice esperimento editoriale di breve durata nasce come atto sincrono tra grafica e contenuti: per il suo direttore deve avere il sapore del fumo di Milano, dove le idee, gli articoli, le fotografie, le didascalie sono un tutto unico. Purtroppo la rivista ebbe ha vita breve e chiude nel 1947.

Altra rivista milanese, ma collocata nel mercato come una finestra sul mondo, è *Domus*, fondata nel 1926 dall'architetto Gio Ponti, al quale si unisce l'editore Gianni Mazzocchi. Da allora molti direttori editoriali ne hanno portato avanti le tematiche legate al design, architettura, alla crescita urbana in un ambito di allargamento degli interessi e della sua produttività.

Domus nasce promuovendo i progettisti e le aziende che nel dopoguerra milanese ne lanciano i prodotti e gli studi. Durante il periodo bellico ne viene sospesa l'uscita per un anno, mentre le pubblicazioni riprendono con una nuova veste

Some magazines

The *Pirelli* magazine was no lone voice on the Milanese scene for since the early 1930s the city had played host to pioneering publications. Among these was *Campo Grafico*, which in 1933 had not hesitated to publish several highly controversial articles. In Milan, there was a new vogue for graphic artists to take just as much responsibility for the final published product as an editor producing copy. *Campo Grafico* was a case in point. On that journal, the limited extent of each issue allowed for a different page layout and graphic style every time, an almost revolutionary approach that attracted personalities such as Edoardo Persico, Marcello Nizzoli and Bruno Munari. Thus every issue could demonstrate new concepts or ideas.

September 1945 saw the launch of the *Politecnico*, a magazine boasting Albe Steiner as head of graphic art and Elio Vittorini as editor. It too was conceived as a synchronous act between graphic art and content: Elio Vittorini wanted his readers to be able to smell the smoke of Milan rising up from the magazine's pages. Ideas, article content, photographs and captions were envisaged as a single, unified whole. Sadly, this happy experiment lasted only two years and the magazine folded in 1947.

Another journal based in Milan but positioned in the market as a window on the world, was *Domus*. Founded in 1926 by the architect Gio Ponti, he was joined there by editor Gianni Mazzocchi. Since its inception there have been many editors who have driven forward the themes of design, architecture and urban growth with an ethos of broadening the magazine's interests and increasing its readership. From the outset, *Domus* promoted the designers and businesses that were to start up and launch products in Milan after the war. Publication was

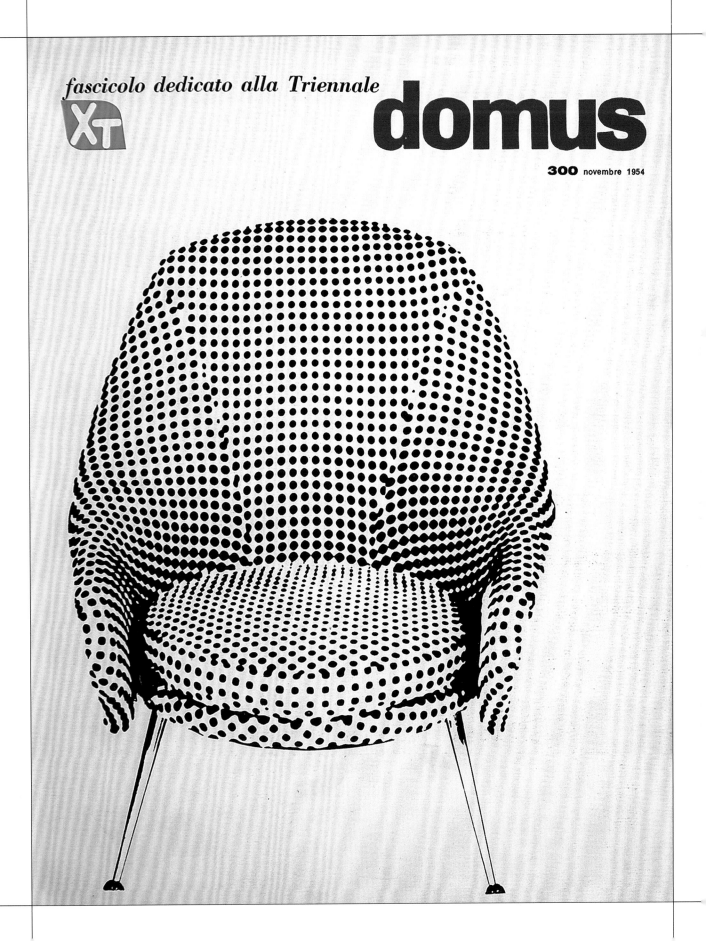

fascicolo dedicato alla Triennale

domus

300 novembre 1954

grafica nel gennaio del 1946 con il numero 205 diretto da Ernesto Nathan Rogers dello studio BBPR. Sono anni d'innovazione, in cui la testata si apre ai nuovi umori culturali e alla collaborazione di intellettuali del calibro di Elio Vittorini e Alberto Moravia.

Nel 1948 Gio Ponti ritorna alla direzione della rivista divenuta bimestrale, mentre dal 1951 *Domus* riprenderà la frequenza mensile. Negli anni '50 e '60 la rivista diventa promotrice della grande vitalità che pervade l'architettura, le arti e il design, dando attenzione ai 'veri valori d'autore'. In breve essa diventerà un punto di riferimento autorevole nel dibattito ormai internazionale tra le diverse tendenze artistiche.

In tempi recenti la scelta editoriale si orienta verso l'alternanza delle direzioni: da Alessandro Mendini (che succede a Ponti scomparso nell'ottobre del '79) con il progetto grafico di Ettore Sottsass, a Lisa Licitra Ponti, figlia di Gio, a Mario Bellini con grafica di Italo Lupi e via fino a oggi. Nello stesso periodo le aziende continuano il proprio percorso di comunicazione e design visto dalla prospettiva della produzione e del mercato.

Le prime aziende

Il periodo tra i primi anni '50 e i primi anni '60 sintetizza al massimo il passaggio dall'oggetto di artigianato, semplicemente utile, all'oggetto disegnato, plasmato su una forma ragionata, aprendo la strada all'intervento dei designer e dell'industria.

La prima edizione del Compasso d'oro, premio alla creatività nel design, è proprio del 1956. Alcuni designer milanesi si prestano felicemente allo sviluppo di prodotti di aziende che rimarranno negli annali del design italiano. Il bacino della Brianza è pronto a offrire tutta la disponibilità di un artigiano aperto al ragionamento innovativo: molte sono le industrie che se ne avvantaggiano.

La storica azienda Cassina decide di puntare sulla relazione professionale con Gio Ponti. Nel 1957 nasce la Superleggera, sedia di disegno assolutamente moderno ma dalle qualità ancora legate alle forme della tradizionale Chiavarina. Nel frattempo l'industria Cassina intreccia relazioni pro-

interrupted for a year during hostilities, to resume with a new graphic look in January 1946. That particular issue, No 205, was edited by Ernesto Nathan Rogers of Studio BBPR. These were years of innovation, in which the title embraced new cultural moods and contributions from intellectuals of the calibre of Elio Vittorini and Alberto Moravia.

In 1948 Gio Ponti, the architect of the Pirelli skyscraper, returned to editing the journal, which at that time appeared bi-monthly. From 1951, *Domus* went back to monthly publication. During the 1950s and '60s the magazine provided a showcase for artistic innovation, promoting the great vitality pervading architecture, art and design, drawing attention to 'true creative values'. In short, it was to become an authoritative point of reference in the new worldwide debate around the merits of different artistic directions.

In recent times, the choice of editor too has been oriented towards a change in direction: from Ponti's successor Alessandro Mendini who worked with graphic designer Ettore Sottsass, to Ponti's daughter Lisa Licitra Ponti; to Mario Bellini with graphics by Italo Lupi; and so on in the quest for innovation up until the present day. And, while one of *Domus'* objectives is communicating design, design companies continue along their own trajectory of communication and design with a keen eye to commercial manufacture.

The first design companies

The decade spanning the early 1950s to the early 1960s encapsulates the move away from the crafted object, which simply served a purpose, towards the designed object, moulded into a desired shape. This gradual shift allowed designers and industry to become involved. Indeed, it was in 1956 that the first Compasso d'oro prize for creative design was awarded. Several Milanese designers happily took up product development in design companies which have gone down as icon, of Italian design history. The Brianza basin offered all the facilities of craftsmanship while being open to innovation, and many industries took advantage of it.

The historic furniture-maker Cassina decided to capitalise on its professional relationship with Gio Ponti,

Sopra: Galleria Manzoni: il grafico Giovanni Pintori, gli scrittori Elio Vittorini, Vittorio Sereni, l'architetto Giancarlo de Carlo.

Above: Graphic artist Giovanni Pintori, writers Elio Vittorini and Vittorio Sereni, with the architect Giancarlo de Carlo at Galleria Manzoni.

fessionali con Carlo de Carli, Vico Magistretti, e successivamente Mario Bellini, Afra e Tobia Scarpa. Cassina si aggiudica diversi Compassi d'oro, che non è l'unico riconoscimento dell'epoca, poiché la Triennale istituisce un suo premio e nella IX edizione assegna la medaglia d'oro alla poltrona Lady di Marco Zanuso. È un momento topico nella produzione dell'arredo dove la ricerca di nuovi materiali, come gli imbottiti della Pirelli, instaura un processo di sperimentazione puro per creare nuove forme nel progetto dell'arredo.

Anche la Arflex nasce su questa spinta, contraddistinta sempre da un interesse di tipo sperimentale ben armonizzato con un fine commerciale di più ampia portata. La sua produzione si rivolge

whose iconic Superleggera chair had first seen the light of day in 1957. It had an absolutely modern design but still had a similar shape to the traditional Chiavarina chair. In the meantime Cassina was building up a working relationship with Carlo de Carli, Vico Magistretti and, later, Mario Bellini, Afra and Tobia Scarpa. Cassina won several Compassi d'oro as well as other prestigious contemporary awards. The Triennale established its own awards and at the IX Trade Fair bestowed the gold medal on Marco Zanuso's Lady armchair. It was a key moment in furniture production where the search for new materials, like Pirelli upholstery, started a process of pure experimentation. Designers tried using new materials to define new furniture shapes.

A sinistra: Lampadario Chandelier di Achille Castiglioni, 1988.   **Opposite:** Chandelier by Achille Castiglioni, 1988.

anche ai sedili per automobile, adattabili alla Fiat Topolino, orientandosi sempre più verso l'industria. Molti nomi importanti parteciperanno alla produzione Arflex, da Albini a Belgiojoso, da Rogers a Cini Boeri. Di quest'ultima l'ideazione di un sedile realizzato esclusivamente in schiume poliuretaniche adatto all'utilizzo in auto.

La medesima filosofia di utilizzo di materiali plastici per l'oggettistica porterà Giulio Castelli a fondare la Kartell, che avvia la fase industriale agli inizi degli anni '60. La Kartell con la sua nuova oggettistica riceverà, nel giro di pochi anni, ben quattro Compassi d'oro, e tra gli anni '60 e '70 allargherà la sua produzione a designer quali Achille e Pier Giacomo Castiglioni, Joe Colombo, Gae Aulenti, Anna Castelli Ferrieri. Grazie alla produzione di accessori, l'immagine della Kartell si impone all'attenzione mondiale.

Alla fine degli anni '80, la più recente generazione di designer di fama internazionale viene ancora coinvolta nel processo di rinnovamento delle linee dell'azienda. Siamo di fronte ai nuovi prodotti di Philippe Starck, Ron Arad, Antonio Citterio, Piero Lissoni, Alberto Meda e Paolo Rizzato. Il lavoro incessante dei designer definisce e migliora l'identità di queste prime e storiche aziende del design unito alla componente di innovazione dovuta all'utilizzo di rinnovati materiali.

Con l'idea di un migliorato utilizzo della plastica, nel 1959 era nata anche Artemide, nel tentativo di mettere in piedi una produzione che, pur esprimendo caratteristiche artigianali, fosse in grado di allargare il discorso al piano del design. Vi collaborano molti designer di valore tra cui Vico Magistretti, Angelo Mangiarotti, Gae Aulenti, Richard Sapper, Mario Bellini, Ettore Sottsass. Se Artemide rimane anche oggi un punto di riferimento tipicamente nazionale nel panorama milanese, si possono citare anche molti altri

Arflex was one of this wave of start-ups, a company distinguished by its experimental zeal, which combined successfully with a wider commercial objective. Its products included car seats that could be adapted to the Fiat Topolino as the company became more and more industry oriented. Many notable names contributed to Arflex products, from Albini to Belgiojoso, Rogers and Cini Boeri, the latter of whom came up with the idea for a seat made exclusively of polyurethane foam, specially adapted for use in cars.

The same philosophy of using plastic materials in household objects led Giulio Castelli to found Kartell, another company that would be in the vanguard of industrial innovation in the early 1960s. Kartell's new take on everyday objects was to win the company four Compassi d'oro in the space of a few years. During the 1960s and 1970s it would expand production to embrace the work of such designers as Achille and Pier Giacomo Castiglioni, Joe Colombo, Gae Aulenti and Anna Castelli Ferrieri. The accessories Kartell produced impressed the company image on a global public.

At the end of the 1980s, the most recent generation of internationally renowned designers was still involved in updating the company's lines with the result that it boasted new products by Philippe Starck, Ron Arad, Antonio Citterio, Piero Lissoni, Alberto Meda and Paolo Rizzato. These first historic design companies made their mark through the designers' untiring application married with the innovative use of new materials. Artemide was set up in 1959 with the express intention of using plastic to better effect, its objective to produce goods that could express craftsmanship while pushing the boundaries of design. Many acclaimed designers worked with the company, among them Vico Magistretti, Angelo Mangiarotti, Gae Aulenti, Richard Sapper, Mario Bellini and Ettore Sottsass. Artemide remains a typically national reference point on the Milanese scene to this day, but the list of such design

esempi, come Azucena, del 1947, che riunisce Dell'Acqua, Gardella e Caccia Dominioni; e Danese, fondata nel 1957, dedita alla produzione di oggetti di vario uso, dall'ufficio alla casa, dall'utile all'oggetto puramente estetico.

La Fiera

Mentre aziende e designer creano prodotti e progetti che rinnovano l'immagine della città dal dopoguerra a oggi, alcune istituzioni o fondazioni rilanciano il contesto urbano in termini sia di progettualità dei processi produttivi e creativi, sia degli spazi fisici cittadini. L'esempio per antonomasia è quello della Fiera di Milano che nella riapertura del dopoguerra vanta circa 3 milioni e mezzo di presenze nelle giornate a perte al pubblico. La Fiera ha ricadute economiche sul mercato milanese nazionale, ma anche sullo spirito di imprenditorialità che accompagna tutte le trasformazioni dei siti urbani di sua proprietà. Agli inizi degli anni '60 la Fiera cataloga e mette in vetrina la realtà economica milanese che sta crescendo in tutti i settori legati ai nuovi orientamenti del mercato: editoria, produzioni musicali, discografiche, pubblicitarie, fotografiche. Sulla spinta della tradizione tessile nasce una prima evoluzione dell'abbigliamento inteso come prodotto di grande sartoria e le prime attività degli stilisti si collocano proprio in questi anni.

La Fiera svolge per Milano il ruolo di luogo dello scambio progettuale, un parterre dove incontrare tendenze e idee di business. Su questa linea vanno letti gli aggiustamenti e gli incrementi volumetrici che hanno interessato i suoi padiglioni dal dopoguerra a oggi. Nel 1989 le ultime espansioni denominate 'Progetto Portello' invadono parte del vecchio stabilimento dell'Alfa Romeo, con un progetto di Mario Bellini.

Il problema di integrazione del recinto della Fiera nel tessuto urbano cresce sempre di più nel tempo e si scontra con due grosse realtà:

companies is almost endless. Among them was Azucena, which in 1947 brought together Dell'Acqua, Gardella and Caccia Dominioni; and Danese, founded in 1957 to produce multipurpose items for use in offices and homes, from the practical to the purely ornamental.

The Exhibition Centre

Design companies and designers have been creating products and projects renewing the city's image from the postwar period up to the present day. Meanwhile, some organisations have been reviving the urban environment in terms of planning both manufacturing and creative processes, and actual civic spaces. The archetypal example is that of the Milan Exhibition Centre. When it reopened after the war, 3.5 million members of the public passed through its doors. The Exhibition Centre not only made an impact on the economy of the Milanese market nationally, it also had an energising effect on the entrepreneurial spirit that accompanied development of its urban sites. At the beginning of the 1960s the Exhibition Centre catalogued and showcased the products of the Milanese economy, an economy that was growing across all new market sectors: in publishing, music and record production, advertising and photography. Driven by the tradition of textile manufacture, the first signs of an indigenous fashion industry began to evolve in the form of haute couture items. Appropriately enough, it was in this decade that the first Milanese fashion designers made their mark.

For Milan, the Exhibition Centre plays the role of a project exchange, a parterre in which to spot business trends and pick up ideas and it is in this light that the improvements and expansions that have increased the size of its pavilions from the postwar period to the present can be viewed. In 1989, the latest expansion, known as 'Project Portello' took over parts of the old Alfa Romeo factory in a project designed by Mario Bellini.

The problem of integrating the centre's boundaries into the urban fabric increases with time since it

Sopra: Il recinto della Fiera di Milano nel 1986.   **Above:** The Milan Exhibition Centre site in 1986.

l'intenso traffico che attraversa le aree limitrofe e l'esistenza di una cesura all'interno del tessuto urbano creata dalla presenza dei padiglioni della Fiera.

Nel 2000, la Regione Lombardia decide la localizzazione del nuovo polo esterno sull'area attualmente occupata dalla raffineria ENI, nei comuni di Rho e Pero. La costruzione del nuovo polo esterno e la successiva liberazione dell'area del polo interno ha un significativo impatto economico sul territorio. La costruzione del nuovo polo per diversi milioni di euro, nella migliore tradizione delle grandi opere milanesi, viene effettuata con forze proprie locali e non

encounters two huge difficulties. One is the heavy traffic crossing the areas surrounding the site; another is the hole in the urban fabric created by the presence of the exhibition pavilions.

In 2000, the Lombardy Region decided to locate a new peripheral complex in the area then occupied by the ENI refinery, in the Rho and Pero districts. Construction of the new complex and subsequent vacation of the city complex site had a far-reaching effect on the region's economy.

The new complex was built at the cost of several million Euros, and in the best tradition of great Milanese public works, it was achieved with local

A destra: Alberto Alessi, Achille Castiglioni, Enzo Mari, Aldo Rossi, Alessandro Mendini nelle officine Alessi.

Opposite: Alberto Alessi, Achille Castiglioni, Enzo Mari, Aldo Rossi and Alessandro Mendini in the Alessi factory.

statali. Fondazione Fiera Milano decide la cessione dell'area del polo interno per 255.000 m² subordinando la vendita a un progetto di riqualificazione che vede come vincitori gli architetti di fama mondiale Zaha Hadid, Daniel Libeskind, Arata Isozaki con un progetto per CityLife. Intanto viene costruito a pochi chilometri dal centro il Nuovo Polo Fiera Milano, con una struttura imponente e una superficie lorda di 530.000 m². La struttura è formata da otto padiglioni, a altezze differenti, che si sviluppano attorno a un corridoio centrale di collegamento degli ingressi della Fiera. Il corridoio in realtà è una lunga vela di vetro e acciaio di 1300 m e un'altezza massima di 36 m. Con quest'operazione la superficie coperta di Fiera supera i 700.000 m² diventando così la più grande fiera d'Europa.

Gli anni recenti

L'episodio della Fiera, segnato dalla rapidità delle trasformazioni che è riuscita a imporre sul territorio, risulta un modello anomalo all'interno dello sviluppo urbano della città.

Dopo il grande boom demografico del 1974, la popolazione di Milano inizia a scemare. Le previsioni di un decentramento industriale ipotizzate negli anni '50 erano state assolte a fatica, mentre tra gli anni '60 e '70 l'architettura inizia a punteggiare di edifici d'autore la fascia periferica del territorio con quartieri residenziali e centri direzionali: Gratosoglio, Metanopoli (Marcello Nizzoli, Franco Albini, Franca Helg e altri), edifici per il terziario sulle direttrici delle autostrade verso sud (Kenzo Tange), le sedi per uffici Mondadori a Segrate (Oscar Niemeyer).

Nel corso degli anni '80 lo scenario urbano presenta circa cinque o sei milioni di metri

and not state funding. Fondazione Fiera Milano, the owners, decided to sell the 255,000 metre square city complex site subject to a redevelopment plan. The call for tenders was won by internationally renowned architects Zaha Hadid, Daniel Libeskind and Arata Isozaki as part of a project for CityLife. Meanwhile, a few kilometres from the city centre, the New Milan Exhibition Centre was built. This imposing structure, with a gross area amounting to 530,000 square metres of floor space, consists of eight pavilions of varying heights, clustered around a central corridor connecting the entrances to the Exhibition Centre. The corridor is actually a sail-like structure of glass and steel which is 1,300 metres long and 36 metres high at its apex. With this structure, the covered area of the Exhibition Centre comes to over 700,000 square metres, which makes it the largest exhibition centre in Europe.

Recent years

The Exhibition Centre project, distinguished by the speed of redevelopment that it successfully imposed on the region, is nevertheless an anomaly in the city's urban development.

Milan experienced a big population boom in 1974, but from then on the number of inhabitants started to decline. Forecasts for decentralising industry made in the 1950s were fulfilled with difficulty, while during the 1960s and '70s architects had started to dot the outskirts of the city with signature buildings, residential and office districts. Among these were the Gratosoglio and Metanopoli (designed, among others, by Marcello Nizzoli, Franco Albini and Franca Helg); office buildings on the motorway routes south (Kenzo Tange); and the Mondadori headquarters at Segrate (Oscar Niemeyer).

During the 1980s, the urban scene offered about 5 or 6 million square metres of abandoned industrial

quadrati di impianti industriali abbandonati ed aree legate agli scali ferroviari improvvisamente liberati o ridotti nelle loro dimensioni. Nasce una serie di grandi progetti che hanno come obiettivo la trasformazione di aree occupate da impianti obsoleti. Nel 1999 tutti questi progetti trovano grande impulso in una legge regionale che ne favorisce lo sviluppo, snellendo le procedure amministrative per l'ottenimento dei pareri e introducendo un concetto nuovo: l'urbanistica contrattata. Si tratta di sviluppare progetti in aree dove amministrazione e proprietà possano convergere su obiettivi comuni.

È la nascita del secondo polo urbano del Politecnico, nella zona degli ex gasometri della Bovisa, negli edifici industriali della ex Ceretti e Tanfani, dello sviluppo residenziale delle aree ex OM (progetti tra gli altri di Massimiliano Fuksas). Le grandi novità che modificano Milano riguardano

buildings in the form of old railway yards that had been suddenly vacated or reduced in size. Hence, a series of grand projects was begun with the aim of transforming the areas occupied by obsolete infrastructure. In 1999, all these projects got a boost from a regional law that encouraged development by streamlining administrative procedures for obtaining planning permission and introducing a new concept: negotiated town planning, an innovative approach that entails the development of projects in areas where authorities and owners can agree on common objectives.

Then came the Politecnico's second urban campus in the area formerly occupied by the gasometers at Bovisa and the former Ceretti and Tanfani industrial buildings. The former OM sites were redeveloped for residential use, designed by Massimiliano Fuksas among others. However, the major projects modifying Milan relate mainly to

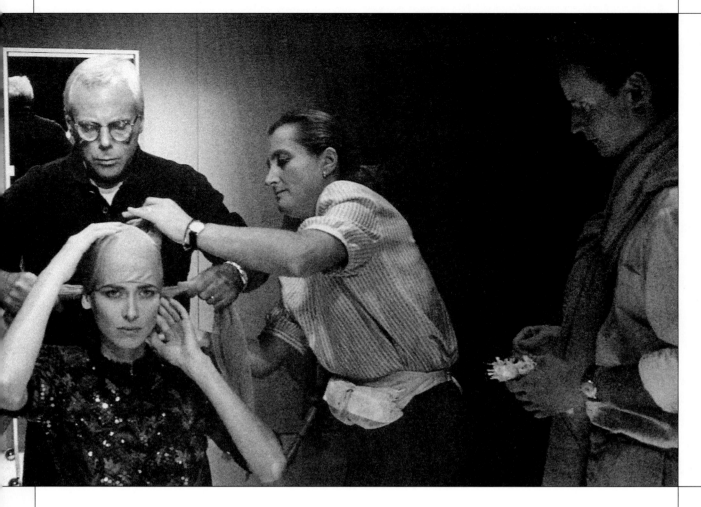

Sopra: Giorgio Armani prima di una sfilata, 1988.

Above: Giorgio Armani preparing for a catwalk, 1988.

però altre superfici e dimensioni: il progetto di riconversione delle aree ex Pirelli in tessuti residenziali alla Bicocca iniziato nel 1985 si protrae fino al 2002 con gli episodi del Teatro degli Arcimboldi, fino al 2004 con la costruzione del Centro direzionale Pirelli, che incamicia la vecchia torre di raffreddamento dei precedenti stabilimenti, e con la costruzione della sede della Deutsche Bank di Gino Valle.

Le aree ex Alfa Romeo del Portello nord vengono riconvertite da un programma che prevede la realizzazione di residenze, terziario e commerciale con progetti di Guido Canali, Gino Valle e Cino Zucchi e un parco di Charles Jencks. Le aree della ex Innocenti-Maserati in Via Rubattino ospitano un mix di residenza e terziario con la rappresentanza di un edificio di Luigi Caccia Dominioni. Un progetto firmato Norman Foster mira all'utilizzo residenziale di aree ex industriali come la Rogoredo Montecity. Il progetto di Cesar Pelli per

other sites on different scales. The project redeveloping the former Pirelli site into homes at La Bicocca, begun in 1985, dragged on until 2002 with all the incidents surrounding construction of the Teatro degli Arcimboldi. Finally, in 2004, the Pirelli headquarters was constructed, covering up the cooling tower that dated back to the original buildings, and the headquarters of Deutsche Bank, designed by Gino Valle, was built.

The former Alfa Romeo site at Portello Nord was converted by a programme that envisaged building homes, offices and shops designed by Guido Canali, Gino Valle and Cino Zucchi, plus a park designed by Charles Jencks. The former Innocenti–Maserati site in Via Rubattino is home to a mix of residential and office developments, and includes a building by Luigi Caccia Dominioni. A Norman Foster project calls for the residential use of former industrial areas like Rogoredo Montecity. Meanwhile, Cesar Pelli's project for the City of Fashion is taking off in the Garibaldi

Sopra: Campagna fotografica di Emporio Armani con Milla Jovovich, 2003.

Above: Photo campaign for Emporio Armani featuring Milla Jovovich, 2003.

la Città della Moda decolla nella zona Garibaldi Repubblica. E questo anche se il cosiddetto 'quadrilatero della moda' è ormai un bacino di consumo consolidato nel centro cittadino. Poco lontano nasce il progetto per un grande parco con la costruzione di una biblioteca degli alberi. In un dialogo visivo con il grattacielo Pirelli ecco sbocciare il progetto per la nuova sede della Regione Lombardia di Pei Cobb Freed.

In tempi più recenti si assiste alla realizzazione di numerosi progetti di rinnovamento a scala urbana quali la definizione di Piazza Croce Rossa, con progetto di Aldo Rossi, la riorganizzazione di Piazzale Cadorna a cura di Gae Aulenti o quella di Piazza San Babila da parte di Luigi Caccia Dominioni.

In zona Solari nel 2001 Tadao Ando disegna il nuovo Spazio multifunzionale Armani. In Via Tortona sorgono un edificio a destinazione

Repubblica area, even though the so-called 'fashion quarter' is now a consumer hotspot concentrated in the city centre. Not far away, the project for a large park and construction of a library of trees has blossomed. Finally, in a visual dialogue with the Pirelli skyscraper, the project for Lombardy Region's new headquarters, designed by Pei Cobb Freed, is taking shape.

More recent years have witnessed numerous pro-grammes renovating urban areas such as the refur-bishment of Piazza Croce Rossa with Aldo Rossi's project; the reorganisation of Piazzale Cadorna by Gae Aulenti or that of Piazza San Babila by Luigi Caccia Dominioni.

In 2001, in the vicinity of Via Solari, Tadao Ando designed the new Armani multifunctional space. In Via Tortona, an exhibition space was built designed by Mario Cucinella; in the same street is the new headquarter of Fondazione Arnaldo Pomodoro,

Sopra: Quartiere Gratosoglio, 1977.

A destra: Laboratori della Scala 2004.

Above: The Gratosoglio district, on the outskirts of Milan, 1977.

Opposite: La Scala workshops, Scala, 2004.

espositiva di Mario Cucinella e la Fondazione Arnaldo Pomodoro su progetto dello studio Pierluigi Cerri. In Via Forcella nascono altri laboratori a opera di Antonio Citterio. Nel 2004 Mario Botta realizza la ristrutturazione del palcoscenico e delle strutture di servizio collocate nello spazio ellittico della Scala, mentre Renzo Piano, dopo aver ampliato la nuova sede del *Corriere della Sera*, progetta la nuova redazione del *Sole 24 Ore*.

La città si sta ormai avvicinando a un quadro di

designed by Studio Pierluigi Cerri. Via Forcella is home to other Laboratories designed by Antonio Citterio. In 2004 Mario Botta restructured the stage and service areas in the elliptical space of La Scala. Meanwhile, after extending the new headquarters of the *Corriere della Sera*, Renzo Piano designed a new editorial base for *Il Sole 24 Ore*.

Today, the city is approaching saturation point with respect to new buildings. In future it will be the architectonic element of projects in development and the calibre of town planning that will determine

saturazione edilizia per il quale, nel futuro, sarà la qualità urbanistica e architettonica dei progetti in cantiere a determinare la stessa qualità del quadro urbano. Ma non solo. Saranno anche gli interni e gli spazi più privati a rinnovare quell'immagine della città che in tanti anni si è andata via via costruendo con sempre maggiore consapevolezza e volontà del 'fare bene'.

the quality of the urban surroundings. But architecture and town planning are not and will never be the whole story of cutting-edge design, in Milan. It will also be the city's interiors and its most private spaces that will keep vibrant Milan's image, an image that has been nurtured gradually over time, as developers build with ever increasing skill and a desire to 'do it well'.

Cultura // Culture

Introduzione //
Introduction

L'editoria milanese da tempo rappresenta una delle eccellenze che maggiormente hanno donato alla città autorità e lustro. Dal dopoguerra a oggi moltissime sono le testate nate a Milano: quotidiani, settimanali, mensili. Dall'editoria d'impegno politico al puro svago, dal giornale economico ai rotocalchi e alla fumettistica. Accanto all'editoria anche l'economia, con la grande base e tutto il suo indotto, ha saputo fare del mercato finanziario di Milano un hub di connessione con gli altri mercati europei.

Il 25 aprile del 1945 la metropoli dà i natali ai primi numeri de *L'Unità* e dell'*Avanti*, stampati da lavoratori impegnati politicamente nelle tipografie del *Corriere*. L'iniziale corpo di fabbrica semplice, contenente le rotative di Via Solferino, è destinato nel tempo ad annettere con i suoi ampliamenti gli edifici attigui, in maniera sempre più estensiva fino a comprendere tutto l'isolato. Nel 1946 il *Corriere* si trasforma in *Corriere d'informazione*, per diventare un pomeridiano e aprire quindi la via alla nascita del *Nuovo Corriere della Sera*, in edicola la mattina.

Negli anni immediatamente a venire sarà un susseguirsi ininterrotto di battesimi per testate autorevoli: nel 1946 *Il Tempo*, pochi mesi dopo il giornale di economia e finanza *24 ore*. Nel 1952 sarà la volta de *La Notte* e nel 1956 del *Giorno*. Più avanti le realtà editoriali dei quotidiani di media dimensione sceglieranno di strutturarsi, anche per mezzo di fusioni, in testate più solide, come avviene per il *Sole 24 ore* che nasce dall'unione

For a long time, publishing has been one of the things at which Milan has excelled, and something that has made the greatest contribution to the city's authority and lustre. From the postwar period to the present, a wealth of new titles has seen the light of day in Milan: dailies, weeklies and monthlies. They range from political broadsheets to light-hearted tabloids, from serious financial newspapers to illustrated magazines and comics. And alongside publishing, a dynamic and broadly based financial services sector succeeded in bringing Milan's financial market onto a par with the other major European players.

On 25 April 1945, the metropolis saw the first editions of *L'Unità* and *Avanti*, printed by a politically committed workforce at the *Corriere*'s printing works. Over time, the original core building containing the presses at Via Solferino would annex the adjoining buildings to house extensions that became ever more extensive. In 1946 the *Corriere* became an evening paper, the *Corriere d'informazione*, thus opening the way for the *Nuovo Corriere della Sera* to come out in the morning.

Successive years would see the start up of an uninterrupted flow of authoritative new titles. In 1946 there was *Il Tempo*, followed a few months later by the financial newspaper *24 Ore*. Then, in 1952, it was the turn of *La Notte* and in 1956 of *Il Giorno*. Later, altered publishing circumstances meant that medium-sized dailies chose to structure themselves into more solid titles, sometimes through

Pagine precedenti: Un dettaglio dei loggiati della sede del *Sole 24 Ore*.

Sotto: Le sale di impaginazione del *Corriere della Sera*, pochi anni prima dell'avvento delle innovazioni informatiche, quando la composizione della pagina avveniva ancora manualmente.

Previous pages: A detail of the new headquarters of *Sole 24 Ore*.

Below: The *Corriere della Sera's* pagination room, a few years before the advent of new computer technology, when pages were still made up by hand.

domus 869

Ettore Sottsass, Enzo Mari, Andrea Branzi, Alessandro Mendini, Vico Magistretti. Il mondo degli oggetti, voi, lo conoscete bene. Conoscete la loro ambigu
Ettore Sottsass, Enzo Mari, Andrea Branzi, Alessandro Mendini, Vico Magistretti. The world of objects is very familiar to you. You are familiar with their ambigu

giocare. Siete stati capaci di pensarne di sublimi e ironici. Utili e scomodi. Venduti in migliaia di copie o solo disegnati. E conoscete bene anche il mondo che produce, realizza gli oggetti dell'industrial design. Una moltitudine di aziende, dinastie locali e scambi internazionali, macchine a controllo numerico e manodopera in Cina o in India. Un mondo molecolare che oggi sembra in difficoltà, in un mercato che è invaso da copie a basso costo e da utensili "in stile". E che tuttavia continua ad attirare capitali e finanziamenti da tutto il mondo, portatori di regole e principi nuovi; a volte dinamici, a volte dirompenti, distruttivi. Cosa sta succedendo? Cosa accadrà a quella piccola porzione di oggetti disegnati che in questi anni ci ha accompagnato: ammiccanti, geniali, seducenti? Che utilità sociale ha oggi il vostro lavoro? E cosa ne sarà delle migliaia di studenti che in tutto il mondo cercano di seguire il vostro esempio? Insomma: c'è ancora un destino – a Milano, in Italia e nel mondo – per quella strana sfera di cose, macchine e simboli che abbiamo chiamato "industrial design"? Fateci capire, per favore.

Rivista mensile
di Architettura, Design, Arte e Informazione
Monthly review
of Architecture, Design, Art and Information
Aprile / April 2004
€ 8,50 Italy only - www.domusweb.it

di due quotidiani finanziari e l'*Avvenire* nella seconda metà degli anni '60, fusione dell'*Italia* e dell'*Avvenire d'Italia*.

Hanno luogo del resto anche le prime scissioni, dalle quali prendono vita altri quotidiani come *Il Giornale Nuovo*, costola estrapolata dal *Corriere della Sera*, mentre le case editrici si contendono i colossi della notizia, come succede con la Rizzoli che acquisisce il *Corriere della Sera*. Rizzoli pubblica già *L'Europeo*, *Oggi* e *Candido* e alla fine degli anni '40 aveva già lanciato la BUR, la prima collana economica del dopoguerra. Bisognerà attendere invece il 1965 perché anche la Mondadori dia vita alla collana economica degli Oscar, segnando un'ulteriore rivoluzione epocale quella del 'tascabile' venduto in edicola, che rappresenta la vera novità.

Siamo negli anni del boom dell'editoria, che diventa un nuovo valore simbolico, al pari dell'industria, o degli edifici amministrativi per una città, qualcosa

mergers – exactly what happened with *Il Sole 24 Ore*, which was born from the union of two low-cost dailies, and with *Avvenire* in the second half of the 1960s, a merger of *Italia* and *Avvenire d'Italia*.

Sell offs were beginning to take place too, giving rise to other dailies like *Il Giornale Nuovo*, a spin-off from the *Corriere della Sera*. Meanwhile, publishers became rivals for the news giants, as happened with Rizzoli which acquired the *Corriere della Sera* (Rizzoli already published *L'Europeo*, *Oggi* and *Candido*). At the end of the 1940s the publisher had already launched BUR, the first low-cost imprint of the postwar period; it would be 1965 before Mondadori too created its low-cost imprint, Oscar, marking a further publishing revolution. The real novelty, however, was its pocket-sized format, enabling it to be sold in kiosks.

These were boom years for publishing, which acquired a new symbolic value that put it on a par with industry or the city's key administrative build-

tura – il loro essere sia cose che simboli – e sapete come controllarla. Con gli oggetti sapete
ature – their way of being 'things' as well as symbols; and you know how to manipulate them,

how to play with them. You dream them up, sublime and ironic, useful and awkward.
Simply sketched or sold by the thousand they have the potential to be icons of our daily
existence. You are also very familiar with the world of industrial design production.
A multitude of companies; local dynasties and international trade; CNC machinery
and Chinese or Indian labour. A molecular world that today seems to be in difficulty
in a marketplace flooded by cheap copies and 'period' production, but nevertheless
it continues to attract investment from all around the world, bringing new rules
and principles, at times invigorating, at times crushing and destructive.
What is happening? What lies in store for that small cluster of design objects that has
accompanied us over the years, enticing us with their genius and charm? What social
utility does your work have these days? And what will become of the legions of students
that try to follow in your footsteps? In short: Is there still a future (in Milan, in Italy,
and in the world) for that strange realm of things, of machines and of symbols
we call Industrial Design? Please help us to understand.

Sopra a sinistra: *Domus* n. 869: una copertina destinata a segnare la storia: Ettore Sottsass, Enzo Mari, Andrea Branzi, Alessandro Mendini, Vico Magistretti.

Sopra a destra: *Domus* n. 475 del 1969.

Above left: *Domus* issue 869: a historic cover featuring Ettore Sottsass, Enzo Mari, Andrea Branzi, Alessandro Mendini and Vico Magistretti.

Above right: *Domus* issue 475 from 1969.

di cui sottolineare l'importanza nel territorio. In quest'ottica la Mondadori commissiona il progetto per la propria sede a Segrate, alle porte di Milano, a Oscar Niemeyer. Il complesso, inaugurato nel 1975, sembra sorgere dalle acque di un grande lago artificiale ed è costituito da tre elementi di spicco, di forte impatto visivo: un grande corpo in linea vetrato, di cospicua altezza; un'ampia struttura ad archi che ne costituisce il grande portico, con arcate di altezza variabile; due altri corpi di fabbrica bassi che intersecano il principale. Il primo ospita ristorante bar e negozi, il secondo, a forma di foglia di salice, accoglie alcune redazioni, il centro documentazioni e l'auditorium. Il porticato è particolare e costituisce un saggio di ragionata aritmia, con il suo passo

ings and thus something which helped underscore the region's importance. With this profile in mind, Mondadori commissioned Oscar Niemeyer to design its new head offices in Segrate, on the outskirts of Milan. The complex, opened in 1975, seems to spring from the waters of a large artificial lake and consists of three prominent elements that together make a powerful visual impact. There is a large, high, glass-fronted core building; a broad arched structure forming a large portico for the main building, with arches of different heights; and two other low-rise buildings cutting across the first. Of the latter, the first houses a restaurant, bar and shops; the second, in the shape of a willow leaf, contains editorial offices, the archive and the auditorium. The arcade is architecturally highly original and constitutes a study

variabile di grande eleganza: '...un ritmo disuguale, quasi musicale che li contraddistingue' come disse Niemeyer.

Nel frattempo anche l'editoria specializzata in architettura si era animata di nuovo fermento e dal dopoguerra in poi le riviste si trasformano: *Casabella, Domus, Edilizia Moderna, Ottagono, Hinterland, Lotus International, Rassegna*. Le vicende editoriali di *Domus* sono coronate dalla nuova sede editoriale a Rozzano. La palazzina della direzione a opera degli Studi Nizzoli nasce in risposta all'esigenza di un ampliamento degli uffici. Invece di allargare l'esistente corpo di fabbrica, Nizzoli prevede una costruzione a tre piani posta tra alcuni edifici esistenti. La nuova costruzione ha due fronti, uno interno verso gli spazi inclusi e un altro verso il giardino, i quali ostentatamente si differenziano tra loro. Una specie di palazzina bifronte, provocatoria nel dare all'esterno un segnale di architettura rappresentativa e più pubblica, all'interno un'immagine rassicurante e più privata agli impiegati. Nel 1982 l'edificio a un piano con gli uffici viene parzialmente trasformato e anche il giardino interno diventa una sorta di scenografia piena di sagome umane femminili, che accolgono il visitatore all'ingresso.

Il più recente caso di immagine editoriale simbolo è senza dubbio la ristrutturazione dell'edificio della Rizzoli, a cura di Boeri Studio, nel settore nord-est di Milano nel quartiere Palmanova dove già erano presenti alcuni uffici e le tipografie. Una torre in vetro di 80 metri è già un nuovo landmark urbano per chi percorre l'attigua tangenziale; ai suoi piedi un edificio a C, di media altezza, include un ampio cortile.

Se l'editoria è un carro trainante all'interno delle dinamiche di questa città, la gestione dell'economia con i suoi indotti non è da meno in termini di ricadute 'simboliche' sulle architetture e sugli interni. L'edificio per eccellenza che può rappresentare questo movimento economico, oltre allo storico Palazzo della Borsa di Paolo Mezzanotte, rimane la sede dell'Università Bocconi.

Difficile riassumere la storia di un edificio dove nel tempo si sono realizzati numerosi ampliamenti così autorevoli in termini di qualità delle firme. La Bocconi si accresce negli anni seguendo ogni

in deliberate arrhythmia with its highly elegant changes in tempo – Niemeyer called it 'an unequal, almost musical rhythm that makes them distinctive'.

In the meantime, specialist architectural publications were reinventing themselves and from the postwar period on, journal production was transformed. A whole series of groundbreaking titles became available: *Casabella, Domus, Edilizia Moderna, Ottagono, Hinterland, Lotus International* and *Rassegna*. Domus' editorial efforts were capped with the publisher's new head office at Rozzano were the management premises, designed by Studi Nizzoli, were built in response to the need for bigger offices. Instead of extending the existing core building, Nizzoli envisaged a three-storey construction inserted between existing buildings. The new building has two markedly different fronts, an interior one facing the enclosed spaces and another facing onto the garden. It's a small, dual-fronted building that is somewhat controversial in showing a more representative and public architecture on the outside, and a more reassuring and private face to employees on the inside. In 1982, the single-storey office building was partially converted with the inner garden becoming a sort of stage set full of human-scale, gentle perspectives that welcome the visitor into the entrance building.

Without a doubt, the most recent publishing icon to have premises renovated is Rizzoli with its building designed by Boeri Studio and located in the Palmanova district in Milan's northeast where there was already some office space and the printing works. A glass tower 80 metres high now features as a new urban landmark for drivers on the nearby ring road, at its foot a C-shaped building of average height which includes a spacious courtyard.

While publishing is a driver of this city's dynamics, financial management and its ancillary services is no less so in terms of its symbolic effect on architecture and interiors. The building that best reflects this movement in the economics sphere, aside from the historic Palazzo della Borsa designed by Paolo Mezzanotte, remains the campus of Bocconi University.

It's difficult to summarise the history of a building which has been extended frequently over time and by

Sopra a sinistra: La palazzina della sede dell'editoriale *Domus* nel progetto di Nizzoli.

Sopra a destra: La torre della nuova sede della Rizzoli nella zona di Palmanova. Un edificio ben visibile dalle tangenziali.

Above left: The building housing the editorial headquarters of *Domus*, designed by Nizzoli.

Above right: Tower of the new Rizzoli building in the Palmanova district. The building can be clearly seen from the ring roads.

volta con costanza l'input dato da un nuovo progettista. E ogni volta il risultato è quello di esprimere un'enorme varietà all'interno dell'unità dell'insieme. Questo accresce l'immagine culturale di questo edificio nella sua poliedricità, un po' come l'immagine di Milano, così complessa e articolata, ma nel contempo ordinata.

Mentre si rinnova in funzione e attività la sede storica della Triennale, ne nasce un nuovo distaccamento in Bovisa, a ulteriore testimonianza della risorta alacrità culturale di Milano.

such authoritative architects. The Bocconi has grown over the years, faithfully showcasing the input of each new designer with every addition. And every time, the result is an expression of the enormous variety inside and of the unity of the whole, enhancing the cultural image of this polyhedral building, a bit like the image of Milan – so complex and articulated, yet at the same time so ordered.

While the historical premises of the Triennale are currently experiencing a new lease of life, a new branch is opening in Bovisa, to further confirm Milan's rediscovered cultural energy.

Corriere della Sera

Ristrutturazione della sede del *Corriere della Sera*, Milano, Italia
Via Solferino 28 Milano Tel. +39 02 29014142
Metrò: Moscova
Anno: progetto 1988 – realizzazione 2001–2003
Destinazione d'uso: sedi editoriali, uffici
Superficie: superficie lorda abitabile fuori terra circa 17.500 m²; parcheggio interrato di circa 10.000 m²; aree tecniche circa 8000 m²
Progetto architettonico: Gregotti Associati International (Augusto Cagnardi, Vittorio Gregotti, Michele Reginaldi)
Strutture: Finzi Associati, Domenico Insinga (fase attuativa)
Impianti: Amman Progetti
Direzione lavori: Axistudio Architettura Ingegneria Integrata
www.corriere.it

Refurbishment of head offices of the *Corriere della Sera*, Milan, Italy
28 Via Solferino, Milan Tel. +39 02 29014142
Metro: Moscova
Year: Project started 1998; completed 2001–2003
Intended use: editorial headquarters and offices
Surface area: gross habitable surface area above ground approx. 17,500m²; underground car park of approx. 10,000m²; technical areas approx. 8,000m²
Architectonic design: Gregotti Associati International (Augusto Cagnardi, Vittorio Gregotti, Michele Reginaldi)
Structural engineering: Finzi Associati, Domenico Insinga (implementation phase)
Plant: Amman Progetti
Project management: Axistudio Architettura Ingegneria Integrata
www.corriere.it

Nuove tecnologie hanno trasformato a grandi passi i processi di produzione e la vita nei giornali e nel corso degli anni le sedi delle testate storiche si sono dovute adattare alle mutate esigenze tecniche, con interventi architettonici, demolizioni e addizioni dettati spesso dall'emergenza, con poco riguardo all'estetica dell'insieme. Non fa eccezione la sede storica del *Corriere della Sera*, che era cresciuta da tempo dentro un abito che le andava ormai decisamente stretto e che accolse immediatamente l'occasione per un'adeguata complessiva ristrutturazione offerta dal recente processo di riqualificazione urbana che ha coinvolto l'intero isolato.

In seguito a numerose aggiunte e demolizioni, il giornale aveva finito per occupare un vasto nucleo architettonico collocato tra Via San Marco, Via Montebello, Via Solferino, con gli annessi cortili

New technologies have rapidly transformed every facet of newspaper production, from editorial to printing. So dramatic is this change that even the headquarters of the most venerable titles have had to make room for swiftly evolving technical services by conversions, demolitions and additions, often dictated by urgent need and with scant regard for overall aesthetics. Even the long-serving head offices of the *Corriere della Sera* were bursting at the seams. A process of urban redevelopment involving the whole building provided the opportunity for suitable expansion.

Nowadays, after a series of additions and demolitions, the newspaper occupies a vast campus located between Via San Marco, Via Montebello and Via Solferino, not forgetting its spacious interior courtyards. Thus the core

Sotto: La sala Montanelli ottenuta mediante lo svuotamento del precedente corpo di fabbrica ed ideata per conferire la migliore visibilità possibile alla zona palco.

Below: The Montanelli Room, created by hollowing out the previous core building and designed to afford the best possible view of the stage.

I nuovi ingressi alle redazioni da Via San Marco, rinnovati nella parte delle scale. Alle pareti immagini connesse alle testate operanti nell'immobile.

New entrances to the editorial offices in Via San Marco, with renovated staircases. Pictures connected to titles published in the building hang on the walls.

interni. Il corpo di fabbrica era quindi cresciuto in modo frammentario e disuguale e nella nuova ottica di ristrutturazione globale oltre a rivisitare le superficie, le altezze e le finestrature dei vari locali si è voluto anche cercare di restituire una certa unità e consistenza stilistica all'insieme, dando alla sede del quotidiano più importante di Milano un'immagine più contemporanea e funzionale.

Fulcro dell'intervento, dal punto di vista volumetrico e degli esterni, è la realizzazione di una corte inter-

buildings had evolved in a somewhat fragmented way and so were completely overhauled. Not only were the interior floors reviewed, the height and fenestration of the premises were also redefined. One aim of the renovation was to restore a uniform and consistent style to the whole building, giving Milan's leading daily newspaper a more contemporary and functional image.

In terms of both the volume and exterior, the cornerstone of the project was the formation of a 2,800

na di 2800 metri quadrati nella quale campeggia una grande vasca d'acqua rivestita di marmo nero. La corte diventa il perno di una serie di ricostruzioni e ricomposizioni dei prospetti e dei corpi di fabbrica che vi si affacciano, trasformando uno spazio precedentemente di nessun valore in una piazza imponente dalla forma allungata. Il corpo di fabbrica originario su Via Solferino e quello su Via San Marco sono ora collegati da un nuovo edificio a ponte, ortogonale ai precedenti. Nel frattempo tutti i prospetti esterni sono soggetti a opere di manutenzione e ristrutturazione. L'edificio che ospitava la tipografia, per esempio, viene trasformato in sede delle redazioni, una ristrutturazione morfologica che ne conserva comunque il volume e la composizione di fronti.

Una scelta compositiva essenziale governa i fronti esterni: l'intonaco giallo asburgico diviene il minimo comune denominatore del recupero dei fabbricati storici, un intonaco ritmato da diverse scanalature orizzontali che richeggiano temi tipici milanesi. Le parti di nuova costruzione sono invece rivestite da speciali pannelli in alluminio grigio e in particolare su Via San Marco riprendono con continuità la geometria dei fabbricati attigui. Tutti gli elementi tecnici del progetto sono ben racchiusi da grigliati metallici che ne ordinano precisamente contorni e volumi.

La nuova ripartizione dei solai e il ritrovamento di volumi considerevoli ha permesso la realizzazione di nuovi box interrati nel cortile e di sale per il pubblico ricavate all'interno dei fabbricati esistenti. Le vecchie pilastrature sono state sostituite da portali in ferro, perfettamente adeguati alle nuove destinazioni dei luoghi. Si tratta in particolare della Sala Buzzati, nell'interrato, e della Sala Montanelli nell'edificio che si affaccia sul cortile bagnato dalla vasca di marmo nero.

square metre interior courtyard featuring a large pond lined with black marble. This courtyard became the focal point around which the facades and core buildings facing onto it were reconstructed, transforming a previously dead space into an elongated piazza. The original core buildings on Via Solferino and Via San Marco are now joined together by a new bridge building inserted at right angles. Meanwhile, all the exterior facades were repaired and refurbished, with the printing works being converted into editorial headquarters, a morphological redevelopment that still retained the original volume and frontal appearance.

The choice of one essential material gave the exterior a consistent look: Hapsburg yellow plaster. This became a common feature on restored historic buildings, punctuated by various horizontal channels that suggest typically Milanese themes. The newly built parts, however, were faced with special grey aluminium panels which echoed the geometry of the adjacent buildings, particularly those on Via San Marco. All the technical elements of the project were firmly enclosed by metal grilles that served to control their contours and volumes.

The new distribution of floors and the reinstatement of large volumes allowed a new underground car park to be built beneath the courtyard and public areas to be carved out of the existing buildings. The old pilastrade was replaced by iron gates perfectly suited to the premises' new uses. In particular this affected the Buzzati Room in the basement, and the Montanelli Room in the building overlooking the courtyard with its black marble pond.

Sopra: La Sala Consiglio dove si radunano alcune delle redazioni.

Above: The Boardroom where key members of the editorial team meet regularly.

Abitare – Via Ventura 5

Via Ventura 5/15, Milano
Metrò: Lambrate
EDITRICE *ABITARE* SEGESTA
Tel. +39 02 210581 www.abitare.it
ART BOOK MILANO
Tel. +39 02 21597624 www.artbookmilano.it
GALLERIA ZERO
Tel. +39 02 36514283 www.galleriazero.it
Galleria Massimo De Carlo
Tel. +39 02 70003987 www.massimodecarlo.it
GALLERIA ARNAUD
Tel. +39 02 2159 7627 www.arnaud.it
SCUOLA POLITECNICA DI DESIGN SPD
Tel. +39 02 21597590 www.scuoladesign.com
STUDIO MUTTI&ARCHITETTI
Tel. +39 02 21597400 www.muttiearchitetti.it
Anno: progetto 2000 – realizzazione 2004
Progetto: consulenza urbanistica Mariano Pichler
progetto architettonico studio mutti&architetti
per la sede di *Abitare* interior design Aldo Cibic (2003)
Destinazione d'uso: spazio polifunzionale – sedi di
redazioni, gallerie d'arte, librerie
Superficie: complessiva 20.000 m²

5/15 Via Ventura, Milan
Metro: Lambrate
EDITRICE *ABITARE* SEGESTA
Tel. +39 02 210581 www.abitare.it
ART BOOK MILANO
Tel. +39 02 21597624 www.artbookmilano.it
GALLERIA ZERO
Tel. +39 02 36514283 www.galleriazero.it
GALLERIA MASSIMO DE CARLO
Tel. +39 02 70003987 www.massimodecarlo.it
GALLERIA ARNAUD
Tel. +39 02 2159 7627 www.arnaud.it
SCUOLA POLITECNICA DI DESIGN SPD
Tel. +39 02 21597590 www.scuoladesign.com
STUDIO MUTTI&ARCHITETTI
Tel. +39 02 21597400 www.muttiearchitetti.it
Year: Project started 2000; completed 2004
Town Planning Consultant: Mariano Pichler
Architectonic design: Studio mutti&architetti
Interior design for *Abitare*'s offices: Aldo Cibic (2003)
Intended use: multi-functional space – editorial offices,
art galleries, bookshops
Total surface area: 20,000m²

La sede della rivista *Abitare* e della casa editrice Segesta è al centro di un esperimento di riconversione e decentramento nell'area industriale di Lambrate, alla periferia est di Milano, una zona nota col nome ex Faema in quanto un tempo ospitava la storica fabbrica di macchine da caffè.

La premessa a questo intervento è la diffusa esigenza di trasferirsi a lavorare in ambienti più ampi e funzionali, articolati in modo da poter mettere in fecondo contatto diversi comparti di professionalità che vanno dall'editoria all'arte, dalla progettazione alla pubblicità. La disponibilità di una

The head offices of journal *Abitare* and publisher Segesta are at the centre of an experiment to refurbish and decommission the industrial area of Lambrate, on the eastern outskirts of Milan, an area noted as the home of the former Faema factory that once made those classic coffee machines.

The idea behind this project is the widespread need to move into bigger, more functional workspaces designed to facilitate interdepartmental contact and the cross-fertilisation of ideas, from publishing to art, from design to advertising. A sizeable area of 20,000 square metres became available, affording

Sotto: L'atrio a doppia altezza della sede dell'editoriale *Abitare* Segesta. Sulla sinistra il bancone della reception.

Below: Double-height atrium at the head offices of the publisher *Abitare* Segesta. Reception desk on the left.

A destra: Il cortile su cui si affacciano le redazioni della rivista e gli uffici della direzione.

Right: The courtyard, overlooked by the magazine's editorial and management offices.

superficie interessante ma piccola e raccolta (20.000 m²) offre l'occasione concreta per costituire una sorta di polo delle professioni creative.

Il primo nucleo funzionale dell'intervento si materializza in Via Ventura 5 con la sede di *Abitare*. Si tratta di un grande capannone a tre volte: nel settore centrale, sulla facciata, campeggia il portone di ingresso alla rivista. Un'alta e profonda cornice in cemento, incastrata nel varco di mezzo dello stabile, mette in evidenza un portone ligneo traforato, volutamente disassato rispetto al piano di facciata, quasi a volere mimare un invito ad entrare. Oltrepassando il portone, ci si immette nell'atrio della casa editrice che sfocia a sua volta su un cortile interno, oasi verde e fonte di luce per le redazioni che vi si affacciano da tutti i lati.

L'atrio è costituito da un ampio spazio a doppia altezza che disimpegna gli ingressi alle redazioni ed alle sale riunioni mediante una serie di ballatoi in ferro e griglie di metallo. Sulla sinistra è posizionata una scrivania laccata a righe bianche e grigie: è la reception. La sede di *Abitare* è di fronte all'edificio che ospita la galleria Massimo De Carlo e la libreria Art Book, specializzata in arte contemporanea. La galleria è preceduta da una pavimentazione fatta di traversine lignee traforate parzialmente da un gruppetto di betulle che vuole accennare nel visitatore il senso di pace che potrebbe emanare da un boschetto. Anche la galleria si sviluppa su due piani. Il secondo è una sorta di grande soppalco ligneo, arretrato rispetto alla facciata che resta comunque aperta su uno spazio a doppia altezza adibito ad ingresso. Le parti della galleria ad altezza ridotta sono invece dedicate ai magazzini.

Al suo fianco, in un corpo di fabbrica separato, una piccola apertura introduce all'Art Book, perfetto spazio minimalista che raccoglie il meglio

the opportunity to create a sort of cluster of the creative professions in this relatively small and cosy space.

Abitare's head offices were the first, core part of the project to materialise at 5 Via Ventura in the form of a large industrial building with three faces. Set in the centre, the main entrance to the journal's offices is a prominent feature of the facade. A high, deep cement cornice framed in the opening in the middle of the building serves to accentuate a perforated wooden door, deliberately offset from the facade plane, as if to motion an invitation to step inside. Once through the door, one enters an atrium to the publishing house which in turn leads to an inner courtyard that forms a green oasis and acts as a light source for the editorial offices facing onto it on every side.

The atrium consists of a wide double-height space that gives direct access to the editorial offices and the meeting rooms by means of a series of iron galleries with metal grilles. A lacquered reception desk with white and grey stripes is positioned on the left. *Abitare*'s office is opposite the building that houses the Massimo De Carlo Gallery and the Art Book bookshop, which specialises in contemporary art. Access to the gallery is across a floor made of wooden sleepers with some birch trees growing between them, a device intended to give visitors the sense of peace that they might find in a wooded glade. The gallery too is on two floors. The second floor is a sort of large wooden mezzanine, drawn back from the facade, which still remains open onto a single double-height space used as an entrance. Meanwhile, the single-height parts of the gallery function as warehouses.

Beside the *Abitare* premises, in a separate building that faces directly onto Via Ventura, a small opening

A sinistra: Una vista sull'atrio e sul portone d'ingresso alla sede della rivista visto da cortile.

Sopra: L'interno di Art Book di Via Ventura.

Left: View of the atrium and the main entrance to the magazine's offices, seen from the courtyard.

Above: Interior of Art Book at Via Ventura.

dell'editoria d'arte contemporanea. È un ampio e indiviso locale bianco con pavimento in cemento levigato. L'edificio che accoglie la libreria si affaccia direttamente su Via Ventura e ha la caratteristica di essere rivestito in pannelli di legno destinati in breve a diventare grigi. Scelta compositiva, quest'ultima, pensata in rapporto alle facciate che presentano materiali quali il policarbonato del box portineria, la lamiera in ferro del cancello, il fibrocemento ondulato nero e l'intonaco per gli altri edifici. Altre gallerie come la Galleria Zero e la Galleria Arnaud sono distribuite nell'edificio mediante scale in ferro e vetro che conducono al piano superiore, con un particolare disegno a zig zag.

Il cortile su cui si aprono tutti gli edifici del numero civico cinque diventa una sorta di piazza che si riempie di vita, di suoni, di volti e di colori in occasione di eventi culturali e mondani.

leads the way to Art Book. This perfect Minimalist space, a single, large room with a floor of polished cement, collects together the best of publishing on contemporary art. One noteworthy feature is its wooden panelling, soon to become a weathered grey and carefully chosen to complement the facades that use unconventional materials such as polycarbonate for the doorman's booth, sheet iron for the gate, black textured cement for the other buildings, along with plaster, considering them all as a single unitary whole. Other galleries like Galleria Zero and Galleria Arnaud take up the rest of the building, accessed via iron and glass staircases with a distinctive zigzag design and leading to the upper floor.

All the buildings at Number 5 open onto the courtyard, which often plays host to cultural and social events becoming a sort of piazza that fills with life, sounds, faces and colours.

Il Sole 24 Ore

Via Monte Rosa 91 Milano Tel. +39 02 3022.1
Metrò: Lotto Fiera 2
Anno: progetto 1998 – termine esecuzione lavori 2004
Progetto: Renzo Piano
Destinazione d'uso: sede di redazioni e scuole di specializzazione
Superficie: 78.000 m²
www.ilsole24ore.com

91 Via Monte Rosa, Milan Tel. +39 02 3022.1
Metro: Lotto Fiera 2
Year: Project started 1998; completed 2004
Design: Renzo Piano
Intended use: editorial offices and specialisation courses
Surface area: 78,000m²
www.ilsole24ore.com

Giochi di trasparenza e leggerezza ottenuti con grandi facciate vetrate all'esterno e all'interno, facilitando l'accesso della luce naturale, nascondendo volumi dietro al verde o demolendo brani di struttura che appesantivano il vecchio edificio. La nuova sede del *Sole 24 Ore* firmata Renzo Piano nasce dal progetto di ristrutturazione di un grande isolato nel centro ovest di Milano, lungo un'importante direttrice di uscita dalla città. Del vecchio isolato in sé non rimane più nulla, dato che Piano ha fortemente mutato quello che c'era precedentemente, trasformandolo in un edificio moderno e sensibilmente accattivante. Tra gli obiettivi principali del progettista, dare permeabilità e trasparenza a un volume edilizio complesso. Strumenti dell'intervento sono l'alleggerimento notevole ottenuto mediante la demolizione di un'ala e l'illuminazione naturale del corpo centrale: grandi facciate vetrate vengono inserite lungo la strada e in dialogo con il nuovo giardino interno. A queste si aggiunga un procedimento di scomposizione del volume generale in volumi più semplici, articolando i corpi e componendoli inserendo trasparenza anche nei volumi per le scale.

This stunning building plays on transparency and lightness obtained by large glass facades outside and inside that allow natural light to flood in. The impression of lightness is also achieved by hiding volumes behind landscaping and demolishing parts of the structure that weighed down the old building. The new head offices of *Il Sole 24 Ore*, designed by Renzo Piano, were created by restructuring a large building to the west of Milan's centre, located on a major arterial route out of the city. Nothing much remains of the original building. Piano radically changed the existing factory, transforming it into a modern and enchanting structure. Part of the designer's intention was to render the building's complex volume permeable and transparent. One way he achieved this was by demolishing a wing to illuminate the centre of the building with natural light, making the whole structure seem much lighter. Another way was by the insertion of large glass facades along the street to create a dialogue with a new interior garden. At the same time the overall volume was broken up into simpler volumes and the core buildings joined together with staircases, a device that also added transparency.

Sotto: Il cortile interno della sede del *Sole 24 ore* con vista sui due edifici della mensa e della sala conferenze.

Below: Interior courtyard of the *Il Sole 24 Ore* headquarters with views of the two buildings housing the canteen and conference hall.

La sede dell'autorevole quotidiano finanziario *Sole 24 Ore* non ospita solo le redazioni delle varie testate e collane, ma anche corsi di aggiornamento e di specializzazione che vengono ormai tradizionalmente proposti al pubblico. L'ingresso dell'edificio e la hall sono la parte di maggior rappresentanza. Una lunga serie di porte a vetri introduce in uno spazio profondo come il corpo di fabbrica trasparente su entrambi i fronti lunghi. La prima parte, su strada, è una struttura di altezza media, un *open space* che si affaccia frontalmente sulla grande hall a tripla altezza che dà sul giardino.

In essa si esaltano tutti gli elementi che caratterizzano il progetto: la grande facciata vetrata, frontale rispetto all'ingresso, fornita di laminati *brise-soleil* che consentono la vista del verde; gli esili e slanciati pilastri grigi metallizzati a tripla altezza che agganciano il piano di ingresso; le imponenti ma elegantissime controsoffittature lignee. Questi elementi, uniti al grigio pavimento, all'uniformità degli arredi e degli accessori, quali le lampade, i tornelli e i banconi della reception, conferiscono a tutto il progetto un'unitarietà concettuale di altissimo livello.

Oltre la reception, una grande caffetteria *open space* accoglie gli utenti prima delle scale. A destra ed a sinistra, simmetrici all'asse di ingresso, dopo le barriere automatiche oltre le quali si accede solo con un pass, si sale alle redazioni e si scende nella hall dove aule protette da teche trasparenti ospitano i corsi di specializzazione.

L'ascensore, una scatola trasparente di indubbia firma, sale in facciata e sbarca sugli ingressi alle diverse testate. Le redazioni, anticipate da ambienti in mattone faccia a vista, sono assimilabili a quelle ambientate nei migliori film americani: enormi *open space* affollati di scrivanie tutte orientate attorno a un nucleo centrale a doppia altezza. Un'organizzazione dello spazio di indubbio valore scenografico ma anche pratico, visto che permette un immediato controllo visivo del salone e dei suoi

The headquarters of the authoritative financial daily *Il Sole 24 Ore* houses not only the editorial offices of its various titles and imprints, but also facilities for training and specialist courses that are now also open to the public. The most representative parts of the building are the entrance and the atrium. A long series of glass doors leads into a space as deep as the core building, transparent on both of its long sides. The first part, at street level, is a structure of medium height, an open space facing frontally onto the large triple-height atrium that gives onto the garden.

All the project's most notable features are on show here: the extensive glass frontage equipped with laminated sunshades that allows a view of the landscaping; the slender silver pillars that soar to triple height, connecting the floors together; and the impressive, ultra-elegant wooden false ceiling. These elements, together with the grey flooring, the matching furnishings and accessories such as lamps, turnstiles and reception desks lend the whole project a superlative conceptual unity.

Beyond reception, before the stairs, is a large, completely open-plan cafeteria. Both to right and left by the entrance, beyond the automatic barriers allowing entry only to passholders, there is access to the editorial offices and down to the atrium where specialist courses are held in classrooms enclosed by transparent partitions.

There's no question who designed the lifts. These transparent, trademark boxes travel up and down the facade, stopping at the entrances to the various publishing offices. Exposed brickwork leads up to the newsrooms that recall their counterparts in the best American films: enormous open spaces full of desks all facing a double-height centre. It's undoubtedly a scene-stealing use of space, but also a practical one, since all the room's key areas are in full view at those frenetic moments when individuals need to work together as a team. There are some ten or so self-contained offices for

Sopra: Uno scorcio sul corpo di fabbrica centrale con l'atrio a doppia altezza e il corpo degli edifici laterali.

Above: Partial view of the central core building with its double-height atrium and the buildings forming the wings.

punti chiave nei momenti frenetici in cui il lavoro dei singoli deve collegarsi al lavoro collettivo. Alcuni ambienti racchiudono isole per una decina di redattori, altri sono completamente aperti e favoriscono lo scambio delle diverse competenze all'interno di una medesima testata: redattori, grafici, correttori di bozze e così via.

All'interno dell'isolato, abbracciato dai corpi laterali dell'edificio, il giardino reso fruibile, accoglie ambienti comuni (mensa, sala conferenze e altri) sotto una grande vela, avvolgendoli indistintamente e coprendoli con un manto verde di vegetazione. Uno spazio recuperato senza obbligare alla percezione di un invadente nuovo corpo di fabbrica, bensì proponendo una specie di sorpresa dentro un ambiente verde ben curato e rilassante.

editors, but the other work spaces are completely open, facilitating the interchange of the various key skills within one publication: editing, graphic design, proofreading and so on.

Inside the building, nestling between its wings, is the garden which is both functional and pleasurable. It accommodates common areas (canteen, conference rooms and the like) under a large vaulted cell, merging them together under a mantle of landscaping. It's a space that has been recovered without seeming invasive, even though it comes as something of a surprise inside such a well-tended and relaxing green environment.

A sinistra: I volumi esplosi per alleggerire l'edificio con gli impianti di risalita alle redazioni.

Sopra: La parte di atrio a doppia altezza che si affaccia verso il giardino accogliendo sui lati gli affacci di bar e risalite agli uffici.

Left: Volumes are exploded to lighten the building, as in these lifts up to the editorial offices.

Above: The double-height part of the atrium facing onto the garden, taking in the bar and access to the offices at the side.

Università Bocconi

Via Sarfatti 25 Milano Tel. +39 02 5836.1
Metrò: Porta Romana
Anno: ultimo ampliamento progetto 2004 – termine
esecuzione lavori previsto per fine 2007
Progetto: G. Pagano, G. Muzio, V. Ceretti, I. Gardella,
Grafton Architects, per Libreria Egea: M. Galantino
Destinazione d'uso: sede università commerciale
'Luigi Bocconi'
Superficie: 11.250 m²
www.uni-bocconi.it

25 Via Sarfatti, Milan Tel. +39 02 5836.1
Metro: Porta Romana
Year: latest extension started year 2004; works due for
completion end 2007
Design: G. Pagano, G. Muzio, V. Ceretti, I. Gardella,
Grafton Architects, for Egea Library: M. Galantino
Intended use: campus of Luigi Bocconi commercial
university
Surface area: 11,250m²
www.uni-bocconi.it

'Una pura dimostrazione di logica adatta a un'università che ospita studenti civilmente orientati sul ritmo spirituale e morale della vita contemporanea.' Così l'architetto Pagano spiegava il progetto dell'edificio dell'Università Bocconi. Un denso e significativo episodio della storia architettonica di Milano che, dipanandosi attraverso i decenni dal primo dopoguerra a oggi, attinge ai migliori autori dell'architettura moderna.

Il primo nucleo dell'università è del 1936 e prende le mosse dalla revisione di un progetto redatto dalla municipalità cittadina: un progetto nato vecchio, chiuso sui bordi dell'isolato, che però sotto la direzione artistica e tecnica di Pagano si rianima di nuova vita affidandosi a un concetto di dinamismo e aperture del lotto verso l'esterno. Il disegno planimetrico che nasce dalle revisioni di Pagano è cruciforme e apre i propri cortili al passaggio di luce e aria, configurando così un impianto tipicamente razionalista.

Nel 1953, dopo leggeri ampliamenti e sopralzi, è la volta di Muzio che realizza pensionati e mense su un

'A pure demonstration of logic adapted to a university hosting students oriented towards the spiritual and moral rhythm of contemporary civic life.' Thus the architect Giuseppe Pagano explained the design for the Bocconi University building. Construction was a dense and significant episode in Milan's architectonic history, taking place during the postwar decades and continuing until the present day, and involving the leading players of Modern architecture.

The earliest design for the university dates back to 1936 and comprised a revision of a plan drawn up by the council. Itself an uninspired, inward-looking plan, under Pagano's artistic and technical direction it took on new life guided by a dynamic concept of opening the site outwards. Pagano's revised plan was typically Rationalist in configuration: cruciform in shape, it opened up the building's courtyards to let in light and air.

In 1953, after minor extensions, it was Muzio's turn. On a plot north of the original nucleus of the

Sotto: Il grande atrio del corpo ovale della Bocconi, a firma di Ignazio Gardella. Dal lucernario si percepisce la forma curva dell'edificio che appare in trasparenza.

Below: The large atrium of the Bocconi's oval building, designed by Ignazio Gardella. Through the skylight, the curved shape of the building can be seen against the light.

lotto a nord del nucleo originario dell'università. Si tratta di un corpo di cinque piani con pianta a Y. Trascorsa una decina d'anni, precisamente tra il 1962 ed il 1966, Muzio e i suoi figli vengono incaricati di progettare un nuovo edificio: si costruiscono quindi la sede degli istituti, il deposito della biblioteca che deve contenere 600.000 volumi, la sala lettura, vetrata e illuminata da un patio che si affaccia su un giardino, e una scalinata a portali in ferro con una luce di 20 metri. Sotto la biblioteca viene creata un'aula magna di 600 posti, coperta da una struttura metallica a vista con travi incrociate.

Nel 1971, a opera dell'ingegnere Vittore Ceretti, viene realizzato un ulteriore ampliamento per dare spazio alla Scuola di Direzione Aziendale, la SDA. Trent'anni dopo, grazie all'apporto di Ignazio e Jacopo Gardella, si costruisce un nuovo edificio destinato ad aule, il più recente tra quelli ultimati, dato che ne rimane ancora uno in costruzione. Si tratta di un corpo di quattro piani a pianta ellittica, contenente 9 aule per piano, distribuite a raggiera attorno a un cavedio centrale coperto da un lucernario al piano terra. La superficie esterna dell'edificio è in mattone a vista e contiene una specie di ordine gigante formalmente legato alle aperture delle finestre, inquadrate da setti verticali di laterizio. Il lucernario al piano terra

university he built halls of residence and refectories that were housed in a five-storey Y-shaped building. Some ten years later, between 1962 and 1966 to be exact, Muzio and his sons were commissioned to design a new building. This led to construction of the faculty buildings, a library containing 600,000 books, the glass-walled reading room illuminated by a patio facing onto a garden, and a staircase with iron gates spanning 20 metres. Underneath the library, a Great Hall seating 600 was built, with an exposed cross-beam metal roof.

In 1971, the engineer Vittore Ceretti built a further extension to provide space for a management school, the SDA. Thirty years later a new lecture theatre complex was built to a design by Ignazio and Jacopo Gardella. This is the most recent building to have been completed – one more is still under construction. The new building is elliptical in shape, and comprises four storeys with nine lecture theatres on each floor. These are arranged in a sunburst pattern around a glass-roofed inner courtyard on the ground floor. The exterior walls have exposed brickwork with a design that repeats the shape of the window apertures, framed by brick uprights. The skylight on the ground floors, through which the elliptical cavity above is visible, delimits

Sopra: I depositi della biblioteca, scrigno del sapere economico dell'università. Poco distante la sala di lettura a opera di Muzio.

Above: The shelves of the library, the jewel-box containing the university's economic knowledge. Nearby, the reading room designed by Muzio.

delimita il grande atrio colonnato, la cui copertura lascia percepire visivamente la cavità ellittica superiore. Grandi colonne bianche rotonde si ergono in continuità con il profilo di facciata.

Il progetto di Gardella prevedeva un secondo edificio, in realtà mai definito, ma il cui sito è investito oggi dal concorso per l'ampliamento dell'università vinto da Grafton Architects; su questo sito appunto si sta sviluppando oggi un imponente cantiere il cui interno, tra ambienti pubblici e aule, tra spazi aperti e inter-clusi, è destinato a coniugare interessanti relazioni.

Nel 2003 apre poi la Libreria Egea, un elegante e luminoso progetto di interni a firma di Mauro Galantino. Particolare rilievo assumono le vetrine, utilizzate come gli schermi per una retroproiezione nella quale vengono proposte le novità del mercato. Un vasto soffitto retroilluminato irradia luce in tutta la libreria. Al piano terra, a quota strada, una grande apertura rende ben visibile l'interrato mediante uno sfondato che mette in comunicazione i due livelli, come una grande balconata su un piano sottostante. Legno, metallo, pietra e vetro sono i materiali utiliz-zati con eleganza per rendere l'ambiente moderno e adeguato ai valori estetici di questo ateneo.

the large colonnaded atrium. The entire facade is edged with large round white columns.

Gardella's plan envisaged a second building, which was never actually built. However, its site was the subject of a competition to extend the university, won by Grafton Architects, whose design is currently under construction. An impressive structure is evolving that promises interesting relationships between public areas and lecture theatres, between open and enclosed spaces.

In 2003 the Egea Bookshop opened, boasting an elegant, luminous interior designed by Mauro Galantino. The windows are of particular interest, as they can double as screens for a back-projection showing the latest offers. A vast backlit ceiling diffuses light throughout the interior of the book-shop. On the ground floor, at street level, the lower floor is clearly visible through a large opening that gives a perspective connecting both levels, like a big balcony on a higher floor. Wood, metal, stone and glass are used with consummate elegance to create a modern ambience totally at one with the aesthetic values of the university.

Triennale, Coffee Design & Fiat Café

TRIENNALE
Viale Alemagna 6 Milano Tel. 02 724341
Metrò: Cadorna Triennale
Progetto: Giovanni Muzio
Anno: 1933
Superficie complessiva: circa 8000 m²
www.triennale.it

COFFEE DESIGN
Tel. +39 02 72013734
Anno: 2002
Progetto: allestimento Michele De Lucchi
Destinazione d'uso: bar caffetteria (interno alla Triennale)
Superficie: 320 m²

FIAT CAFÉ
Tel. +39 02 86984432
Anno: 2005
Progetto: allestimento Michele De Lucchi
Destinazione d'uso: bar caffetteria
Superficie: 120 m² circa

TRIENNALE
6 Viale Alemagna, Milan Tel. +39 02 724341
Metro: Cadorna Triennale
Design: Giovanni Muzio
Year: 1933
Total surface area: circa 8,000m²
www.triennale.it

COFFEE DESIGN
Tel. +39 02 72013734
Year: 2002
Design: installation by Michele De Lucchi
Intended use: bar and cafeteria (inside Triennale)
Surface area: 320m²

FIAT CAFÉ
Tel. +39 02 86984432
Year: 2005
Design: installation by Michele De Lucchi
Intended use: bar and cafeteria
Surface area: approx. 120m²

Aperto dal settembre 2002 su progetto di Michele de Lucchi, il Coffee Design ha saputo conquistarsi un pubblico di creativi e studiosi dediti al mondo dell'architettura, del design e della comunicazione. Collocato in posizione privilegiata al piano terra del palazzo di Muzio, sede della Triennale di Milano, questo bar si trova sul finale di una prospettiva che a partire dall'ingresso si apre mediante enormi finestrature sul giardino retrostante, un ambiente recintato ritagliato dall'attiguo parco Sempione.

Di forma rettangolare, il caffè riquadra con una serie di finestre provviste di tipici serramenti a

The Coffee Design, designed by Michele de Lucchi, opened in September 2002 since when it has attracted a steady stream of creative and thoughtful clients from the worlds of architecture, design and communications. Located in a prestigious position on the ground floor, it's the only bar inside this palazzo designed by Muzio and housing the headquarters of the Milan Triennale. From the palazzo's entrance the view ahead is directly into the café and on through enormous windows to the garden beyond, which is an enclosed area carved out of the adjacent Sempione Park.

Rectangular in shape, the café frames the park's

Sotto: La base dello scalone d'onore della Triennale: nello sfondo un'immagine tratta da una recente mostra di Keith Haring. Ai lati la discesa al piano che ospita la biblioteca.

Below: Foot of the Triennale's monumental staircase: in the background is a picture from a recent Keith Haring exhibition. On either side, the descent to the floor housing the library.

Sopra: Il pavimento della galleria della Triennale è rivestito da un parquet industriale lamellare. La struttura è di U. Riva su progetto di Muzio.

Above: The Triennale gallery's floor is covered with industrial laminated flooring. The structure was created by Riva to a design by Muzio.

ghigliottina, coerenti con la formulazione del progetto originario, la fontana presente nel parco. Una delle ultime opere di De Chirico, di notevole importanza anche se non molto conosciuta, venne realizzata nel 1973 in occasione dellla XV edizione della Triennale di Milano ed è stata oggetto di un recente restauro.

Il progetto riflette la condizione di privilegio di questo spazio all'interno dell'edificio: a pochi metri dall'Art Book Triennale è concluso in uno dei due lati corti da un'ampia vetrata sabbiata, dietro la quale si intravede la saletta per le conferenze stampa. Gli elementi su cui De Lucchi lavora sono essenziali proprio perché il progetto più generale di Muzio fa di questo spazio un volume felice compreso tra un pavimento industriale lamellare riscoperto con il recente restauro e il soffitto cassettonato.

Alla sommità della breve scalinata di otto gradini

fountain in a series of windows with typical guillotine frames, in keeping with the original plans. Constructed in 1973 on the occasion of the XV Milan Triennale and recently restored, the fountain was one of De Chirico's last works and is significant, if not very well known.

The café's design reflects the privileged position of its space inside the building. It is a few metres from the Art Book Triennale and is closed on one of its two short sides by a wide sanded glass pane, through which can be glimpsed the conference room for the press. De Lucchi's touches give the café its particular mood, elegantly complementing Muzio's more general design which renders the space a harmonious whole poised between its industrial laminated wood floor, recently rediscovered after refurbishment, and the coffered ceiling.

At the top of a short eight-step staircase leading

Sopra: Sedie una diversa dall'altra intorno ai tavoli tondi bianchi del Coffee Design.

Above: Each seat is different from the others at the round white tables in the Coffee Design.

Alla sommità della breve scalinata di otto gradini che conduce al bar si viene accolti da una selezione di oggetti di design provenienti dalla Collezione Permanente del Design Italiano.

At the top of the eight-step staircase leading to the bar one is met by an exhibition of design objects from the Permanent Collection of Italian Design.

A sinistra: Una sala allestita all'interno della mostra di Keith Haring.

Left: Room installation in the Keith Haring exhibition.

che conduce al bar si viene accolti da una selezione di oggetti di design provenienti dalla Collezione Permanente del Design Italiano. Questa mini-esposizione, rinnovata mensilmente e organizzata a volte per temi, a volte per autori, comprende spesso pezzi scelti da personalità della cultura. Al di là del bancone si apre una sala con una ventina di tavoli con oltre 50 sedute differenti, dalla Superleggera del 1957 su disegno di Gio Ponti alle sedute in plastica di Charles Eames, a quelle in legno create da Aldo Rossi per la Molteni. Illumina la sala una serie omogenea di lampade puntiformi sul soffitto cassonettato di Muzio.

Chiude la sala un largo bancone in legno e vetro retroverniciato di bianco. Sullo sfondo altri vetri delimitano il fondale di una vasta nicchia con bottiglie e liquori. Completa la sala un tavolo con pubblicazioni di cucina, situato a fianco del bancone in attività dal caffè delle dieci all'aperitivo serale.

up to the bar there is an exhibition of design items from the Permanent Collection of Italian Design. This mini-exhibition changes monthly, being sometimes theme-oriented, sometimes designer-oriented, and often includes pieces chosen by prominent personalities from the arts world. Beyond the counter is a room containing some 20 tables around which are arranged more than 50 different types of designer chair, ranging from Gio Ponti's 1957 Superleggera and Charles Eames' plastic seats to wooden ones designed by Aldo Rossi for Molteni, and a uniform series of punctiform lights illuminates Muzio's coffered ceiling. A large wooden counter with white back-painted glass closes off the room. In the back-ground, a vast recess holding bottles and liqueurs is lined with more glass. Situated next to the bar that serves coffee from 10am till the evening aperitif hour, the finishing touch to this elegant room is a table laden with beautiful specialist cookery books.

Sopra a sinistra: L'atrio che collega l'ingresso con gli ambienti interni: di fronte il Coffee Design; a sinistra la libreria, a destra le scale che portano al primo piano dove sono le esposizioni.

Sopra a destra: Libri esposti sui tavoli nel bookshop come fossero bancarelle di un mercato.

Above left: Atrium connecting the entrance with the rooms inside: Coffee Design straight ahead, the bookshop to the left, stairs to first floor exhibition area on the right.

Above right: Books displayed on tables in the bookshop as if on market stalls.

Al Coffee Design, che ha certamente contribuito al rilancio dell'edificio della Triennale anche nella sua valenza sociale, sono poi seguiti altri spazi, come il Fiat Café, inaugurato nel 2005 con una memorabil e serie di veicoli Fiat disposti nel giardino a ridosso della facciata di Muzio. Il progetto di De Lucchi ricalca la sensibilità e l'equilibrio che caratterizzano l'architetto e si presenta come una struttura esterna al palazzo ma adiacente allo scalone di uscita verso il parco retrostante e le arcate del portico.

After the Coffee Design, a venue that was instrumental in relaunching the Triennale building onto Milan's social scene, other spaces followed. For example the Fiat Café was opened in 2005 with an eye-catching series of Fiat cars displayed in the garden next to Muzio's facade. With typical sensitivity and sense of balance, De Lucchi's project is conceived as a structure outside the palazzo but adjacent to the large staircase that leads out to the park at the rear and the arches of the portico.

Its cubic volume is delineated by a structure with

Sopra: Il Fiat Café allestito a ridosso del Palazzo, in legno modulare, in uno scatto notturno.

Above: Night-time shot of the Fiat Café, erected at the back of the Palazzo in modular wood.

La forma cubica dell'involucro è delineata da una struttura da tre campate per lato con piastrini in legno di rovere e costituisce un efficace spazio di comunicazione tra l'eleganza degli interni e il verde del parco. Una parete lignea delimita il volume sul lato del palazzo, raccogliendo al suo interno le attrezzature necessarie per l'organizzazione di pasti leggeri. Il pavimento in pietra, un basamento di una decina di centimetri sul verde del parco, è la base per una collezione di sedute di grande dimensione progettate e realizzate da vari designer di fama internazionale.

three oak-panelled spans on each side and it constitutes an effective intercommunicating space between the elegant interiors and the green of the park. On the palazzo side, a wooden wall delimits the volume while inside is everything required for the preparation of light meals.The stone floor, with footing stone about 10 centimetres above the parkland, serves as backdrop for a collection of large seats designed and made by various internationally renowned designers.

Ospitalità //
Hospitality

Introduzione //
Introduction

Milano è stata attraversata da tutte le mode proprie di una città capitale e dagli inizi del secolo ha interpretato nella sua crescita lo sviluppo di una città eclettica nelle attitudini e vocazioni sapendo attrarre interesse e turismo grazie al suo dinamismo culturale e commerciale.

Il quadro futurista del 1910 *La città che sale* con il movimento suggerito dalle sue pennellate ci racconta di una Milano che si fa freneticamente moderna. Di soli venti anni dopo, il progetto di Ulisse Stacchini per la Stazione Centrale incarna fisicamente l'orgoglio per le nuove infrastrutture e testimonia i flussi di traffico fitti e veloci propri del dinamismo futurista, mentre Milano cresce e si prepara ad accogliere un crescente numero di visitatori.

Oggi oltre il 70% dei turisti associa Milano all'immagine della moda e del design e la città viene quindi regolarmente 'invasa' durante gli eventi e le fiere dedicate alla moda e alla celebrazione del design, come il rinomato Salone del Mobile.

Il primo a risentirne è il traffico, che aumenta in modo esponenziale nei periodi di maggiore afflusso, ma anche la ricettività della città è messa a dura prova. Per farvi fronte, dai primi anni '90 in poi si assiste a un rinnovamento continuo di stabili storici e al sorgere di nuove costruzioni di pregio a destinazione alberghiera: dall'Hotel The Gray allo Straf, dal Park Hyatt al Bulgari fino ai neonati Hotel Nhow e Town House Galleria.

Milan has all the attributes proper to a capital city and since the beginning of the twentieth century it has grown into a centre eclectic in attitudes and taste, able to attract both interest and tourism thanks to its cultural and commercial dynamism.

The Rising City, a futurist vision from 1910, evokes a bustling Milan that is frenetically modernising. Only twenty years later, Ulisse Stacchini's plan for the Central Station physically embodied the pride in new infrastructure and bears witness to the heavy, fast-flowing traffic characteristic of futurist dynamism. Meanwhile, Milan was growing and preparing to receive an increasing number of visitors.

Nowadays more than 70% of tourists associate Milan with the image of fashion and design. Thus the city is regularly flooded with visitors during the events and trade fairs dedicated to fashion and to celebrating design, such as the famous Furniture Fair.

The first thing to be affected is traffic, which increases exponentially during the busiest periods, but the city's accommodation is also put to the test. To deal with this influx, from the beginning of the 1990s there has been a continual renovation of historic buildings and prestigious new constructions springing up to be turned into hotels. There's The Gray, the Straf, the Park Hyatt and the Bulgari, right up to the latest arrivals, Hotel Nhow and Town House Galleria.

Pagine precedenti: Le calme acque della piscina del Bulgari Hotel, contornata da pietra di Vicenza bocciardata.

Sotto: Il nuovo arrivato sulla scena dell'ospitalità milanese, Gold è il ristorante di Dolce & Gabbana. Qui sotto una veduta del bistrot, dominato, come il resto del locale, dal bianco e oro.

Previous pages: The calm waters of the Bulgari Hotel's swimming pool, which is edged with bushhammered Vicenza stone.

Below: The latest arrival on Milan's hospitality scene is Gold, the new restaurant by Dolce & Gabbana. Below is a view of the bistro, dominated by gold and white, like the rest of the premises.

Sopra: Nell'Hotel The Gray il bianco e nero sono giocati con eleganza, il rigore è smorzato dalla nota etnica delle poltrone e dalle luci curate da Nord Light.

Above: An elegant play of black and white in The Gray Hotel, its severity tempered by the ethnic detail of the armchairs and the lighting by Nord Light.

L'Antica Locanda Solferino, ancora meta amatissima di indossatrici esordienti, rappresenta un modello sorpassato in contrapposizione ad altre strutture innovative come 3 Rooms, un bed & breakfast all'interno di 10 Corso Como caratterizzato da un'individuazione formale degli spazi, grazie anche alla distribuzione delle camere su tre livelli.

Mentre architetti di calibro internazionale si ritrovano spesso al Grand Hotel de Milan in Via Manzoni, storico e lussuoso palazzo dove un tempo sostavano coronati e artisti lirici di rilievo, altri

The Antica Locanda Solferino is still a favourite haunt of debut models, but is obsolete compared to other innovative structures such as 3 Rooms, for example. This bed and breakfast inside 10 Corso Como has a strong leaning towards formal identification of spaces due to the layout of the rooms on three levels.

Many other locations have been given a new lease of life. Although architects of international calibre often meet at the Grand Hotel de Milan in Via Manzoni, a historic and luxurious palace where kings and

preferiscono l'ottimo design dell'Hotel The Gray, frutto di una sapiente ristrutturazione di uffici in una via laterale di Corso Vittorio Emanuele. Se le dimensioni del bar del The Gray sono contenute e commisurate alla limitata capienza dell'albergo che ospita solo 21 camere, il suo design, tutto in vetro bianco, crea un ambiente piacevole e ben contrastato con il ristorante nero, a cui le luci realizzate da Nord Light conferiscono una mutevole atmosfera.

Tra i molti hotel arricchiti da interventi di artisti come Gio Pomodoro spicca l'Hotel Spadari, mentre un altro esperimento interessante è l'Enterprise Hotel, nato in un edificio in Corso Sempione: le stamperie della Settimana Enigmistica che lo occupavano negli anni '30 hanno ora lasciato spazio a camere e sale riunioni di moderna eleganza, pur rispettando lo charm dell'originaria vocazione industriale.

Tra gli ultimi arrivati nel panorama alberghiero spicca l'Hotel Nhow di Matteo Thun in Via Tortona con interni minimalisti rivisitati all'insegna del comfort e, nel cuore di Milano, proprio sopra il negozio di Prada in Galleria Vittorio Emanuele, il Town House Galleria, il primo albergo a 7 stelle in Europa. Con sole 25 suite, modernissime nell'arredo e nel livello di comfort, ma rispettose della natura storica del luogo, l'albergo intende offrire ai propri ospiti un servizio altamente individuale, ineguagliabile, con tanto di maggiordomo personale, scarpe su misura e gioielli in affitto. Ancora in costruzione, lo Starhotel in Piazza Fontana, un progetto di Arassociati, andrà finalmente a colmare una lacuna storica della città completando un isolato quasi a ridosso dell'abside del Duomo che da tempo attendeva di essere rivisitato.

Mentre nuovi alberghi vanno punteggiando la città, è quasi impossibile scattare la panoramica di ristoranti, bar e sale da té che si aprono e si rinnovano in continuazione, andando qualche volta incontro a un rapida chiusura o cambio di gestione. Mentre si chiudono le pagine di questo libro, aprono imperdibili ristoranti come il nipponico Zero di Rodolfo Dordoni in Corso Magenta.

L'antesignano di tutti i salotti milanesi, tuttavia, è da sempre la Galleria Vittorio Emanuele, terminata nel 1878 con tutte le strade a essa collegate.

queens once stayed, others prefer the superb design of The Gray Hotel, the result of clever redevelopment of a former office building, and situated in a side street off Corso Vittorio Emanuele. Even if The Gray's bar is small, in keeping with the limited capacity of a hotel that contains only 21 rooms, its white glass design creates a pleasant atmosphere that contrasts well with the all-black restaurant, to which Nord Light's lighting design contributes.

One notable example of the many hotels embellished by works of art by artists such as Gio Pomodoro is the Hotel Spadari. The Enterprise Hotel, another interesting design experiment, began life in a building in Corso Sempione. The presses and editorial offices of the *Settimana Enigmistica* that occupied it in the 1930s have now given way to elegant modern bedrooms and meeting rooms, while retaining the charm of the original industrial purpose.

A glance at the newcomers on the hotel scene shows us Hotel Nhow by Matteo Thun in Via Tortona, with its Minimalist interiors designed for comfort, and Town House Galleria, the first 7 star hotel in Europe, located right in the heart of Milan, just above the Prada shop in Galleria Vittorio Emanuele. Its 25 suites, contemporary in the design, respect the historical nature of the location and offer a personal service with butler, shoes made-to-measure and jewelry on loan. Another newcomer, the Starhotel in Piazza Fontana, is still under costruction. This design by Arassociati will finally complete a historic gap in the city fabric by completing a building that was left unfinished for years, a stone's throw from the cathedral's apse.

While new hotels are popping up all over the city, it is almost impossible to outline the restaurants, bars and tearooms that are opening up and being renovated all the time, sometimes only to close again or be taken over in quick succession. By the time this book is finished, magnetic restaurants like Rodolfo Dordoni's Japanese restaurant Zero in Corso Magenta will have opened.

However, the forerunner of all Milanese 'dolce vita' has always been the Galleria Vittorio Emanuele, in the heart of Milan, which was finished in 1878 along with all the streets leading up to it. The

Strepitosa invenzione tipo-morfologica che ricalca vagamente i passages parigini, la galleria ospita vari esercizi commerciali e i primi storici ristoranti o bar salottieri, come il Savini, lussuosissimo tempio della cucina tipica milanese le cui vetrine al piano terra lasciano poco intravedere gli interni, che riecheggiano le ricche decorazioni dell'esterno.

Di memoria analoga e di grande impatto visivo per la sala art dèco con il bancone di Quadri e il mosaico di D'Andrea, originali del 1915, è invece il famoso Camparino, poi diventato Bar Zucca e infine Caffè Miani a seconda delle proprietà che si sono alternate. Costruito a ridosso della porta trionfale di uscita dalla galleria, in passato ha costituito un importante punto di riferimento per personalità della vita artistica, economica e politica, oltre che mondana, della città. Nonostante gli anni e i passaggi di proprietà, la visibilità e la popolarità del marchio Campari, assurti a simbolo di Milano, lo hanno assegnato per sempre alla memoria popolare come bar Camparino.

Appena prima dell'infuriare del conflitto bellico, Figini, Pollini, Baldessarri ci regalano uno splendido Bar Craja, mentre successivamente i locali di svago perdono il tocco del design e lasciano più spazio all'improvvisazione. Negli anni '50, la Milano della ricostruzione conosce i processi di inurbamento delle masse operaie e più tardi dei primi movimenti politico-sindacali, la città e le sue industrie crescono e anche gli spazi sembrano farsi 'industriali'. Aprono allora i locali e i bar che saranno destinati a segnare la vita mondana di Milano come il Bar Basso, il Bar Magenta, la mescita Moscatelli e molti altri, mentre anche Brera si trasforma con luoghi di ritrovo come il Bar Jamaica.

Solo in epoca più recente, dopo l'invasione dei mobili di disegno spontaneo provenienti dalla Brianza, collocati in allestimenti di interni quasi artigianali, questi luoghi tornano a essere prerogativa di architetti e designer. Si tratta sempre di più di locali dove, alla presenza di cucina in genere specializzata di base locale o regionale, sono accompagnati spendidi interni o addirittura esposizioni di oggetti di design.

A questi vanno sommati i bar di supporto ai luoghi

Galleria, a bustling creation that vaguely emulates Parisian *passages*, is home to various businesses and the first historic restaurants and lounge bars like the Savini. Little of this sumptuous temple to typical Milanese cookery can be seen through its ground-floor windows, but within, its interiors echo the lavish decoration on the outside.

The famous Camparino, which later became Bar Zucca and finally Caffè Miani depending on who owned it, holds a similar place in Milanese memories. Its Art Deco interior with its original bar by Quadri and mosaic by D'Andrea, dating back to 1915, makes a high visual impact. Built right next to the triumphal door leading out of the Galleria, in the past the Camparino was an important society meeting-place, also frequented by the city's artistic, business and political set. Despite the passing of the years and changes in ownership, the visibility and popularity of the Campari brand, taken up as a symbol of Milan, assure it a permanent place in popular memory as Bar Camparino.

Just before war broke out, Figini, Pollini and Baldessarri gave us the splendid Bar Craja. Afterwards, entertainment venues were to lose their designer touch and make more room for improvisation. During the 1950s, Milan was under-going reconstruction and the workforce was rapidly urbanising. Later, the first political trade union movements emerged as the city and its industries grew and even spaces seemed to become 'industrial'. Then came the first night clubs and bars that were to make an indelible mark on Milan's social life such as Bar Basso, Bar Magenta, the Moscatelli pub and many more. Brera too was changing and opening meeting places such as Bar Jamaica.

It is only in more recent times that such venues have gone back to being the prerogative of architects and designers. This followed the flood of furniture from Brianza, spontaneous in design, and placed in craftsmanlike interior installations. More and more venues are offering specialised local or regional cuisine alongside splendid interiors or even exhibitions of design objects.

To these can be added bars that play a supporting role in premises dedicated to fashion or design, like the leisure areas inside typically Milanese stores:

Sopra: Uno scorcio dell'ottagono centrale della Galleria, su cui si affacciano le finestre del Town House Galleria, collocato proprio sopra Prada.

Above: View of the central area of the Galleria, with Prada and the new prestigious hotel Town House Galleria just above it.

dedicati alla moda o al design, come gli spazi di svago all'interno di store tipicamente milanesi: Marino alla Scala, disegnato da Pierluigi Cerri nel Palazzo Trussardi accanto alla Scala; il Bar Gucci, nel negozio Gucci in Galleria; Nobu nello store Armani e molti altri. O anche i bar disegnati all'interno degli hotel: Bulgari, The Gray, Straf che aprono le loro porte a ospiti non residenti.

Se a questi aggiungiamo Gold, il nuovo ristorante di Dolce & Gabbana, e se è vero che Armani aprirà a breve il suo albergo 5 stelle a Milano, si rinforza l'impressione che gli stilisti italiani non intendono più limitare la loro creatività ad abiti e profumi, ma si vogliono misurare con esperienze sensoriali più complete, firmando spa, hotel, ristoranti, in una tendenza che cambierà il panorama mondano di Milano in anni futuri.

Marino at La Scala, designed by Pierluigi Cerri in the Trussardi building next to La Scala; Bar Gucci, in Gucci's Galleria shop; Nobu Bar in the Armani store and many others. Or even the bars designed inside hotels: at the Bulgari, The Gray and Straf, which are open to non-residents.

If we add Gold, the new restaurant by Dolce & Gabbana, and the rumoured forthcoming 5 star hotel designed by Giorgio Armani, one is left with the strong impression that Italian fashion designers no longer intend to restrict their creativity to clothes and scents. They now choose to measure their artistic souls with new, more complex experiences by signing bars, spas, hotels in a trend that is going to significantly modify the Milanese hospitality landscape in the years to come.

Bulgari Hotel

Via Fratelli Gabba 7 Milano Tel. +39 02 8058051
Metrò: Montenapoleone
Anno: progetto 2001 — realizzazione 2003
Progetto: Antonio Citterio and Partners
Destinazione d'uso: ricettivo, ospitalità (albergo, ristorante, SPA, giardino)
Superficie: 7.000 m² + 4.000 m² di giardino privato
www.bulgarihotels.com

7 Via Fratelli Gabba, Milan
Tel. +39 02 8058051
Metro: Montenapoleone
Year: Project started 2001; completed 2003
Design: Antonio Citterio and Partners
Intended use: hospitality (hotel, restaurant, spa, gardens)
Surface area: 7,000m² + 4,000m² of private gardens
www.bulgarihotels.com

Un'eleganza austera, essenziale e Minimalista, che predilige le tinte scure ma si concede la seduzione di macchie di luce, di bianco, di beige. Non solo albergo ma anche luogo dove ricrearsi (la spa) e dove vivere gli appuntamenti mondani nel bar che si riempie di vita all'ora dell'aperitivo serale. Il Bulgari Hotel è tutto questo e anche di più, dato che riserva sorprese come un piccolo parco con piante secolari nel cuore della città, a due passi dal vivace quartiere di Brera. Il contesto è tipicamente residenziale, una via costellata da una serie di edifici in pietra tipici del primo Novecento milanese. La ristrutturazione di questo stabile ha restituito questo brano di architettura tipica alla vita della città. Il Bulgari Hotel, perseguendo un modello di modernità classica, ha finito per somigliare moltissimo allo spirito della sua città: contenitore elegantemente austero di un brillante dinamismo.

L'accesso principale all'hotel è dal fondo chiuso della via. Da qui si accede al piazzale antistante la hall che è lambita, sul suo fianco destro, dal giardino alberato. Sul parco si affacciano le pareti principali della costruzione arricchite da qualche

This haven of outwardly austere, Minimalist elegance shows a preference for dark shades but yields to the attraction of spots of light, white and beige. It's not just a hotel but also a place for guests to pamper themselves (the spa) and for socialising in the bar that is packed every evening. The Bulgari Hotel is all this and more, for it has less obvious delights like the grounds where centuries-old plants grow in the heart of the city, just a stone's throw from the lively Brera district. The setting is residential, in a street studded with a series of stone buildings characteristic of early twentieth-century Milan. Refurbishment of this building has restored a style of architecture so typical of the city, for the Bulgari Hotel has followed a model of classical modernity and has ended up closely mirroring the spirit of its city: outwardly elegant and austere, but bursting with dynamism.

The main entrance to the hotel is from the closed end of the street from where the square in front of the lobby is accessed, a square bordered by a tree-lined garden on the right. The main walls, enriched by some older fragments, face the

Sotto: L'ingresso del Bulgari Hotel. Sullo sfondo il bancone della reception e a sinistra l'atrio che porta agli ambienti interni.

Below: Entrance to the Bulgari Hotel. In the background is the reception desk, and on the left is the atrium leading to the inner rooms.

Sopra: Il bar, delimitato dal bancone, si affaccia sul giardino dell'albergo e rende più intima la sala interna del ristorante. Il soffitto lenticolare incornicia il bancone e ne sottolinea la funzione.

Above: The bar, delimited by its counter, faces onto the hotel's garden and makes the interior of the restaurant more intimate. The ceiling frames the counter and emphasises its function.

Sopra: Alberghi prestigiosi applicano la cura del dettaglio e l'orgoglio del marchio in ogni ambito della comunicazione.

Above: Attention to detail and brand promotion is evident in every form of communication used by prestigious hotels.

frammento più antico. La parte più suggestiva dell'edificio, visibile in facciata, appartiene al convento delle monache agostiniane di Santa Chiara, costruito attorno alla metà del XV secolo e rimaneggiato nell'Ottocento. La facciata in stucco, eccezion fatta per una cornice bronzea, è come una tela bianca sulla quale risaltano i serramenti in massello di rovere e testa di moro. L'ingresso è segnalato da una massiccia pensilina bronzea, tettoia di un'alta porta scorrevole che introduce alla reception, un ambiente di cinque metri, e quindi a tutti gli spazi collettivi del piano quali la zona soggiorno e il ristorante.

Tinte calde e colori scuri avvolgono gli ambienti al piano terra: granito e tek birmano si alternano sul pavimento, mentre le pareti ampiamente vetrate sono coperte da tendaggi spesso illuminati dall'alto. Oltre alle stoffe si lascia percepire la ricchezza del giardino circostante.

Tra gli arredi, tutti di tinta scura, spiccano i grandi

grounds. However, the most impressive section of the building, elements of which can still be traced on its facade, belongs to the convent of the Augustinian nuns of Saint Claire, built around the mid-sixteenth century and renovated in the nineteenth. Except for a bronze cornice, the stucco facade is like a blank canvas on which chocolate-brown frames of durmast oak heartwood stand out. The entrance is marked by a solid bronze cantilever roof set above a high sliding door that leads into reception (an area of 5 metres) and from there to all the public areas on the ground floor including the lounge and restaurant.

Warm shades and dark colours envelop the rooms at this level: granite and Burmese teak alternate on the floors, while the lavishly glazed walls are covered by drapes, often illuminated from above. Beyond the fabrics, the luxuriance of the surrounding gardens is visible. Eye-catching large white B&B sofas stand out against the dark tones of the furnishings, which are also by B&B. The

Sopra: La sala ristorante mostra le sedie di Maxalto raccolte attorno ad ampi tavoli in un ambiente di classe. Sullo sfondo la grande vetrata sul giardino.

Above: Restaurant – Maxalto chairs grouped around roomy tables in a classy atmosphere. In the background, the huge picture window onto the garden.

divani bianchi della B&B, marchio che arreda l'intero edificio. La zona living che segue la hall di ingresso, riscaldata da un grande camino sul fondo alla sala, alterna lunghe sedute ai tavoli dalle tinte scure dedicati alla stampa internazionale. L'area bar ristorante che segue la hall risulta in stretta connessione al giardino esterno all'edificio e si prolunga verso il prato con splendide doghe sulle quali poggiano tavolini e sedie in ferro. Grandi vasi e fioriere lignee decorano questa terrazza sull'erba arricchendola con cespugli di piante verdi la cui potatura dialoga con le altre geometrie dell'ambiente.

Lo spazio interno al bar è ritmato da una serie di colonne in stucco verniciato color bronzo mentre il bancone ovale in resina nera, oltre a offrire la superficie d'appoggio dei cocktail, separa il bar dal ristorante. Sospeso sopra il bancone, un soffitto lenticolare ne enfatizza la funzione.

lounge follows on from the lobby and is heated by a huge fireplace at the end of the room. Here long seats are set at dark-coloured tables covered with international newspapers and magazines. The bar and restaurant area that leads from the lobby is designed to merge with the garden outside the building where small iron tables and seats are arranged on elegant decking that extends the bar towards the gardens. Large vases and wooden flower boxes decorate this terrace on the grass, embellishing it with topiary which in turn sets up a carefully orchestrated dialogue with the other geometric shapes in the surroundings.

The interior bar space is punctuated by a series of bronze-painted stucco columns, while the oval black resin counter separates the bar from the restaurant as well as offering a convenient place to set down drinks. A biconvex ceiling suspended above the counter emphasises its function.

Sopra: Gli ambienti della spa: la palestra e la piscina contornata da pietra di Vicenza bocciardata.

Above: The Spa area: gymnasium and swimming pool edged with bushhammered Vicenza stone.

La spa

La spa all'interno dell'hotel merita una visita, anche da parte di esterni, per le sue cure e trattamenti di altissimo livello. La piscina è rivestita in vetro Trend a due colori: la fascia alta dal filo dell'acqua fino all'ultimo gradino è in mosaico con foglia d'oro, il fondo ed il bordo basso di 50 cm in mosaico verde con striature dorate. Alcune pareti in lastra di vetro sabbiato delimitano lo spazio principale, percorso da un'illuminazione soffusa e rilassante. Le colonne sono stuccate con particolari trattamenti al fine di riprendere il colore della pietra di Vicenza del pavimento.

Tutte le pareti divisorie delle docce, negli spogliatoi,

The Spa

Because of its superb treatments the hotel's spa is also patronised by non-residents. The swimming pool is lined with Trend glass in two arresting, opulent designs: the upper band from the water's - bottom and lower band (50 centimetres wide) is in green mosaic with golden stripes. The main area, bounded by panes of sanded glass and suffused with soft, relaxing light, is graced by specially stuccoed columns that pick up the colour of the Vicenza stone flooring.

All the partition walls in the showers and men's and women's changing rooms are clad in onyx-style Turkish marble. A 5-centimetre heartwood plank

sia delle donne sia degli uomini, sono rivestite con marmo di Turchia tipo onice mentre tra doccia e doccia è posizionato un massello di 5 cm assottigliato al centro per fare risaltare la trasparenza del materiale. Con la stessa pietra sono rivestite le due vasche con acqua per i piedi che si trovano all'ingresso della zona della piscina. Le pareti ed il pavimento di tutta la spa sono rivestite con pietra di Vicenza differenziando le zone di ingresso con pietra levigata, da zone bagnate dall'acqua dove la pietra è bocciardata. Il bagno turco, illuminato dall'interno, è in vetro verde smeraldo che lascia intravedere luce e vapore.

Le camere e la suite

Tutte le camere dell'hotel sono improntate ad un'eleganza minimale, dove prevalgono i colori

is positioned between each shower, thinned in the centre to highlight the transparency of the material. Two hydro-massage baths at the entrance to the swimming pool area are clad in the same stone. Elsewhere in the spa walls and floors are clad in Vicenza stone, polished at the entrance and bushhammered in the wet areas, while the Turkish bath is furnished inside with Turkish Aphyon marble benches and flooring. Lighting from inside the Turkish bath and through the emerald green glass door affords inviting glimpses of the exotic, steamy atmosphere.

Bedrooms and the Suite

All the hotel bedrooms are styled with Minimalist elegance. Here pale colours predominate, with bleached durmast oak alongside the naturally

Le camere arredate in tono minimalista sposano linee essenziali e toni chiari in tutti gli spazi.

Rooms furnished in Minimalist style marry pure lines with light tones.

chiari, legno quale le tinte del rovere sbiancato accostato alle tinte calde naturali dei tessuti; i bagni sono volutamente scuri, in granito nero, ed esaltano per contrasto il chiarore biondo della zona letto. La suite del Bulgari è un repertorio di raffinatezza: dimensionata per circa 85 m², con un terrazzo di 75 m² ad angolo sul giardino sottostante, è decorata da pavimenti e boiserie in Tek birmano. Il legno prosegue nel balcone sia sul pavimento che sul soffitto assicurando continuità tra interno ed esterno ottenuta grazie anche ad ampi serramenti scorrevoli. In virtù della buona esposizione, è assicurato un bagno di luce per la maggior parte del giorno. Nella suite è presente un focolare, a filo del pavimento, in pietra di Brera con fondo di vetro. Le parti relative a televisione e minibar sono nascoste pareti in rete metallica.

warm shades of the textiles. The bathtubs are deliberately dark, in black granite, to contrast with the pale yellow of the bedrooms. Sophistication itself is the Bulgari suite: approximately 85m² with a 75m² terrace set at an angle to the garden below, it is decorated with Burmese teak flooring and woodwork. The wood continues on the balcony, both on the floor and ceiling, reinforcing the continuity between interior and exterior which are connected by wide sliding door frames. The hotel is ideally situated to benefit from natural light for most of the day. Nor are such technological necessities as the television and minibar allowed to break the spell; they are concealed behind metal mesh partitions that open only when in use. However, it is the floor-to-ceiling fireplace in the suite that steals the show thanks to the appeal of its stunning Brera stone and glass backing.

Hotel Nhow

Via Tortona 35 Milano Tel. +39 024898861
Metrò: Porta Genova
Anno: 2006
Progetto: interior design di Matteo Thun & Partners
progetto architettonico: Daniele Beretta e Matteo Thun
& Partners
Destinazione d'uso: albergo, spazio multifunzionale
per eventi
Superficie: 24.000 m²
www.nhow-hotels.com

Via Tortona 35 Milano Tel. +39 024898861
Metro: Porta Genova
Year: 2006
Project: interior design Matteo Thun & Partners;
architectonic project Daniele Beretta and Matteo Thun
& Partners
Intended use: hotel, multifunction space for events
Surface area: 24,000m²
www.nhow-hotels.com

L'hotel nasce nel quartiere Tortona, in una zona ex industriale in fase di espansione, soprattutto per quanto riguarda la ricettività nel campo della moda e del design, con molte strutture industriali che si sono trasformate in showroom, laboratori, studi creativi.

Nel suo design fortemente ibrido e nella sua funzionalità l'Hotel Nhow di Matteo Thun rispetta sia le origini dell'edificio, ex fabbrica di frigoriferi parte dell'impero General Electrics, sia la nuova vocazione della zona in cui sorge, trasformandosi in vetrina mutevole per eventi espositivi, mostre permanenti, eventi mondani e in una dichiarazione di 'no design' che supera le mode. I 1000 metri quadrati del tunnel di ingresso all'albergo, originariamente officina meccanica pesante, sono ora adibiti a sale conferenze ma anche spazio per sfilate ed eventi.

L'esterno dell'edificio è rimasto fedele all'idea della fabbrica per quanto riguarda il volume, che preserva i suoi tratti originari, e la copertura, uno shed tipico delle architetture industriali. Le facciate, invece,

The hotel came to life in the Tortona district, a former industrial area that developed to provide accommodation in the fashion and design fields. Many of the district's industrial structures have been converted into showrooms, workrooms and creative practices.

Matteo Thun's strongly hybrid and functional design for Hotel Nhow respects both its structural origins as a former refrigerator factory that was once part of the General Electrics empire, and the new orientation of the area in which it stands. Thus, Thun has transformed the building into an adaptable showcase for permanent exhibitions, shows and social events, a space affiliated to no particular design trend but one that, instead, transcends fashions.

The 1,000 square metres of entrance tunnel to the hotel, originally a heavy machine shop, are now used as conference rooms, but also provide space for fashion shows and events. The building's exterior remains true to the idea of a factory in respects to its volume, which preserves its original features; and the roofing, a shed typical of industrial

Sotto: La reception dell'Hotel Nhow. Gli ambienti pubblici sono spaziosi e confortevoli, caratterizzati da una sorta di ecletticismo: un mix tra 'no-design' e pezzi unici di artisti e designer.

Below: Hotel Nhow's reception area. The public areas are spacious and comfortable, characterised by a sort of eclecticism: it's a mixture of 'no design', unique artworks and one-off designer pieces.

A sinistra: La generosa lobby è il fulcro del concetto della 'liquidità' che si ritrova poi a tutti i piani dell'hotel.

Sopra: La sala ristorante con i lampadari in resina 'fuori scala' disegnati da Catellani & Smith.

Opposite: The roomy lobby is the cornerstone of the 'liquidity' concept that is repeated on all floors of the hotel.

Above: The restaurant with its outsized resin lampshades designed by Catellani & Smith.

hanno assunto un aspetto marcato e imponente, anche grazie ai toni grigio scuro dominanti. A rompere questa maestosità la pensilina dell'ingresso lascia trapelare la varietà degli interni di Thun e consente una maggiore flessibilità di utilizzo, come spazio espositivo di volta in volta modificato anche in relazione alle case produttrici che lo richiedono.

L'interno di tutto l'edificio è stato pensato per un connubio di materiali che oscillano tra quelli più semplici e industriali quali cemento e acciaio, a quelli più naturali, come le pietre ed i legni, non trattati, lasciati grezzi. Solo in questa maniera le aree pubbliche quali hall, sbarchi degli ascensori, zone ristorante e bar, possono riconoscersi secondo un unico pensiero di cauto minimalismo, perfetto per le attività espositive in genere.

architecture. Yet, the facades have taken on a markedly imposing character, partly due to their predominantly dark grey colour scheme. This stately vision is, however, shattered by a cantilever roof over the entrance, which reveals the variety of Thun's interiors. It also allows more flexibility of use as an exhibition space that can be changed around to accommodate manufacturers upon request.

The whole interior of the building has been designed to marry elements that alternate between simple, industrial materials like cement and steel, and more natural ones like stone and wood, left rough and unpolished. Only this way can the public areas like the hall, lift exits, restaurant and bar be seen to be part of a single concept of cautious Minimalism, which provides the perfect setting for all the

Sopra: Nei corridoi dell'Hotel Nhow si respira un'atmosfera quasi underground: colonne in ghisa e porte rivestite da graffiti appositamente commissionati.

Above: There's an almost underground atmosphere in the air in Hotel Nhow's corridors, which boast cast iron columns and doors covered in specially commissioned graffiti.

Sopra a sinistra: Oggetti di design scelti a definire gli ambienti delle sale da bagno.

Sopra a destra: Una delle camere da letto con i suoi arredi essenziali, uguali in tutte le stanze, ma disposti in modo diverso a caratterizzare gli spazi.

Above left: Design objects chosen to set the ambience of the bathrooms.

Above right: One of the bedrooms with its essential furnishings – the same in every room, but arranged differently to give the spaces character.

Le colonne in ghisa del fabbricato ravvivano l'atmosfera insieme ai graffiti underground e ribadiscono il rispetto delle sue origini e funzioni.

Mentre lo spazio del ristorante e del bar sfoggiano dettagli particolarissimi con lampadari in resina fuori scala e altre invenzioni felici come il banco della reception laminato in oro e inserito in una teca trasparente, le 250 camere prendono spunto dalla semplicità dei loft americani, liberi e fluidi insieme. Al loro interno gli stessi mobili, ma in composizioni diverse, con differenze sottili, come una tendina di lino, a rendere più elegante la realtà del viaggiatore frettoloso che non si sofferma neanche a disfare la valigia. Completano le camere ampi bagni con doccia con anticamera e una vasca freestanding nelle suites, che variano in dimensioni dai 40 metri quadrati delle junior suite ai 260 metri quadrati della suite presidenziale che si sviluppa su due livelli.

exhibitions held there. The building makes a feature of its cast iron columns, which enliven the atmosphere, as do the underground graffiti that again serve to acknowledge its origins and functions.

While the restaurant and bar areas boast highly unusual details like outsized resin lampshades and novel creations like the gold-plated reception desk contained in a transparent case, the 250 rooms take their inspiration from the simplicity of American lofts, free and fluid at the same time. Inside, the bedrooms all have the same furniture but in varying arrangements, with subtle differences such as a linen curtain, to make a more elegant experience for the hurried traveller who doesn't even stop long enough to unpack. The bedrooms come complete with large bathrooms with showers, and the suites have anterooms and freestanding bathtubs. Suites vary in size from 40 square metres for a junior suite to 260 square metres for the split-level presidential suite.

Hotel Straf

Via San Raffaele 3 Milano Tel. +39 02 805081
Metrò: Duomo
Anno: 2003
Progetto: Vincenzo De Cotiis
Destinazione d'uso: ricettivo, ospitalità (albergo, ristorante, bar)
Superficie: 3.900 m²
www.straf.it

3 Via San Raffaele, Milan
Tel. +39 02 805081
Metro: Duomo
Year: 2003
Design: Vincenzo De Cotiis
Intended use: hospitality (hotel, restaurant, bar)
Surface area: 3,900m²
www.straf.it

L'Hotel Straf si è ritagliato a pochi metri dal Duomo una posizione di grande prestigio ed eleganza nel contesto di un'ospitalità trivalente come hotel, ristorante e spazio di ritrovo per l'aperitivo o il drink serale.

Il piano terra è una seducente lezione di distribuzione degli interni: l'accesso principale, una porta di dimensioni ridotte che si affaccia su Via San Raffaele introduce alla reception, uno spazio sapientemente allargato nel cortile preesistente che diventa un salotto con lucernario.

In questa hall arredi squadrati disegnati ad hoc creano diversi angoli per la conversazione distribuiti dinamicamente sulla pianta, in un ambiente che dà grande risalto ai materiali: ardesia a spacco, ottone brunito, cemento, ferro, vetri garzati e usurati a mano. I tavoli d'appoggio stessi, delle C che appoggiano sul pavimento e offrono un piano analogo sul divano, nella loro ricercata semplicità sono più vicini all'idea della fabbrica che all'oggetto di design, tanto viene esaltata la peculiarità del materiale con cui sono fatti.

Hotel Straf has carved out for itself a highly prestigious position at an elegant address a few metres from the cathedral. When it comes to hospitality, the Straf scores on three fronts: as a hotel, a restaurant and a rendezvous for an aperitif or an evening drink.

The ground floor is a lesson in the attractive use of internal space. The main access, a downsized door facing onto Via San Raffaele, leads into reception, a space cleverly extended into the existing courtyard, which opens into a sky-lit lounge.

In this lobby, custom-designed squared furnishings are carefully arranged around the room to offer intimate corners for conversation. It is an environment that gives great prominence to the materials: cracked slate, burnished brass, cement, iron and hand-sanded textured glass. C-shaped tables curve around and under the couches onto the floor. In their refined simplicity, which uses the characteristics of their materials to the full, they are closer to the functional idea than to the design object.

Sotto: La hall dell'hotel con i tavolini in metallo grezzo e le sedute disposte in modo informale.

Below: Hotel lobby with matt metal tables and chairs arranged informally.

Sopra: Il bar dell'Hotel Straf: alle pareti installazioni di arte povera. L'albergo si propone anche nei dettagli come un'oasi di quiete a pochi passi dal caotico Corso Vittorio Emanuele.

Above: Hotel Straf bar: arte povera installations on the walls. Every detail of the hotel recommends it as an oasis of peace a stone's throw from the chaos of Corso Vittorio Emanuele.

A questa hall di ingresso confluisce anche il bar, collocato a lato dell'hotel. Il bar è un luogo inconsueto, dove l'insieme degli arredi quali bancone, sedute, quadri, illuminazione, racconta di mondi diversi con un loro equilibrio generale: arredi di recupero anni '70, pannelli in vetroresina riciclata, vetri riuniti in cornici, legno verniciato di nero, sedute alte lignee che ricordano modelli legati all'aeronautica. Questo spazio, per la sua posizione nella via San Raffaele, a lato del caos degli attigui portici di Piazza Duomo, risulta inevitabilmente un'oasi felice ed elegante, dedicata al rito dell'aperitivo senza richiamare la confusione dozzinale dei flussi del centro della città.

Located next to the hotel and also leading into this lobby, the bar is an unusual place, where an eclectic mix of furnishings used for the counters, seats, pictures and lighting find their own equilibrium. Here are pieces salvaged from the 1970s, panels in recycled fibreglass, glasses collected into frames, black-varnished wood and aeronautical-style high wooden seats. Because of its position in Via San Raffaele, a mere step away from the chaos of the Piazza Duomo next door, this space is a natural haven of peace, where customers can enjoy an aperitif, untroubled by the hustle and bustle of the city centre crowds.

From there, passing through the atmospheric

Sopra: La saletta ristorante: una stanza minimalista che si semplifica per dare spazio ai profumi e ai colori della tavola e della compagnia.

Above: Dining room: a Minimalist room designed simply in order to give pride of place to the aroma and colours of the food and company.

Sopra: I dettagli delle camere e dei bagni dell'hotel si ripetono lasciando spazio alla variabilità degli oggetti d'arte e della collocazione degli arredi.

Above: Details of the hotel's bedrooms and bathrooms are repeated, leaving the objets d'art and the décor to ring the changes.

Da esso, attraverso la suggestiva reception, si può raggiungere il ristorante, una sala unica, di dimensioni ridotte ma non per questo priva di fascino. L'ambiente è di pianta rettangolare, dove il lato più lungo risulta essere un grande mobile office che lo divide dalla cucina.

Le altre pareti, come un grande affresco di arte povera, sono finite con un elegantissimo strollato grigio chiaro, steso a frattazzo grosso, che conferisce chiarore e naturalità all'ambiente di fatto chiuso e dotato solo di luce artificiale.

Ai piani superiori l'hotel si struttura in 64 camere tra stanze e suites; il concetto che le differenzia

reception, one comes to the restaurant. It is a single room, small in size but not lacking in charm, rectangular in shape and with its longest side turning out to be a large dresser positioned to divide the room from the kitchen.

The other walls are elegantly finished with a rough-trowelled light grey coating, like a huge arte povera fresco, giving the enclosed space the appearance of being naturally lit, even though here the light is all artificial.

The upper floors accommodate 64 rooms and suites decorated in a variety of design concepts from high-tech Minimalism to a refined ambience, all the

Sopra: Il dettaglio d'arte è la cifra di tutto il palazzo come si intuisce subito dall'ingresso.

Above: As can be seen straight away from the entrance, the key to the whole building is the artistic detail.

oscilla tra la funzionalità high tech e la ricercatezza di ambienti che sperimentano materiali consueti in maniera innovativa. In generale il riferimento alle correnti artistiche contemporanee come l'arte povera è esplicito; analogamente troviamo ripetuta in più parti dell'hotel anche l'appartenenza e una metodologia di progetto che fa del riutilizzo e della ricollocazione in nuovi contesti di oggetti e componenti di recupero il suo cavallo di battaglia. Non è difficile analizzare gli ambienti del bar sotto questo profilo così come trovare nella hall arredi privati della funzionalità originaria provenienti dalle più disparate situazioni ricontestualizzati e utilizzati come segnali per riflessioni sulla forma e sul design semplici e immediate.

while experimenting with everyday materials in an innovative way. Throughout the hotel, there are explicit references to contemporary artistic movements such as arte povera; the ethos of re-using salvaged objects and placing them in new contexts is also championed.

The bar area can easily be seen in this light, as can the lobby furnishings, salvaged from the most disparate of sources. Now deprived of their original function, they are placed in a new context and so stimulate direct and immediate reflection on form and design.

Gold

Via Carlo Poerio 2/4 Milano Tel. +39 02 75 777 71
Metrò: Palestro
Anno: ottobre 2006
Progetto: Studio + Arch con Ferruccio Laviani e Gianmaria Torno
Destinazione d'uso: Café, bistrot e ristorante esclusivo
www.dolcegabbanagold.com
Superficie: 1500 m²

2/4 Via Carlo Poerio, Milan Tel. +39 02 75 777 71
Metro: Palestro
Year: 2006
Design: Studio +Arch with Ferruccio Laviani and Gianmaria Torno
Intended use: Cafe, bistro and exclusive restaurant
www.dolcegabbanagold.com
Surface area: 1,500m²

Un'estesa galleria d'oro attraversa ora tutto il corpo di fabbrica dell'ex Tosca, un ristorante pizzeria che ha avuto fortuna negli anni '80. È il regno esagerato di Gold, l'ultimissimo ristorante aperto da Dolce & Gabbana a Milano dove l'oro, come materiale e come colore, diventa strumento espressivo di una nuova 'dolce vita'.

Il locale si articola su due piani, con una parte più informale al piano terra, che ospita il bistrot, un punto vendita, un'area per fumatori e due privé, e il ristorante vero e proprio al piano superiore, per un totale di 202 coperti, unificati dalla stessa cucina italiana di qualità.

Materiali preziosi esagerati si rincorrono per tutto il locale, in una fantasmagoria di lusso, a testimoniare un'estetica del piacere che coinvolge tutti i sensi: marmi arabescati, parquet di quercia, ottone lucido, acciai, pellame tinto in oro...

Un turbinio di riflessi e rimandi di luce anima la sala del bistrot, costellata da una serie di tavolini rotondi su di un lato, quadrati sull'altro, tutti con superficie specchiata e lambiti da candide

An extended golden gallery now runs across the former Tosca building, once a pizzeria that was popular in the 1980s. This is the extravagant realm of Gold, the very latest restaurant opened by Dolce & Gabbana in Milan. Here gold, both the material and the colour, becomes a way of expressing a new 'dolce vita'.

The premises take up two floors. A more informal part on the ground floor hosts the bistro, a sales point, a smoking area and two private rooms. The restaurant proper on the upper floor accommodates 202 covers in all. Both offer the same high-quality Italian cuisine.

Extravagant, precious materials are used throughout the premises to create a rich atmosphere of luxury, testifying to a pleasurable aesthetic involving all the senses: marble arabesques, oak flooring, burnished brass, steel and gold-tinted leather all add to the sumptuousness.

A dazzling display of reflections and cross-references of light animates the bistro, which is studded with a series of round tables on one side

Sotto: La reception del ristorante Gold preannuncia nel disegno del bancone le decorazioni interne di tutto il locale.

Below: The design of the reception desk in Gold gives a foretaste of the interior décor throughout the restaurant.

poltroncine. Interrotta solo a tratti dalle pareti in pietra grezza, la luminosità del locale è ulteriormente accentuata da cascate di sfere in vetro luccicante, esaltate e moltiplicate dalle pareti riflettenti.

Nella sala del bar predominano specchiature dorate di vario calibro e dimensione: sfondati con proporzioni studiatissime e retroilluminati sembrano ben armonizzarsi con le seggioline del locale e con il bancone che ripropone il medesimo disegno con forme diversificate.

Una scalinata di ottone lucido le cui singole alzate opaline e retroilluminate creano ulteriori lame di luce ed esaltano la percezione di tutto l'ambiente

and square ones on the other. All of them have mirrored surfaces and are fringed with little snow-white armchairs. Interrupted only intermittently by walls of rough-hewn stone, the venue's luminosity is further accentuated by cascades of sparkling glass spheres, highlighted and multiplied by the reflective walls.

The bar is dominated by mirrored gilt ingots of various sizes and shapes, their carefully angled trompe l'oeil perspectives and proportions backlit, harmonising well with the bar seats and the counter which is faced with the same ingot design with diversified shapes.

A staircase of burnished brass leads to the

A sinistra: Analoghe geometrie si ripetono nei decori alle pareti e sulle gambe delle sedute nella zona bar.

Sopra: L'opulenza dei lampadari si riflette sui tavoli nella sala ristorante.

Opposite: Similar geometries are repeated in the décor on the bar walls and chair legs.

Above: The opulent lampshades are reflected on the restaurant tables.

conduce alla sala ristorante vera e propria. Le bottiglie semisdraiate nella cantina a vista, incassata in una parete di pietra, introducono una nota di colore nelle tonalità monocromatiche della sala, dove anche il marmo a pavimento sembra intonarsi ai colori dominanti. A soffitto lampadari tondi con luci a spot inquadrano i tavoli con raffinata precisione mentre tutt'attorno è un riverbero di vetri retroverniciati e colonne a specchio.

Un altro tuffo nell'irrealtà avviene nei bagni, le cui pareti sono rivestite da un canneto di bambù dorato che abbraccia specchi e ripiani.

restaurant proper. Every opaline rise of the stairs is backlit, each one creating further shafts of light which heighten the perception of the overall ambience. Reclining bottles on the exposed wine rack, encased in a stone wall, lend a touch of colour to the monochrome shades of the room, where even the marble flooring seems to tone in with the dominant colours. On the ceiling, round light fittings with spotlights frame the tables with refined precision, while all around back-painted glass and mirrored columns bounce reflections around.

The sense of unreality continues in the cloak-rooms, where the walls are clad in golden bamboo canes, bundles of which surround the mirrors and vanity units.

Shu

Via Molino delle Armi 30
(angolo Via della Chiusa) – 20122 Milano
Tel. +39 02 58315720
Metrò: Missori
Anno: realizzazione del progetto 1999
Progetto: Fabio Novembre
Destinazione d'uso: bar, ristorante, eventi
Superficie: 300 m² circa
www.shucafe.it

30 Via Molino delle Armi (on the corner with Via della
Chiusa), 20122 Milan
Tel. +39 02 58315720
Metro: Missori
Year: Project completed 1999
Design: Fabio Novembre
Intended use: bar, restaurant and events
Surface area: approx. 300m²
www.shucafe.it

Un cielo artificiale dove suggestioni di fantascienza si accavallano agli incubi di una umanità stordita dalla tecnologia, ma ancora alla ricerca di una mitica salvezza: non si tratta di un film di Stanley Kubrick o di Wim Wenders, ma di un bar e ristorante all'angolo di una via molto trafficata, in una posizione strategica nella mappa dei locali di Milano: lo Shu, che fa da contraltare a un altro locale storico di Fabio Novembre, il Café Atlantique.

Se nel mare azzurro del Café Atlantique Novembre aveva cercato di comunicare un effetto di straniamento mediante l'inserimento di arredi bizzarri, vetrine strategiche e illuminazioni surreali, per culminare con la sensazione di fuoriscala ottenuta con l'intervento di elementi volutamente sproporzionati, in Shu il concetto base muta colore, si veste di arredi decorati con ori eccessivi e velluti, per non parlare degli specchi sui tavoli e delle statue di metallo fuso, allo scopo di creare l'effetto sorpresa sotto gli shed di un ex laboratorio artigianale. Qui l'effetto straniamento viene creato attraverso la messa in scena di un ambiente 'extraterrestre': astronavi ipotetiche aleggiano sopra le teste, mentre

Against an artificial sky, the stuff of science fiction meets a nightmare world of humanity crushed by technology and yet still seeking a mythical salvation. Astonishingly, this is no scene from a film by Stanley Kubrick or Wim Wenders but a bar and restaurant on the corner of a very busy street, strategically positioned for Milanese nightlife: Shu, which serves as a rival attraction to another historic venue designed by Fabio Novembre, Café Atlantique.

Where Café Atlantique sought to communicate an effect of alienation through the introduction of bizarre fittings, strategically placed windows and surreal lighting, culminating in an unnerving sense of exaggerated scale through the use of deliberately disproportionate elements, in Shu the basic concept changes colour, dresses itself in furnishings dripping with gold and velvet, to say nothing of the mirrored tables and cast metal statues, successfully producing an effect of surprise in its unlikely setting beneath a former workshop. Here the alienation effect is achieved by the almost extraterrestrial décor: imaginary spaceships hover overhead, while the breathtaking sensation that technology

Sotto: Il bancone di Shu e il soffitto sovrastante sono costellati di led luminosi diffusi per tutta la loro lunghezza.

Below: The counter in Shu and the ceiling above are studded with luminous LEDs scattered along their whole length.

Astronavi ipotetiche aleggiano sopra le teste, mentre la sensazione mozzafiato che la tecnologia sia onnipresente nel locale sovrasta la dimensione umana.

Imaginary spaceships hover over head, while the breathtaking sensation that technology is all around dwarfs the human dimension.

A destra: L'aspetto del bancone e delle vetrine muta col trascorrere del tempo grazie ai giochi delle luci colorate.

Opposite: The appearance of the counter and windows changes as time goes by because of the play of coloured lights.

la sensazione mozzafiato che la tecnologia sia onni-presente nel locale sovrasta la dimensione umana.

Il locale è diviso in due ambienti distinti: il bar con il bancone che si affaccia su Via Molino delle Armi e il ristorante, a cui si accede da dietro una tenda. Il bar si caratterizza per il profilo dinamico del bancone da una parte e per l'apparato di controsoffittatura soprastante che si accorda con l'illuminazione delle vetrine, alimentata da piccoli spot collocati linearmente. Le rifiniture acquistano un senso dinamico grazie alle luci che variano i loro toni cromatici nel corso delle ore. Giovani artisti hanno adottato questo ambiente singolare per esporre fotografie, pitture, disegni, illustrazioni

is all around dwarfs the human dimension.

The premises are divided into two rooms: the bar with its counter facing onto Via Molino delle Armi, and the restaurant, accessed from behind a curtain. The main features of the bar are the dynamic profile of its counter and the false ceiling that complements the light from the windows, illuminated by a line of small spotlights and the finishing given a dynamic twists by the lights that change colour as the hours go by. Young artists have adopted this unusual environment as an exhibition space for photography and all manner of work, from illustrations to cartoons, from graphics to animation, sculpture and other creative arts. Exponents of visual art organise

A destra: Tavolini di vetro e di acciaio caratterizzano l'interno del locale.

Sopra: Gli avambracci dell'onnipotente dio Shu proteggono i commensali dall'incombente e minacciosa tecnologia che li sovrasta.

Opposite: Glass and steel tables characterise the interior of the premises.

Above: The forearms of the omnipotent deity Shu protect diners from the threatening technology looming over them.

e fumetti, grafica, animazione, sculture e altre creazioni. Esponenti di visual art organizzano serate a tema in questo luogo ispirato.

Il ristorante, seppure più riservato, non è certo meno suggestivo. Nel Café Atlantique, Fabio Novembre aveva interpretato il tema del fuoriscala grazie a un gigantesco lampadario ultra-tecnologico sopra il bancone del bar arricchito da fibre ottiche che irradiano mille sfumature di colore. La sala ristorante dello Shu, invece, è dominata da due gigantesche avambraccia d'oro che sostengono con le mani il soffitto. Nelle intenzioni del designer impersonano la metafora del dio Shu che libera e salva il genere umano dal minaccioso soffitto con la sua incombente tecnologia. Un soffitto inquietante, dal quale corpi illuminanti di varia natura, collegati da finti circuiti elettronici, si proiettano sinistramente sulla sala, tenuti sollevati e a debita distanza solo grazie al provvido intervento delle due grandi mani 'divine'.

theme nights in what is a truly inspired location.

Although the restaurant is more secluded, it is certainly no less impressive. In Café Atlantique, Fabio Novembre interpreted the larger-than-life theme by hanging a gigantic high-tech chandelier over the bar and decorating it with fibre optic cables that radiate a myriad different colours. At Shu the restaurant is dominated by two gigantic gilded forearms that hold up the ceiling with their hands. The designer intended them to personify the metaphor of the deity Shu who frees and saves the human race from the threatening ceiling, in turn a metaphor for oppressive technology. It's a disquieting ceiling, from which various kinds of illumination connected by stylised electronic circuits are projected into the room, to sinister effect. They are kept up and out of harm's way only by the providential intervention of the two huge 'divine' hands.

Obikà

Via Mercato 28, angolo via Fiori Chiari Milano
Tel. +39 02 86450568
Metrò: Lanza
Anno: progetto e realizzazione 2005
Progetto: Concept Silvio Ursini, progetto architettonico
Studio Labics di Roma
Destinazione d'uso: ristorante, degustazione e vendita
mozzarella
Superficie: m² 300
www.obika.it

28 Via Mercato (on the corner with Via Fiori Chiari), Milan
Tel. +39 02 86450568
Metro: Lanza
Year: Project started and completed 2005
Design: Concept by Silvio Ursini, architectonic design
by Studio Labics, Rome
Intended use: Restaurant, tasting and sale of
mozzarella
Surface area: 300m²
www.obika.it

Parte di una mini 'collezione' che ha aperto il suo
primo locale in un palazzo storico della capitale di
Roma per poi espandersi a Milano e Londra, Obikà è
un progetto imprenditoriale più che un locale a sé e
coniuga alla diffusione di un prodotto pregiato come
la mozzarella di bufala il design di un luogo elegante
e moderno. Ed effettivamente spesso elegante e
moderna è anche la presentazione dei vari piatti:
mozzarelle con innumerevoli salse dolci o salate,
insalate sfiziose, primi ricercati, cocktail esotici...

Il concept per l'allestimento dei vari negozi è
partito quindi dalla valorizzazione del prodotto
mozzarella a partire dalla sua stessa esposizione:
ampie teche di vetro permettono la collocazione in
vista dei prodotti utilizzati per i piatti, con profonde
vasche di latte da dove emergono i formaggi. La
loro esaltazione, il riconoscimento del loro valore
quasi come frutti della natura, oltrepassa — nelle
immagini che appaiono attraverso il vetro — la
banalità del semplice prodotto alimentare.

A Milano il negozio situato in Via Mercato, con

Part of a mini-collection that opened its first outlet
in a traditional Roman building then expanded
with branches in Milan and London, Obikà is not
just a stylish venue but more a business venture.
It combines distribution of a highly prized Italian
product, buffalo mozzarella, with elegance and
modern design. Indeed, their style extends to the
way the various dishes are presented — the menu
includes mozzarella prepared with innumerable
sweet or savoury sauces, spectacular salads,
sophisticated main courses and exotic cocktails.

The concept for fitting out the different shops
entailed showing the mozzarella to its best
advantage, making a feature of its display. The
product is put on show in large glass cases in
which are deep tanks of milk whence the cheeses
emerge to be made into delicious dishes. The
cheeses are celebrated and appreciated for their
worth, almost as a fruit of nature, transcending
in the beauty of their presentation the simple food
seen through the glass.

Sotto: Vista della sala ristorante dal ballatoio superiore. In evidenza le vetrine su via Carpoforo e le piccole lavagne con una selezione di proposte di degustazione.

Below: View of the restaurant from the balcony above showing the windows onto Via Carpoforo and the little blackboards suggesting a selection of specials.

Varie soluzioni di seduta per i commensali: tavolini intimi da due, grandi tavolate sopraelevate e un bancone per osservare le preparazioni e le semplici lavorazioni dei piatti. Sul fondo del locale sono esposte le bottiglie dei vini consigliati e consumati.

Diners have various seating options: small intimate tables for two, larger high tables for groups and a diner bar at which they can sit and watch the simple dishes being prepared. On the far wall, bottles of recommended wine are displayed as well as those consumed.

A sinistra: Un particolare di Obikà di Londra, al secondo piano di Selfridges, tra le collezioni dei grandi stilisti. Il locale si è imposto sulla scena mondana di Londra grazie al dinamismo del suo manager, Stefano Potortì che ha introdotto il rito dell'aperitivo serale e prodotti tipici italiani di qualità ai suoi eleganti avventori.

Left: Detail of Obika's London outlet, located on the second floor of Selfridges among collections by big-name fashion designers. The venue burst onto London's social scene thanks to its dynamic manager, Stefano Potortì, who introduced the ritual of the evening aperitif and high-quality, typically Italian products to his stylish customers.

due vetrine luminose che vi si affacciano sulla via attigua, via Fiori Chiari, appare come un invito ai frequentatori di Brera e dei locali tradizionalmente eleganti di Milano. Il ristorante, progettato dallo studio Labics su concept di Silvio Ursini, si sviluppa su di un lotto lungo e stretto di impatto minimalista, impostato su tinte calde e molto scure.

Al piano terra una ventina di tavoli corre parallela al lungo bancone di esposizione dei piatti, il cui perimetro combacia perfettamente con quello del soppalco. I tavolini modulari con piano d'appoggio ligneo sono impostati su un'unica gamba cilindrica in ferro antracite. Il pavimento, in tavole scure, prosegue nelle tinte della libreria/mobile portavino che conclude la prospettiva.

Il bancone risulta essere in realtà un lungo contenitore vetrato, una teca che ne contiene altre, dentro il quale sono disposte ordinatamente pigne di piatti, vini e posate. A partire da un'altezza tipica da bancone per la consumazione dei cibi, una lunga lama di legno come un lungo tagliere, accoglie modulari e ridotte tovagliette di carta che segnano il posto di sedute metalliche, quasi aeronautiche nelle fatture, in alluminio. Il marchio Obikà campeggia sulle tovaglie, sulle tende, nei tovagliolini raccolti in cestini di vimini.

Il soppalco aggiunge un elemento volumetrico essenziale nella divisione dello spazio poiché accompagnando tutto il bancone sottostante offre l'incasso a una serie di faretti praticamente invisibili che lo illuminano creando un effetto di continuità tra il volume soprastante e quello sottostante, quasi spezzati dalla luce. Nel retro banco riquadri in vetro opalina si alternano a specchiature metalliche. Il vetro retroilluminato fa da sfondo di tutta la zona di lavoro mentre le vetrine sul lato opposto accolgono le tende retroilluminate con la sigla Obikà.

The discerning shoppers of Brera and Milan's traditionally elegant thoroughfares are tempted into the shop on Via Mercato by its two bright windows facing onto the next street, Via Fiori Chiari. The restaurant, designed by Studio Labics to a concept by Silvio Ursini, was developed on a single long, straight plot. It makes a strong Minimalist impact based on a warm, dark palette of rich colour.

On the ground floor, about twenty tables run parallel to the long bar where the dishes are displayed. The bar's perimeter is a perfect replica of that of the mezzanine floor above. The modular wooden-topped tables stand on a single cylindrical anthracite iron leg and are set on a floor whose dark stone flags complement the dark tones of the wine rack that extends from floor to ceiling on the wall at the far end.

On closer inspection, the bar turns out to be itself a long glass container – one big tank containing other, smaller ones. Ordered pyramids of plates, wine and cutlery are artfully arranged inside the smaller glass compartments. Aviation-style aluminium chairs sit at the high wooden diner bar, where paper covers mark the place settings. The Obikà trademark adorns all the tablecloths, the curtains and the napkins that are gathered up in little wicker baskets.

An essential volumetric element is added to the division of space by the mezzanine floor since it matches the bar below while housing a series of tiny, almost invisible spotlights illuminating it, thus creating continuity between the volume above and the volume below, diffusing the light. Behind the bar, squares of opaline glass alternate with metallic mirrors. Glass lit from the rear forms a backdrop to the whole work area and curtains printed with the Obikà logo adorn the windows opposite.

Maru

Viale Sabotino 19 Milano Tel. +39 02 58328501
Metrò: Porta Romana
Anno: 2005
Progetto: Anna Giorgi con Marco Pollice per il progetto illuminotecnico; e Marco Strina per la grafica
Destinazione d'uso: ristorante giapponese
www.maru.co.it
Superficie: 460 m²

19 Viale Sabotino, Milan Tel. +39 02 58328501
Metro: Porta Romana
Year: 2005
Design: Anna Giorgi with lighting design by Marco Pollice and graphic design by Marco Strina
Intended use: Japanese restaurant
www.maru.co.it
Surface area: 460m²

Gigantografie alle pareti, macchie di colore e figure geometriche negli arredi svolgono il medesimo motivo dominante: il Giappone contemporaneo, quello dei cartoni animati e dell'high tech. Maru, ristorante di cucina giapponese, a pochi metri dallo storico monumento di Porta Romana, gioca con gusto e un briciolo di ironia la carta estetica della contaminazione Oriente-Occidente.

Un Oriente moderno, attuale, che propone sulla scena quotidiana una sorta di rito dell'incontro e del ristoro che affonda in radici antichissime ma viene rivisitato in chiave metropolitana. Strumenti scenici di questa rivisitazione della cultura orientale dell'ospitalità sono: la reiterazione di forme stereotipate, i colori plastificati e trasfigurati dai giochi di luce, i materiali metallici dei rivestimenti, le rifiniture pregiate degli arredi. Le discipline geometriche tratteggiate nel disegno degli arredi accompagnano i diversi spazi e momenti del ritrovo. La dimensione del locale occupa tutto il piano terra di un palazzo di recente costruzione. La parte aperta al pubblico si divide tra una zona di ingresso bar, di forte impatto visivo, ed un'altra dedicata alla consumazione su tavoli per grandi gruppi o al bancone per singoli.

Contemporary Japan is the dominant motif for this restaurant located a few metres from Milan's historic Porta Romana. It's the Japan of high-tech and manga; giant cartoons on the walls, spots of colour and geometrically shaped furniture all follow the same theme. Maru's design plays the aesthetic card of East-West cross-fertilisation with considerable taste and just a pinch of irony.

Inside Maru is a modern, up-to-the-minute Orient, that presents everyday living with a ritualised meeting and dining experience rooted in the distant past but here given a new spin in a metropolitan setting. Devices such as the repetition of typical shapes, colours plasticised and transformed by the play of light, the use of metal for facings, and luxurious finishes envelop the visitor in eastern culture and hospitality. Geometric allusions in the decor are taken up throughout the various spaces and meeting points. The premises occupy the entire ground floor of a fairly new building. The section open to the public is divided into a bar entrance with a high visual impact, and another area with tables for large groups of diners and a bar for individual dining.

Sotto: Il grande bancone bar accoglie il visitatore all'ingresso del ristorante. Le tinte scure ed i volumi ben delineati delimitano ed inquadrano gli spazi a differente destinazione.

Below: The large bar counter greets visitors at the entrance to the restaurant. Dark colours and well delineated volumes define and enclose areas with different uses.

Sopra: Tavoli a colori contrastanti, apparati iconografici di estrema modernità alle pareti ispirati ai manga; una simbiosi dei diversi elementi che appartiene per intero al mondo dell'immagine e della grafica.

Above: Tables in contrasting colours, iconic ultra-modern décor on the walls inspired by manga — a symbiosis of different elements that belongs entirely to the world of visual and graphic art.

Sopra: Le vetrate del ristorante con una decorazione quasi vegetale che connota l'interno di maggiore riservatezza. Tutto attorno rimando di riflessi e luci della città.

Above: The restaurant windows with their plant-like decoration connoting the most secluded part of the interior. All around, city lights reflect off the surfaces.

Il richiamo alla geometria nel design interno aiuta a regolare la suddivisione dei diversi ambienti, legati dalla continuità di un percorso che esalta la buona proporzione dell'intero spazio. Le vetrate scandiscono i tre lati del ristorante offrendo una luce intensa di giorno e suggestivi scenari alla Hopper di notte, in un continuo interscambio dentro-fuori che è anche reciproca attrattiva.

Il servizio ai tavoli avviene direttamente dal lungo nastro sushi, mentre una lunga vetrata ci fa entrare con lo sguardo in cucina per familiarizzare con la gestualità dei cuochi, mimi spontanei di un'arte millenaria. La cornice in ottone che contorna la cucina arricchisce la collezione di materiali di tipo industriale che già definiscono questo luogo: resine, metalli, Corian accompagnati da inserti preziosi come il vetro dorato e il legno scuro del pavimento nelle zone d'incontro. Grandi piattaforme bianche sospese riuniscono tutti gli

The geometric interior design helps subdivide the various environments while a continuous path between them highlights the pleasing proportions of the entire space. Windows articulate all three sides of the restaurant, providing bright light during the day and Hopper-style scenes at night and all the while a continual interchange between inside and out maintains a steady state of mutual attraction.

Table service is provided direct to the customers by the long conveyor belt carrying sushi. A long window draws the eye into the kitchen allowing diners to watch the chefs as they engage in the preparation of food in a time-honoured performance. A brass cornice surround to the kitchen enhances the collection of industrial-style materials such as resins, metals and Corian that already define this space while precious additions like gilded glass and dark wooden flooring in the reception areas accentuate the atmosphere.

Sopra: Un'area dedicata esclusivamente ai tavoli: nel centro esperti cuochi sfoderano le loro arti magiche al cospetto dei consumatori.

Above: Area dedicated exclusively to tables: in the middle, expert chefs show off their magical arts in full view of diners.

Sopra: Piani d'appoggio in tutto il locale ed alte sedute al banco suggeriscono una fruizione libera degli spazi, a seconda dell'occasione o anche delle ore del giorno: pranzo veloce, happy hour, cena ...

Above: Counters throughout the premises and high seats at the bar suggest that spaces may be enjoyed freely, depending on the occasion or even the time of day: a quick lunch, happy hour, dinner ...

elementi tecnici per l'illuminazione e la climatizzazione, contribuendo anche a delimitare le distinte zone del ristorante.

Tutto il locale è definito dal fondo bruno del pavimento in resina, mentre molti dei rivestimenti sono in lamiera di bronzo. Accanto a queste cromie, macchie di colore (oro, verde alga, rosso e corallo) di diversa intensità evidenziano elementi come i fondali e i piani del bar, o i lunghi tavoli e i divani della sala ristorante. L'illuminazione meriterebbe un discorso a sé. Puntuale ma rilassante, contribuisce a completare, insieme al piacere della musica lounge e del profumo delle vivande, il cerchio delle sensazioni evocate da un luogo davvero insolito.

Large white platforms housing all the lighting and air conditioning equipment hang from the ceiling and help delimit the separate sections of the restaurant, its overall look defined by the brown background of the resin floor and the sheet bronze of many of the facings. Alongside these tones, spots of colour (gold, sea green, red and coral) of varying strengths emphasise such details as the backdrops and bar surfaces, as well as the long tables and sofas in the restaurant. Maru's lighting is worthy of special mention. It is precise yet relaxing and, along with the pleasure of the lounge music and the aroma of the food, adds one of the finishing touches to the plethora of sensations stimulated by this highly unusual venue.

Princi

Via Speronari 6 Milano Tel. +39 02 874797
Metrò: Duomo
Anno: 2006
Superficie: vendita 120 m²

Piazza XXV Aprile 5 20121 Milano Tel. +39 02 29060832
Metrò: Moscova
Anno: 2004
Superficie: vendita 120 m²

Destinazione d'uso: vendita di panetteria e pasticceria, bar
Progetto: Claudio Silvestrin
www. princi.it

6 Via Speronari, Milan Tel. +39 02 874797
Metro: Duomo
Year: 2006
Surface area: 120m² selling space

5 Piazza XXV Aprile, 20121 Milan Tel. +39 02 29060832
Metro: Moscova
Year: 2004
Surface area: 120m² selling space

Intended use: bakery and bar
Design: Claudio Silvestrin
www. princi.it

Un forno a legna sempre acceso dietro a un vetro sullo sfondo del negozio, un rivolo d'acqua che sgorga da un blocco di pietra come una sorgente che accoglie gli avventori all'ingresso. Acqua, aria, terra e fuoco sono gli elementi naturali sui quali giocano i progetti di Claudio Silvestrin per le due panetterie Princi, quella storica di Piazza XXV Aprile e quella più recente in Via Speronari. In entrambi i casi l'architettura diventa mezzo espressivo di valori come la genuinità del pane, l'antica gestualità della sua preparazione, la semplicità del suo consumo. Negli spazi disegnati da Silvestrin per Princi si mette in scena il rito del pane: dietro a una vetrina il lavoro dei panettieri si svolge in continuità col momento della scelta del prodotto e della vendita, amplificando il piacere dell'acquisto, del tipico profumo del forno, infondendo un senso di fascino antico, di naturalità e di fiducia che risultano la migliore delle pubblicità.

Il panificio di Piazza XXV Aprile, a ridosso di varie

A welcoming wood fire and running water greet customers at the entrance to this baker's shop, the fire burning constantly behind a glass screen at the rear, the water springing from a block of stone. Water, air, earth and fire are the natural elements on which Claudio Silvestrin plays in his designs for the two Princi bakeries, one a long-established shop in Piazza XXV Aprile and the other in a more recent development in Via Speronari. In both cases the architecture becomes the means to express values like the natural origin of the bread, the ancient ritual of making it, and the simple act of eating it. In the spaces designed by Silvestrin for Princi, the rite of breaking bread takes centre stage. Behind a glass window, the bakers can be seen working continuously while customers choose and buy the products, the spectacle enhancing the pleasure of the purchase. The smell of the wood-fired oven instils a sense of fascination for an ancient craft, for a process tied to nature's ingredients and fosters a confidence that together make the best kind of advertising.

Sotto: Un lungo mobile laccato marrone si trasforma nel Princi di Via Speronari in piano di esposizione per i prodotti, piano per la distribuzione, appoggio per il caffè.

Below: Princi in Via Speronari. A long brown lacquered unit becomes a display unit for the products, a counter for serving them up, and a coffee bar.

panetterie e pasticcerie, nel bel mezzo di una zona di rinnovato interesse per gli amanti della 'dolce vita' milanese, si distingue dai numerosi concorrenti locali sia per la bellezza degli spazi che lo definiscono, sia per l'alta qualità dei prodotti che vende in un orario di apertura continuato globale, ideale per la varietà dei suoi frequentatori. Si va dagli impiegati in giacca e cravatta alle mamme, dagli studenti ai nottambuli per scelta o per caso. All'interno del vetratissimo locale un unico ambiente accoglie, in continuità, il banco del bar e la vetrina della panetteria, per offire ai clienti prodotti complementari e spazi separati al tempo stesso. Il lavoro dei panettieri, messo a vista dall'effetto vetrina, entra a fare parte visivamente di quest'unica officina scenografica. Il lato più lungo del negozio è un ambiente vetrato da entrambe le parti, all'interno del quale in alcune ore del giorno si muovono i fornai per le lavorazioni dei prodotti. Il

The bakery in Piazza XXV Aprile sits cheek by jowl with other bakeries in the heart of a refurbished area popular with those living Milan's 'dolce vita'. However, it is set apart from its many local competitors by the beautiful spaces that define it and the high quality of its products, on sale 24 hours a day. The long opening hours are ideally suited to its varied clientele, which ranges from office workers in suits and ties to mothers, students and people out late at night, whether by choice or by chance.

Inside the shop with its huge windows and glass screens, the bar counter and the bakery window form a single, continuous environment to offer customers a whole range of baked products and separate spaces at once. Through the window, the view of the bakers at work forms an integral part of this unique scene. The longest side of the shop is glassed off on both sides, showing the bakers

Estrema sinistra: Il negozio Princi in Piazza XXV Aprile. A destra il bancone esposizione, vendita e consumo caffè e altre bevande. A sinistra un lungo e alto muretto in pietra per chi consuma con più tranquillità.

A sinistra: Il fuoco, come elemento necessario alla trasformazione di farina e acqua in pane, è perpetuamente acceso nel negozio di Piazza XXV Aprile.

Opposite: Princi in Piazza XXV Aprile. On the left, the long window dividing the shop's working area from the sales area and eating area.

Left: The fire is kept constantly burning in the Piazza XXV Aprile shop as an element necessary to transform flour and water into bread.

laboratorio artigianale, gli spazi dell'acquisto e quelli della consumazione sono felicemente messi in comunicazione per creare un'esperienza di fruizione unica, sociale e intima al tempo stesso.

Un banco in pietra lungo e stretto offre l'appoggio principale per i clienti che consumano dentro il locale e godono lo spettacolo dell'arte pasticcera 'dietro le quinte'. Il banco in porfido grigio viola appare rustico nella superficie verticale, quasi a volerne sottolineare l'effetto volumetrico, mentre la superficie di appoggio è completamente liscia e del resto per la maggior parte del giorno invisibile, in quanto occupata e rapidamente liberata dai piatti o dai giornali nell'andirivieni dei clienti. Fanno contorno al banco sgabelli fissati a terra, in pelle rossa, di alta fattura, con gambe e poggiapiedi cromati, nonché ceppi di appoggio, ovvero parallelepipedi rivestiti in porfido a spacco, di ruvida fattura.

moving baked goods in and out of the oven at all hours. The traditional workspace communicates pleasingly with the selling and eating areas to create a uniquely enjoyable experience, both social and intimate at the same time.

Customers eating in sit at a long, narrow stone bench from which they can enjoy the spectacle of the baker's art being practised 'behind the scenes'. The vertical planes of the grey-violet porphyry bench have a rustic look, as if to underline their volumetric effect. Meanwhile, the surface of the bench is completely smooth, but is invisible for much of the day, when it is covered by plates, newspapers and customers' belongings, the constant stream of patrons coming and going ensuring that it's rarely empty. Fixed to the ground around this bench are high red leather stools with chrome legs and footrests, and red leather backrests. Rough-hewn

Sopra: Il forno a legna di Via Speronari. Anche qui, come nell'altro negozio, le lavorazioni assumono un valore teatrale e scenografico di fronte ai frequentatori del negozio.

A destra: Incastonata nella vetrina di Via Speronari, una preziosa teca di vetro custodisce gelosamente un pane sfornato da poco o qualche specialità particolare.

Above: Via Speronari's wood-fired oven. Here too, like in the other shop, preparation takes on a theatrical quality and becomes a performance in front of customers.

Opposite: A precious glass case mounted in the window of Via Speronari jealously protects a loaf just out the oven or some other delicacy.

Opposto alla vetrina, il bancone bar-panetteria è costituito da pannelli di ottone brunito e top in vetro per proteggere gli alimenti. È un bancone lungo, basso e largo, confortevole per l'appoggio da parte di chi consuma e per la panetteria che espone i suoi prodotti. I pannelli di ottone brunito, di fattura liscia e tonalità calda, sono di perfetta geometria e creano un piacevole contrasto con il resto del locale. La parte di bancone dedicata alla panetteria accoglie come fondale in una scaffalatura lignea cesti in vimini ripieni di ogni taglio di prodotto. Al termine della parete si svela la parte delle lavorazioni che normalmente resta dietro le quinte, con prodotti lasciati a riposare e lievitare in bella vista.

Nel retro di questa parete un tema caro all'architetto: una scala di foggia stretta e lunga dalla quale si accede a una parte del laboratorio interrato. Non c'è un vero soffitto su questa scala, se non molto in alto, all'altezza di tutto il negozio; l'effetto è la vertigine di trovarsi di fronte a un 'baratro' invitante, compreso tra due altissime pareti di ottone brunito costituite da regolarissime lastre. Un recesso che conduce al cuore del mistero del pane, da sempre simbolo della vita.

Col suo biancore e la sua linearità, il soffitto si contrappone alle tinte calde del resto del negozio. File di potenti faretti rendono di notte le sue vetrine degne

porphyry facing gives the bench a rugged look.

Opposite the window, the bar and serving counter is faced with panels of burnished brass and topped with glass to protect the food. It's a long, wide, low counter that is convenient both for those eating and for displaying the baked goods. Smooth, even, warm-toned panels of burnished brass create a pleasing contrast with the rest of the shop. Behind the part of the counter dedicated to baking are wooden recessed shelves housing wicker baskets filled with the different products. At the end of the wall, the part of the process that normally remains behind the scenes is revealed: loaves, cakes and pastries left to rest and rise in full view.

Behind this wall is one theme dear to the architect's heart: a long, narrow staircase leading to the basement of the workspace. There is no real ceiling to this staircase, only the one high above at the full height of the shop so it is a dizzying sensation to find oneself in front of this inviting chasm between two very high walls of burnished brass made up of sheer panels. It's a recess that goes to the heart of the mystery of bread, the ancient symbol of life.

The white, linear ceiling contrasts with the warm shades of the rest of the shop. At night, rows of powerful spotlights make its windows worthy of

Sopra: Prospettiva dal fondo del negozio verso le due vetrine di Via Speronari: sulla destra, la parete lunga con le sette candele sempre accese; sulla parete precedente scorre un leggero velo d'acqua. Sulla sinistra, in primo piano, dolci e prodotti per la colazione o lo spuntino veloce.

Above: View from the far end of the shop towards the two windows onto Via Speronari: on the right, the seven candles that are constantly burning. A fine sheet of water runs down the preceding wall. On the left, close-up of sweets and pastries for breakfast or a quick snack.

dell'immaginario di un Hopper milanese. In effetti anche la posizione del negozio, sullo zoccolo di una casa anni '50, diventa strategica nel contesto urbano milanese, soprattutto per la luce e l'operosità che nel buio della notte si diffonde dalle vetrine.

Nel marciapiede antistante, il negozio ha trovato il suo sfogo naturale in una specie di camera all'aperto: una bella pedana in legno con tavolini rialzata di qualche centimentro e circondata da un alto e robusto canneto, un altro elemento di richiamo e di conforto che trasforma una zona spesso trafficata e caotica in un'oasi di fresca tranquillità. I riferimenti ai quattro elementi naturali

the imagination of a Milanese Hopper, an effect reinforced by the shop's strategic location at the base of a 1950s' building, especially so because of the light that spills from its windows in the dark of night, showcasing the industriousness within.

Outside, the shop opens naturally onto the pavement in a sort of open-air extension: an attractive wooden deck with small tables, raised a few centimetres from the street and surrounded by a high, sturdy cane fence. This provides another familiar, comfort-able feature which marks off from a bustling, often chaotic area what is a fresh, peaceful oasis. References to the four natural elements, and the

e la vetrina che mette a nudo la produzione tornano con soluzioni diverse nel secondo dei negozi disegnati da Silvestrin per Princi. Si tratta di un punto vendita con due vetrine di fronte allo storico e, nel paragone, pittoresco Panarello in Via Speronari, una traversa di Via Torino molto vicina a Piazza Duomo.

Il panificio si sviluppa per una grande profondità e si spalanca di fronte al visitatore secondo una prospettiva originata da piani di pietra che rivestono le pareti laterali. Si tratta di pareti color sabbia in pietra di porfido. Il differente trattamento del taglio delle superfici crea interessanti suggestioni al visitatore: sulla sinistra si notano regolari pietre a spacco, ruvide, posate su di un piano inclinato verso il pavimento. Le pietre hanno nicchie funzionali per il posto cassa o per dare spazio alla suggestiva luce di sette candele. Di fronte a questa parete ruvida ce n'è una analoga, in pietra liscia, con tutte le nicchie per i cesti portapane illuminate da luci incassate. Davanti alle nicchie, il classico bancone di Princi: lungo 19 metri, in bronzo, ricoperto da teche di vetro che lasciano, anche qui, la più ampia visuale su tutta la produzione. All'altra estremità del banco, un velo d'acqua bagna la parete ruvida da cima a fondo, trasformandola in una leggera perenne cascata che dà impressione di freschezza e della ciclicità delle cose. Uno scuretto nel pavimento raccoglie il liquido senza enfasi.

Il fuoco invece trova posto nel lato corto del negozio, davanti alle vetrine. Una vetrata rivela il suggestivo forno a legna utilizzato per alcune lavorazioni. Un termometro e lunghe pale, utili e scenografiche insieme, vengono utilizzati nei momenti clou, quando la produzione del pane diventa parte di una rappresentazione quasi rituale di fronte al pubblico degli acquirenti.

Alla illuminazione proveniente dalle nicchie si accompagnano una serie di faretti incassati a soffitto e direzionati su tutti gli spazi centrali del locale, quelli fruiti dal pubblico.

glass revealing the production process are also used if to different effect in the second of the shops Silvestrin has designed for Princi. It's a sales outlet with two windows facing the historic and comparatively picturesque Panarello in Via Speronari, which cuts across Via Torino, very close to Piazza Duomo.

Stone slabs cladding the side walls provide a perspective that appears to open out the long, deep bakery before the visitor. The walls are sandy-coloured and are clad in porphyry stone. Different surface treatments create interesting impressions for the visitor. On the left regular split stone, rough-hewn, is laid on a slope towards the floor. The stone forms functional niches for housing the cash register or to provide space for a cluster of seven candles casting a soft glow. Opposite this rough wall, its counterpart is made of smooth stone, this one housing niches containing bread baskets illuminated by recessed lights. In front of the niches is the traditional Princi counter: 19 metres long, bronze, and covered with glass cases, once again affording the products the widest possible exposure. At the other end of the counter, the rough stone wall is bathed with water from top to bottom, transforming it into a continuous gentle waterfall that gives the impression of freshness and the cyclical nature of life. An inconspicuous little grating set in the floor collects the liquid.

The shop is illuminated by light coming from the niches as well as by a series of little spotlights recessed into the ceiling and directed onto all the central areas of the shop used by the public. Meanwhile, the fire is located on the short side of the shop, in front of the windows. Through the glass is revealed the evocative wood oven used to bake some of the goods. Objects that are both useful and decorative, like a cooks' thermometer and long bread shovels, are used at the key moments when breadmaking becomes part of a near-ritual performance enacted in front of an audience of purchasers.

Alta Moda //
Designer Brands

Introduzione //
Introduction

Il secondo dopoguerra vede le sartorie più celebri muoversi da diversi punti della città per concentrarsi in Via Montenapoleone e nelle strade limitrofe, già allora zona residenziale di grande eleganza. Anche Via Manzoni, beneficiando della vicinanza con il Palazzo della Scala, viene investita e ravvivata da questo flusso. Dagli anni '50 in poi l'alternarsi presso il grande teatro di direttori prestigiosi e di star di levatura mondiale crea una sorta di indotto per attività che vedono indissolubilmente intrecciate cultura e alta moda. Sono gli anni di Toscanini, della Callas, ma anche quelli in cui nasce il Piccolo Teatro di Milano, scaturito nel 1947 da un'idea di Paolo Grassi e Giorgio Strehler.

Montenapoleone rappresenta una realtà storicamente assai radicata nel tessuto di Milano. La sua origine risale addirittura a epoca romana; la si ritrova infatti nel percorso della cinta muraria eretta dall'imperatore Massimiano nel IV secolo. Il toponimo ovviamente è di derivazione molto più tarda. In periodo napoleonico viene qui riaperto un Monte Pubblico, già creato nel '700 sotto Maria Teresa d'Austria e successivamente chiuso per qualche tempo: alla riapertura il Monte viene rinominato in onore dell'imperatore e da ciò deriverà in seguito anche il nome della strada.

La via da sempre aveva avuto ospiti illustri: da Carlo Porta a Giuseppe Verdi che qui compose il *Nabucco*, la sua opera prima. Solo in anni più recenti, con le infinite trasformazioni avvenute in seguito ai

After the Second World War, the most famous fashion houses moved from various locations in the city and became concentrated in Via Montenapoleone and its neighbouring streets in what at that time was already a highly desirable residential area. Via Manzoni too enjoyed a revival from this influx, benefiting from the vicinity of the Palazzo della Scala. From the 1950s onwards, the comings and goings of prestigious directors and world-class stars at the renowned theatre created a sort of hub of activity, binding culture and high fashion inextricably together. This was the heyday of Arturo Toscanini and Maria Callas, but also the years that saw the beginnings of the Piccolo Teatro di Milano, originating from an idea by Paolo Grassi and Giorgio Strehler in 1947.

Montenapoleone's history is firmly rooted in the fabric of Milan and its origins go right back to the Roman times; indeed it started life as part of the walled enclosure erected by the Emperor Maximilian in the fourth century. The present place name is obviously of much later derivation. During the Napoleonic period a public bank was re-opened here. (One had already been set up in the eighteenth century under Maria Teresa of Austria but had been closed for some time afterwards.) Upon re-opening, the bank was re-named in honour of the Emperor, and the street later took its name from it in turn.

The street has always had illustrious occupants, from Carlo Porta to Giuseppe Verdi, who composed his first opera *Nabucco* here. Via Montenapoleone,

Pagine precedenti: L'interno del negozio di Miss Sixty in Via Montenapoleone, un progetto di Studio 63, Firenze, con luci realizzate da Nord Light.

Sotto: La reception della nuova sede di D&G in Via Broggi.

Previous pages: Interior of the Miss Sixty shop in Via Montenapoleone designed by Studio 63, Florence with lighting by Nord Light.

Below: The reception area of the new D&G headquarters in Via Broggi.

bombardamenti, Via Montenapoleone, insieme alle traverse Via della Spiga, Via Sant'Andrea e Via Pietro Verri, che costituiscono il 'quadrilatero della moda', diventa il luogo dell'eleganza più internazionale e più esuberante della città.

Via Montenapoleone la ritroviamo anche nella filmografia degli anni '80 e '90: il regista Carlo Vanzina ritrae in chiave comica gli yuppies a passeggio per le vie del quadrilatero alla ricerca frenetica dell'ultimo capo firmato e di belle donne, in un'eterna passerella che di anno in anno, per Natale, si rinnova sugli schermi.

Nella via si inscena quotidianamente un carosello di belle auto e modelle, che gira tanto più vorticosamente quanto più si avvicinano le settimane della moda, di cui il calendario si va arricchendo ogni anno, con un effetto moltiplicatore di attenzioni da parte di vip e turisti.

Montenapoleone è l'unica via accessibile alle automobili nel quadrilatero della moda, alle altre è stata concessa la completa pedonalizzazione, affinché si potesse meglio fruire delle vetrine. Anche se nessuna delle sartorie delle origini però è rimasta in Montenapoleone, la via è tuttavia diventata il luogo delle vetrine delle firme più famose. I negozi devono incantare il passante e potenziale acquirente per rimbarzarlo in interni eclettici e accattivanti: Armani, Aspesi, Ferré, Gucci, Prada, Versace, Valentino e molti altri non rinunciano ad apparire qui anche se i luoghi deputati alle sfilate o alla produzione sono altrove.

In occasione di sfilate per uomo o donna è tutta la città a riempirsi di vetrine: che lo spazio scelto sia un ex cinema, un'antica residenza o uno spazio pubblico, la moda ha bisogno di scenografie e i palcoscenici non bastano mai. In questo modo le grandi case hanno iniziato a prediligere il recupero o la costruzione di nuovi spazi dedicati esclusiva-

along with the streets around it, Via della Spiga, Via Sant'Andrea and Via Pietro Verri, forms a quadrilateral that makes up the fashion quarter. It's only in more recent years, after endless redevelopment as a result of wartime bombings, that it has become the most international, exuberant and elegant place in the city. Via Montenapoleone also featured in the cinematography of the 1980s and '90s with film director Carlo Vanzina's comical portrayal of yuppies chasing the latest designer gear and beautiful women on the streets of the fashion quarter on a never-ending catwalk.

Every day the street is a merry-go-round of beautiful cars and models, which whirls ever faster as fashion weeks get closer. Every year the programme gets more and more packed, attracting ever more attention from VIPs and tourists as a result. Montenapoleone is the only car-accessible street in the fashion quarter; all the others have been completely pedestrianised, so that shoppers can enjoy window-shopping to the full.

None of the original fashion houses are left in the street; Montenapoleone has become the location for the most exclusive designers' shop windows. These shops and their windows serve to enchant passers-by and potential buyers to draw them into their eclectic, beguiling interiors. Armani, Aspesi, Ferré, Gucci, Prada, Versace, Valentino and many more still want to have a presence here even if they have premises dedicated to fashion shows and production elsewhere.

When the menswear and womenswear shows are on, the whole city becomes one big shop window. Whether the chosen venue is a former cinema, a historic residence or a public space, fashion needs a backdrop and there are never enough stages. Thus the major fashion houses have taken to recovering spaces, or building new ones, dedicated

Sopra: Reparto donna presso l'Armani Store di Via Manzoni.

Above: Womenswear department at the Armani Store in Via Manzoni.

mente alla propria firma ove predisporre l'accoglienza per il pubblico dei grandi eventi.

Giorgio Armani costruisce il suo spazio sfilate nella ex sede della Nestlé dove ha istituito un vero e proprio quartier generale firmato da Tadao Ando. Si tratta di un complesso di spazi a varia destinazione, tra i quali emerge il teatro polivalente, una galleria d'arte e una corte d'acqua. Il cemento a vista predomina sulle superfici quasi vellutate degli ambienti di rarefatta eleganza. L'ingresso è scandito da colonne a base quadrata, fonti di luce che rischiarano il cammino verso il foyer

exclusively to their own designs where they can plan how to receive the audience at large events.

Giorgio Armani has built his own base for fashion shows in Nestlé's former offices. Here, Tadao Ando's design has given life to a real headquarters for the famous fashion designer. It's a complex of multi-purpose spaces, among which are a multi-functional theatre, an art gallery and a courtyard complete with pond. Exposed cement predominates on the almost velvety surfaces in areas of rarefied elegance. Evenly spaced columns on square bases grace the entrance and light the way to the semi-

semicircolare. Intanto luci diffuse come uno zoccolino a pavimento illuminano tutti gli ambienti con un'immagine suggestiva.

L'eleganza minimalista del teatro di Armani si accompagna a molti altri luoghi, quartieri generali di altre firme illustri e evocative. Se Dolce & Gabbana hanno ristrutturato un intero cinema per ospitare i loro eventi, Gianfranco Ferré ha acquisito la ex sede della Gondrand in Via Pontaccio per il salone sfilate e una facciata illuminata a festa dall'interno è il segnale della presenza di grandi eventi.

La casa Gucci utilizza da tempo un interessante spazio presso l'Hotel Diana, che di volta in volta muta allestimento per segnare il passaggio delle stagioni e che bene si armonizza con il predominante Art Noveau dell'albergo. Il cortile del Palazzo Serbelloni in Porta Venezia, lo stesso dal quale si accede anche al famoso Circolo della Stampa, accoglie spesso una struttura coperta per Burberry, mentre Ermenegildo Zegna utilizza la propria sede in Via Forcella per eventi legati alla moda e all'arte.

La localizzazione degli eventi legati alla moda durante le fashion weeks avviene perciò in maniera abbastanza diffusa, evitando eccessive concentrazioni che sarebbero fra l'altro di grande disagio per tutti. A questa diffusione a pioggia degli uffici e sedi per le sfilate si accompagna la dislocazione dei ristoranti che la moda regala alla città e che si articolano tra caffè e ristoranti di grido, talvolta curiosamente destinati a durare una sola stagione.

Data la sua complessità, risulta difficile immaginare un'organizzazione centralizzata alternativa a queste molteplici attività legate alla moda, tuttavia un recente progetto di riqualificazione delle aree presso la Stazione Garibaldi ha permesso di ipotizzare un museo della moda e nuovi spazi di utilità alle varie firme produttici. E, chissà, forse la moda di Milano saprà stupirci con nuove e interessanti iniziative.

circular foyer. Meanwhile, diffused lights placed along the floor like a skirting-board illuminate all areas, making for an attractive image.

The Minimalist elegance of the Armani theatre is shared by many other venues, the headquarters of other illustrious and high-profile companies. Dolce & Gabbana may have converted a whole cinema to house their shows, but Gianfranco Ferré acquired the former base of Gondrand in Via Pontaccio for its show hall. It has a facade illuminated by the brightly lit interior indicating when major events are taking place.

For some time, Gucci has been using an interesting space in the Hotel Diana, which changes its installation from time to time to mark the passing of the seasons. The hotel was built immediately after construction of the first public swimming pool in Italy and is entirely decorated in Art Nouveau style. At times Burberry uses the courtyard of Palazzo Serbelloni in Porta Venezia, leading to the famous Circolo della Stampa, to set up its own temporary structure. Ermenegildo Zegna, meanwhile, uses its own base in Via Forcella and also puts on arts and fashion events.

However, fashion events taking place during fashion weeks are quite well spread out across the city, avoiding everything happening in one place which, apart from anything else, would inconvenience everyone. As well as this wide distribution of offices and show venues, catering for the fashion industry also gives the city a wide range of dining venues made up of cafés and fashionable restaurants. Curiously, they sometimes only last one season.

It would be difficult to imagine how such a widespread fashion business would work if it were organised differently. Yet only recently, a big redevelopment project for the areas around Garibaldi Station proposed a fashion museum and new facilities for the various manufacturers. And then, who knows, perhaps Milanese fashion is set to surprise us with a stunning new project up its stylish sleeve.

Prada

Galleria Vittorio Emanuele II Milano Tel. +39 02 876979
Metrò: Duomo
Anno: progetto e realizzazione 1913; ristrutturato nel 2000
Progetto: Roberto Baciocchi
Destinazione d'uso: vendita di pelletteria, calzature e
accessori per uomo e donna
Superficie: 620 m²

Galleria Vittorio Emanuele II, Milan Tel. +39 02 876979
Metro: Duomo
Year: started and completed 1913; refurbished in 2000
2000 Project: Roberto Baciocchi
Intended use: sale of leather goods, shoes and
accessories for men and women
Surface area: 620m²

Galleria Vittorio Emanuele

L'inizio delle grandi fortune del marchio Prada è
strettamente connesso allo storico negozio in
Galleria Vittorio Emanuele, con le sue cinque
vetrine sul salotto di Milano dedicate all'abbigliamento. Fin dal giorno dell'inaugurazione, nel 1913,
questo spazio si impone come luogo dell'eleganza
per antonomasia e in breve diventa un punto di
riferimento per i clienti illustri dell'aristocrazia
europea. Presto la casa reale italiana assegna a
Prada il Brevetto di Fornitore Ufficiale e la casa di
moda può fregiarsi dello stemma dei Savoia.

Rimasti nelle mani della famiglia da circa un secolo,
nonostante la sapiente ristrutturazione del 2000,
questi prestigiosi locali sono tuttora perfettamente
conservati nei materiali e negli arredi e vantano
persino i mobili originali commissionati nel 1910 a
Pollards Pad di Londra. L'esterno gareggia in eleganza con i migliori negozi storici della galleria,
come Gucci e Borsalino, grazie alle ampie vetrine
bordate in profilo nero e valorizzate nei sopraluce
delle insegne in oro, anche queste su campo nero.
Dagli sfondati delle vetrine si percepisce l'imponen-

Galleria Vittorio Emanuele

The meteoric rise in the fortunes of the Prada brand
is closely connected to the historic shop in Galleria
Vittorio Emanuele, with its five windows fronting the
Milan salon dedicated to clothing. From the day it
opened in 1913, this striking space was a byword for
elegance and soon became a magnet for illustrious
clients from the European aristocracy. Before long,
the Italian royal family had made Prada an official
supplier by Royal Appointment, entitling the fashion
house to style itself with the House of Savoy's coat
of arms.

The shop remained in the hands of the family for about
a century. Thanks to the skilful refurbishment in 2000,
the materials and furnishings of these prestigious
premises have been perfectly conserved and even
boast the original furniture commissioned by the owners from Pollards Pad of London in 1910. The exterior
vies for elegance with the best long-established shops
in the Galleria, such as Gucci and Borsalino. Prada's
wide windows edged with black highlight the golden
insignia, also on a black background, on the transom.
From the trompe l'oeil perspective of the windows,

Sotto: Le vetrine di Prada che dal 1913 si affacciano sulla Galleria Vittorio Emanuele, il salotto di Milano.

Below: The shop windows of Prada that have been facing onto Galleria Vittorio Emanuele since 1913.

Sopra: Un altro scorcio del negozio in Galleria.

Above: Another view of the shop in Galleria.

Sopra: Il piano interrato e la scala. Sulla parete, il *Rex*, uno dei due affreschi di Nicola Benois.

Above: The basement and the staircase with view of one of two Nicola Benois frescoes: the *Rex*.

za del pavimento a scacchi in marmo nero del Belgio e bianco venato. È un piano d'appoggio rigoroso per le forme sinuose degli arredi che fanno da contraltare alla geometria così rigidamente ortogonale del negozio.

Gli arredi sono tutti in mogano massiccio, ottone e vetro spesso curvato, a partire dalla cassa al piano terra. Spiccano all'ingresso l'immensa bacheca rastrelliera che sorregge una collezione di ombrelli e bastoni da passeggio originali, non in vendita, e all'interno antichi bauli da corredo in legno laccato con chiodi e cerniere, ex bagagli della prima metà del secolo, utilizzati oggi come elementi decorativi.

Il piano terra, più ridotto, espone gli accessori, mentre l'interrato ampio e luminoso è riservato ad abbigliamento e cosmetica ed è suddiviso nei settori uomo e donna a partire dallo sbarco delle scale all'interno. Nella galleria dove termina la scala due grandi pannelli in legno raffiguranti il *Rex* e il *New*

passers-by can glimpse the imposing chessboard flooring in black Belgian marble veined with white. It is a severe surface against which the sinuous shapes of the furniture serve to counteract the shop's strict orthogonal geometry.

The furniture is all in solid mahogany, brass and glass, much of it rounded, starting with the cash register on the ground floor. At the entrance, an immense notice board and umbrella rack catches the eye with its ornamental display of vintage umbrellas and walking sticks. Inside, there are old trousseaux in lacquered wood, complete with nails and hinges, and luggage dating back to the early twentieth century, now used as decoration.

The accessories showroom is on the ground floor, while the larger, luminous basement is reserved for clothes and cosmetics and is subdivided into menswear and womenswear sections from the bottom of the interior stairs. In the passage at the bottom of

A sinistra: L'elegante esposizione di borse e accessori al piano terra e una profonda inquadratura del piano interrato del negozio in Galleria Vittorio Emanuele.

Sopra: Prospettiva sul negozio Prada dedicato alla pelletteria e accessori in Via della Spiga.

Opposite: Elegant display of bags and accessories on the ground floor and long shot of the basement of the shop in Galleria Vittorio Emanuele.

Above: View of Prada shop dedicated to leather goods and accessories in Via della Spiga.

York Central evocano i grandi viaggi intercontinentali dell'inizio del '900. Si tratta di dipinti di Nicola Benois, il famoso scenografo della Scala.

Il piano interrato si sviluppa in senso longitudinale. Il salone è arricchito nel suo volume dalle volte a vela ribassate ritmate da costoloni che si staccano dalle lesene alle pareti. Ogni vela definisce uno stile diverso e accoglie un grande rosone in ferro e opalina, elegante fonte luminosa artificiale per ogni campata del negozio. Gli abiti sono esposti in nicchie illuminate mentre piccole bacheche ospitano oggetti di raro pregio in tartaruga, oro, argento, avorio o pietre dure, ma anche borse, valigie, cassette e nécessaire.

these stairs, two large wooden panels representing the *Rex* and *New York Central* painted by Nicola Benois, the famous set designer of La Scala, evoke the great intercontinental journeys of the 1900s.

The basement opens out into a long room, a salon whose volume is enhanced by ribbed vaults that descend smoothly down ribs protruding from pilasters on the wall. Each vault is in a different style and has a large iron and opaline rosette in the middle, which provides an elegant source of artificial light for every bay in the shop. The clothes are showcased in illuminated niches while small pinboards bear precious items in tortoiseshell, gold, silver, ivory or precious stones, Bags, suitcases, small cases and vanity cases are also on display.

Via della Spiga 18 Milano Tel. +39 02 780465
Metrò: Montenapoleone, Turati
Anno: 2004
Destinazione d'uso: vendita di pelletteria, calzature e accessori per donna
Progettista: Roberto Baciocchi
Superficie: 150 m²

18 Via della Spiga, Milan Tel. +39 02 780465
Metro: Montenapoleone, Turati
Year: 2004
Intended use: Sale of leather goods, shoes and accessories for women
Designer: Roberto Baciocchi
Surface area: 150m²

Via della Spiga

Prada di Via della Spiga in particolare sembra indossare un abito griffato, cucito su misura, tra le pareti rivestite in stoffa verde pallido e la moquette lilla, un colore freddo e uno caldo a celebrare la religione degli opposti armonicamente accostati in uno dei templi mondiali della moda. Inaugurata nel 2004 e dedicata interamente alla pelletteria, con calzature e accessori per donna, questa boutique si sviluppa su quattro vetrine in Via della Spiga

Via della Spiga

In particular, the Prada shop in Via della Spiga is designed to call to mind a made-to-measure designer dress, with its walls covered in light green fabric and lilac carpet – one cold colour and one warm one to celebrate the creed of the consciously harmonious juxtaposition of opposites in one of the world's temples to high fashion. This boutique opened in 2004 and is dedicated entirely to leather goods, shoes and accessories for women. It has four

Sopra: Felice alternanza di nicchie e tavoli espositivi in Via della Spiga.

Above: Attractively alternating display niches and tables in Via della Spiga.

e tre in Via Sant'Andrea, occupando uno spazio chiave nella zona più elegante dello shopping milanese. La longitudinalità del locale, arricchito da colonne con specchiature, viene ulteriormente sottolineata dai fasci luminosi che tagliano il soffitto. Alcuni specchi riflettono, in una serie di rimandi visivi, le nicchie espositive situate nel perimetro del locale, messe in evidenza dalle forme geometriche e dall'intensa illuminazione. Semplici divanetti in velluto rosa disposti per tutta la lunghezza del locale offrono sedute su entrambi i lati, a cui si accompagnano tavolini geometrici in metallo e vetro con un'elegante esposizione di borse, scarpe e stoffe.

windows on Via della Spiga and three on Via Sant'Andrea and occupies a key space in the most stylish shopping area in Milan. The length of the shop, enhanced by mirrored columns, is further accentuated by the bands of light that cut across the ceiling. Mirrors reflect the content of display niches set around the walls in a series of visual references, highlighted by the geometric shapes and the bright light. Simple pink velvet couches are arranged the length of the shop, providing seating on both sides. Beside them are small geometric tables in metal and glass on which is arranged an elegant display of bags, shoes and fabrics.

Dolce & Gabbana

DOLCE & GABBANA BOUTIQUE UOMO
Corso Venezia 15 20121 Milano
Boutique Tel. +39 02 76011154
Beauty Farm Tel. +39 02 76408888
Bar Martini Tel. +39 02 76011154
Metrò: San Babila
Anno: 2003
Progetto: interventi strutturali David Chipperfield
interior design Ferruccio Laviani
Destinazione d'uso: abbigliamento uomo, bar, barbiere,
centro benessere
Superficie: 1700 m² di cui 700 m² abbligliamento
www.dolcegabbana.it

DOLCE & GABBANA MENSWEAR BOUTIQUE
15 Corso Venezia, 20121 Milan
Boutique Tel. +39 02 76011154
Beauty Farm Tel. +39 02 76408888
Bar Martini Tel. +39 02 76011154
Metro: San Babila
Year: 2003
Design: structural design by David Chipperfield
interior design by Ferruccio Laviani
Intended use: menswear shop, bar, barber, wellbeing
centre
Surface area: 1700m² of which 700m² is for clothing
www.dolcegabbana.it

Corso Venezia

L'eleganza come cifra della cura di se stessi. La
raffinatezza come sforzo continuo di miglioramento
di se, dei gesti quotidiani e dello spazio circostante.
Una collezione di moda presentata in un modo
molto personale: sembra di essere in una casa da
sogni piuttosto che in un show room. Tutto questo è
la boutique di Dolce & Gabbana in Corso Venezia
15, nel centro di Milano. Uno spazio di 1700 m²
dedicato alla cura dell'uomo, alla celebrazione del-
l'estetica, all'esaltazione sensoriale ed edonistica.
Di quest'area che ingloba barbiere e beauty farm,
700 m² sono occupati dall'abbigliamento e accessori distribuiti su tre piani.

L'intervento più generale sull'edificio, nelle sue
parti strutturali e architettoniche, è firmato David
Chipperfield: suo il progetto della scala posta fra i
piani e dei pavimenti in basaltina. L'attraversamento
del piano terra del negozio dall'ingresso di Corso

Corso Venezia

Elegance expressed through personal care.
Sophistication as a continuing force for self-
improvement, enhancing everyday functions and the
surrounding space. A fashion collection presented
in a very personal way: it seems to be in a dream
home rather than in a showroom. The Dolce &
Gabbana menswear store at 15 Corso Venezia, in
the centre of Milan, offers all these indulgences. It's
a space of 1,700 square metres dedicated to male
grooming, to celebrating beauty, to exalting the
senses and enjoying hedonistic pursuits. In this
area encompassing a barber's shop and a male
grooming salon, 700 square metres are devoted to
clothes and accessories, spread over three floors.

The principal structural and architectonic work on
the building was to a design by David Chipperfield.
It was he who came up with the idea of a staircase
spanning the storeys and basalt flooring. Crossing

Sotto: Un'immagine dello scenografico sfarzo nella boutique da uomo di Dolce & Gabbana. Velluti neri, mobili laccati neri, tappeti sono il corollario di cornici in oro barocche.

Below: Picture of the gorgeous scene in the Dolce & Gabbana menswear boutique. Black velvet, black lacquered furniture and carpets complement gold baroque cornices.

A destra: Il bar Martini. Un pavimento di grande impatto visivo fa da controcampo a un particolare e grande lampadario in vetro.

Opposite: The Martini bar. Dazzling flooring provides a reverse angle to an unusual large glass chandelier.

Venezia introduce in profondità nel lotto edilizio e conduce in una sorta di piccola piazza decorata con grandi vasi floreali, dove si affacciano il negozio da barbiere, la beauty farm e il bar Martini.

La bottega del barbiere è una piccola e deliziosa boutique che sembra uscita da un film sulla Sicilia di una volta. Il barbiere rade con strumenti scenografici quali affilatissime lame, non moderni rasoi, ed anche le poltrone in pelle nera bordate di bianco rimandano a un mondo di celluloide. Il materiale dominante è il marmo verde che riveste bancone e parete porta-specchi. Mensoline in vetro con boccette di lozioni contornano tipici neon sulla parete di lavoro mentre poltroncine in stile barocco per l'attesa completano il quadro. Le vetrine della boutique si affacciano sulla piazzetta illuminandola e lasciando intravedere l'imponente lampadario di Murano sullo sfondo della boiserie in caldo castagno.

Situato dalla parte opposta della piazzetta, il bar concepito in collaborazione con Martini e Rossi si sviluppa su due piani. Al piano terra sinuose poltroncine in pelle nera articolano lo spazio intensamente dark, completato da pouff anch'essi in pelle nera e da alti sedili. Un pavimento in mosaico nero, intarsiato con un suggestivo drago rosso, accoglie il cliente in un ambiente circolare definito al suo interno da quattro colonne in smalto nero con capitello bianco. In posizione centrale un enorme lampadario in vetro soffiato rende il luogo ancora più singolare. L'ospitalità del bar si estende anche al piano superiore, in un insolito piano ammezzato ricavato sotto le volte e delimitato da un parapetto in acciaio satinato, a ridosso dell'eclatante luce del lampadario.

the ground floor in Corso Venezia through the shop leads you to the back of the building plot, into a sort of little piazza decorated with huge vases of flowers. The barber's shop and the entrances to the male grooming salon and Bar Martini give onto this piazza.

The barber's shop is a small, delightful boutique that seems to have come alive from a film about Sicily in the olden days. The barber shaves with film-friendly instruments like cut-throat blades instead of modern razors. Even the black leather sofas edged in white hark back to a celluloid world. Green marble is the predominant material, cladding the counters and mirror-lined walls. Glass shelves holding little bottles of lotion surround typical neon signs on the wall. Baroque-style armchairs in the waiting room complete the picture.

The boutique windows face onto the piazzetta, illuminating it and letting you glimpse the impressive Murano glass chandelier against a backdrop of warm chestnut wood panelling. On the opposite side of the piazzetta is the bar, designed in collaboration with Martini & Rossi. It is on two floors. On the ground floor, sinuous armchairs in black leather break up the intensely dark space, finished by pouffes, also in black leather, and other seating. Black mosaic flooring inlaid with an impressive red dragon welcomes patrons into a circular area, defined inside by four black enamel columns with white capitals. In the middle is an enormous blown-glass chandelier, making the place even more individual. The bar's hospitality extends to the upper floor too. It has an unusual mezzanine floor carved out under the vaults and bounded by a parapet of polished steel, which reflects the dazzling light from the chandelier.

Sopra: Due ambienti dela boutique da uomo in tutta la magnificenza dei locali dello storico palazzo del '700.

Above: Two areas of the menswear boutique showing the magnificence of the premises in this historic late eighteenth-century palazzo.

La beauty farm accentua con la sua eleganza il piacere dei trattamenti al corpo. Le cabine, in pregiato marmo di Carrara, sono raggiungibili al primo piano mediante una scala realizzata con la stessa pietra della hall. A ritmare la salita, una serie di gradoni luminosi accompagnano il visitatore durante il percorso sempre segnato dal marmo chiaro.

Se il bar e parte della boutique appartengono al dominio del nero, la beauty farm, a partire dall'ingresso, è caratterizzata dal bianco: ovunque marmo di Carrara, sedute in pelle bianca, bancone laccato bianco. Lampade sospese a pochi decimetri dal soffitto riflettono una luce diffusa. Una scaffalatura ben illuminata offre i prodotti alla vista e all'utilizzo. Nelle cabine vige, nel candore più assoluto, rigore di forme e essenzialità degli arredi.

The grooming salon continues the pleasing effect of its body treatments with its elegant appeal. A staircase made of premium Carrara marble ascends from the hall to treatment rooms in the same stone on the first floor. To mark the ascent, a series of illuminated steps lights the visitor's way up the pale marble staircase.

The bar and part of the boutique belong to the dark domain of black, while white reigns supreme in the salon. Right from the entrance there is Carrara marble everywhere, white leather seats, and counters in white lacquer. All the lights are suspended a few decimetres from the ceiling, reflecting diffused light. Well-lit shelving displays the products on view and in use. In the treatment rooms, rigorous purity governs the shape and essence of the furnishings.

Sopra: Il soffitto con le autentiche decorazioni neoclassiche. **Above:** Ceiling with authentic neo-classical decoration.

La parte dello store dedicata all'abbigliamento è un repertorio di raffinatezze: al primo piano, la parte nobile del palazzo, sono stati preservati e recuperati antichi affreschi, pavimenti in parquet, camini in travertino, stucchi e infissi. La collezione esce da armadi di noce laccato o da cassetti foderati di velluto, come se fosse presentata nella propria elegante abitazione.

Le stanze sono impreziosite da lampadari di Murano nero inchiostro che dialogano nell'imponenza delle dimensioni con antichi vasi cinesi. Completano l'arredo tavoli a specchio, vetri fumè, salette con divani e poltroncine barocche, dorate o laccate di nero.

The part of the store dedicated to clothes is a repertory of sophistication. On the first floor, the most prestigious part of the palazzo, antique frescoes have been recovered and restored. There are parquet floors, travertine fireplaces, stuccoes and original fixtures. The collection is brought out of lacquered walnut wardrobes or velvet-lined drawers, as if it were being presented in one's own elegant townhouse.

The rooms are embellished with ink-black Murano glass chandeliers, vying with the antique Chinese vases in size and grandeur. Mirrored tables, smoked glass, lounges with gilded or black-lacquered baroque armchairs and sofas complete the furnishings.

METROPOL DOLCE & GABBANA
Viale Piave 24 Milano
Metrò: Palestro
Anno: 2005
Progetto: progetto architettonico e interior design Studio +Arch; arredi Studio Laviani
Superficie: totale 3.300 m² sala 1000 m²
Destinazione d'uso: spazio multifunzionale per sfilate e eventi culturali

METROPOL DOLCE & GABBANA
24 Viale Piave, Milan
Metro: Palestro
Year: 2005
Design: architectonic project and interior design Studio +Arch; fittings Studio Laviani
Surface area: total 3,300m²; hall 1,000 m²
Intended use: multifunctional space for fashion shows and cultural events

Metropol

La pietra lavica scura, tipica delle strade siciliane, è il motivo dominante dello spazio eventi aperto nel marzo 2005 da Dolce & Gabbana, secondo un'esigenza ormai avvertita anche da altri stilisti in città. La sede viene ricavata dall'antica sala cinematografica del Metropol, dove nel 1954 Maria Callas incise una storica edizione della *Norma* di Bellini. La volumetria ha offerto la possibilità di ricavare una vasta area per sfilate ed eventi lasciando anche spazio a locali per diverse funzioni di rappresentanza.

L'intervento si caratterizza per l'eleganza dei materiali che fanno parte dell'immaginario tipico di Dolce e Gabbana. Alla pietra lavica scura fa da contrappunto il vetro opalino verniciato nero. La pietra basaltica viene utilizzata levigata e posata, mettendone in evidenza lo spessore sia nell'ingresso che nelle parti di rappresentanza. Grandi lampadari in vetro di Murano nero completano l'intervento nell'atrio, inserendosi nel contesto di un controsoffitto di luci di forma circolare. La sala per le sfilate ha una superficie di 1000 m² ed è caratterizzata da archi di circa 15 m di altezza. Al piano inferiore, uno spazio di dimensioni analoghe risolve elegantemente il problema dei servizi di supporto come spogliatoi per le sfilate, catering per i ricevimenti.

Metropol

Dark lava stone typical of Sicilian streets is the predominant motif of this events space Dolce & Gabbana opened in March 2005 and which saw the company response to an acute need noted by other designers in Milan too. The hall was formed by restructuring the old Metropol cinema, where Maria Callas recorded her historic version of Bellini's *Norma* in 1954. The disposition of volumes allowed a large space to be carved out for runway shows and events, while still leaving space for various commercial functions.

Elegant materials characterise the creation, reflecting the Dolce & Gabbana's trademark imagery. Black-painted opaline glass acts as a counterpoint to the dark lava stone. Dressed basalt is used at the entrance and in the sales areas, laid to show its thickness. Large glass chandeliers in black Murano glass complete the design of the atrium, against a backdrop of circular lights in the surrounding false ceiling. The hall for catwalk shows has a surface area of 1000 square matres, and is characterised by arches about 15 metres high. On the lower floor, a similarly sized space neatly solves the problem of support services, housing changing rooms for shows and catering for receptions.

Sopra: La nuova facciata dello spazio del Metropol; un gioco di trasparenze e allusioni ad un interno di pregio.

Above: The new facade at the Metropol space plays on transparency and alludes to a prestigious interior.

A sinistra: La hall del teatro, moderna nei controsoffitti e tradizionale nei lampadari ridondanti e dominanti la scena dell'ingresso anche da fuori.

Sopra: Una scala dall'effetto scenografico a completamento delle parti più austere del teatro. Un effetto minimalista in mezzo all'opulenza degli ambienti più pubblici.

Opposite: Theatre auditorium, with its modern false ceiling and traditional imposing chandeliers that dominate the entrance scene even from outside.

Above: A decorative staircase enhances the most austere parts of the theatre, giving a Minimalist effect amidst the opulence of the more public areas.

Sopra: Il ristorante della nuova sede D&G. Luminoso e accogliente in una delle zone più centrali di Milano.

Above: Restaurant at the new D&G headquarters, a bright and welcoming spot in the middle of Milan.

NUOVA SEDE D&G
Via Broggi 23 Tel. +39 02 2772771
Metrò: Lima
Anno: 2006
Progetto: Studio +Arch
Destinazione d'uso: sede uffici stampa e commerciali D&G
Superficie: 5.000 m²
www.dolcegabbana.it

NEW D&G HEAD OFFICE
23 Via Broggi, Milan Tel. +39 02 2772771
Metro: Lima
Year: 2006
Design: Studio +Arch
Intended use: offices for D&G press and sales departments
Surface area: 5,000m²
www.dolcegabbana.it

Nuova sede D&G

La neonata D&G, società e marchio nati recentemente in seno alla costellazione Dolce & Gabbana, occupa due edifici limitrofi ristrutturati in Via Broggi. Si tratta di una palazzina di cinque piani degli anni '60 e di un secondo edificio di quattro piani dei primi del '900. L'intervento si è sviluppato con l'inserimento di un terzo corpo di collegamento fra i due, un edificio cerniera con scale che si affaccia sulla corte interna, caratterizzato da ampie fasce oblique in facciata, realizzate con lamiera grezza. Dall'unione dei vari corpi di fabbrica, si configura lo spazio per un suggestivo giardino.

Protagonista di questo progetto è la luce che viene selezionata mediante una geometrica partitura dei vetri di facciata, parte opaline, parte vetri trasparenti limitati da grosse lastre di pietra bianca namibia.

Preziosi arredi di Ron Arad danno valore all'ingresso. Volumi articolati fra loro si snodano su terrazzi all'ultimo piano, offrendo funzionali aperture alla sala ristorante. Una menzione a parte meritano i tavoli, realizzati in vetro retroverniciato, e le lampade che, ad altezza variabile, ammorbidiscono i volumi degli ambienti.

New D&G offices

The new headquarters of the newborn label D&G occupies two neighbouring refurbished buildings in Via Broggi. The company and the brand are both new stars in the Dolce & Gabbana constellation. The HQ comprises a bijou five-storey sixties' building and a second four-storey building dating back to the early nineteenth century. They were redeveloped by inserting a third structure linking the two, a 'hinge' building housing staircases, that faces onto an internal courtyard. The most noteworthy feature of this building is wide, oblique sheets of raw plate on the facade. By joining the various building shells, space for an atmospheric garden was configured.

Light plays a leading role in this project. It is filtered through a geometric division of facade glass, partly opaline and partly transparent, bordered by large slabs of white Namibia stone. Valuable furniture designed by Ron Arad enhances the entrance. It breaks up the volumes winding up to terraces on the top floor, which provide functional openings for the staff restaurant. The back-painted glass tables deserve a special mention, as do the lights which can be positioned at variable heights to soften the volumes of the surroundings.

Gucci

Galleria Vittorio Emanuele II Tel. +39 02 8597991
Metrò: Duomo
Gucci Boutique
Anno: luglio 2004
Gucci Caffè
Anno: dicembre 2004
Superficie: 180 m² circa
www.gucci.com

Galleria Vittorio Emanuele II Tel. +39 02 8597991
Metrò: Duomo
Gucci Boutique
Year: July 2004
Gucci Caffè
Year: December 2004
Surface area: 180m²
www.gucci.com

Non esiste più negozio di moda a Milano che apra senza mettere la sua griffe anche su un suo spazio caffè. Nel caso di Gucci la scelta era quasi obbligata, poiché la boutique appena rinnovata di borse, cinture e accessori è collocata in Galleria Vittorio Emanuele, di fronte alla vetrine del parimenti rinomato Prada, in un ambito storicamente dedicato al passaggio ozioso o alla degustazione di un caffè ai tavolini. All'interno dello store nasce la caffetteria: la prima al mondo a fregiarsi del prestigioso logo. Si tratta di una piccola vetrina, che si apre in mezzo alle altre due del negozio, impreziosita da splendidi e lucidi macchinari per l'erogazione delle bevande. La vetrina, in dialogo con un lungo bancone scuro, si chiude dietro una breve serie di ante vetrate a scomparsa di colore nero. La lucidità delle ante fa tutt'uno con la raffinata insegna superiore dando la chiave dell'eleganza a questo esclusivo luogo di incontro. Lo spazio antistante il caffè e una delle vetrine del negozio di accessori è delimitato da una

Today, no fashion shop in Milan would dream of opening without its own designer cafe attached. Gucci is no exception; in fact, here it was almost obligatory, since their newly renovated boutique selling bags, belts and accessories is located in Galleria Vittorio Emanuele overlooking the windows of the equally famous Prada, in a setting long dedicated to leisurely strolling and drinking coffee in pavement cafes. A cafe was therefore created inside, the first anywhere to be allowed to use the prestigious logo. The cafe has a small window set in between the shop's two other windows and a long dark counter splendidly adorned with shiny machines from which drinks are dispensed. It is tucked away behind several black glass foldaway doors whose subtle sheen is entirely in keeping with the refined logo above, which gives this exclusive meeting place the stamp of elegance. A hedge planted in a long, simple flower box borders the space in front of the cafe and one of the accessory shop windows. Thus the cafe's elegantly contrived seclusion offers a

Sotto: Tre vetrine del negozio Gucci con annesso bar in Galleria Vittorio Emanuele. Il progetto illuminotecnico della Nord Light concretizza elementi luminosi brevettati da Gucci.

Below: Three windows of the Gucci shop with its adjoining bar in Galleria Vittorio Emanuele. The lighting project by Nord Light has put in place lights by Gucci.

Non esiste più negozio di moda a Milano che apra senza mettere la sua griffe anche su un suo spazio caffè.

Nowadays, no fashion shop in Milan would dream of opening without a designer cafe attached.

A sinistra: Un angolo del bar Gucci con il sistema ad ante scorrevoli che nei giorni di chiusura oscura la vetrina.

Opposite: Corner of the Gucci bar with its system of sliding doors that conceal the window on days the bar is closed.

siepe poggiata su una fioriera lunga e essenziale, utile a offrire un riparo discreto, sicuramente apprezzato da chi si concede qualche momento di relax di fronte ad una bevanda. Ma i semplici tavolini a due posti sono disseminati anche oltre quest'area riservata, davanti alle tre vetrine, quella centrale del bar e quelle del negozio accessori.

Quest'ultimo è disposto su due livelli ed è servito da una luminosa e leggera scala. Ovunque nei due piani, a pavimento e a parete predominano le tinte Gucci, mentre un'elegante scaffalatura offre appoggio e sostegno a borse e oggetti di grande valore. Gli specchi, i vetri trattati in superficie e i mobili laccati che arredano i due ambienti riportano allo stile di Gucci in Via Montenapoleone, il negozio storico molto più complesso e articolato che gode ormai di una sua tradizione. Una tradizione che Gucci in Galleria ha saputo rinnovare e trasformare.

discreet haven, one undoubtedly much appreciated by grateful shoppers glad of the opportunity to enjoy a relaxing drink. The simple tables for two can also be found outside the cafe, in front of all three windows, the central windows of the bar and the two side windows of the accessory shop.

The latter is on two levels and is served by a light, bright staircase. On both levels, the traditional Gucci colours predominate on the walls and floor, while bags and valuable fashion items are carefully arranged on elegant shelving. The mirrors, the surface-treated glass and the lacquered furniture that grace both floors evoke the Gucci style of the flagship store in Via Montenapoleone, itself the brand's historic store, a much more complex and diverse space with its own tradition of style. It's a tradition that Gucci's Galleria offshoot has been able to renew and regenerate.

Armani Store

Via Manzoni 31, Milano
Emporio Armani Tel. +39 02 72318.607
Armani Casa Tel. +39 02 72318.630
Armani Dolci Tel. +39 02 02 62312686
Armani Fiori Tel. +39 02 72318.640
Nobu ristorante Tel. +39 02 62312645
Emporio Armani Caffè Tel. +39 02 72318680

Metrò: Montenapoleone
Anno: 2000
Progetto: Gabellini Associates con Giorgio Armani
Destinazione d'uso: multistore, bar, ristorante
Superficie: 9.300 m² circa (700 m² ristorante Nobu)
www.armani.com

31 Via Manzoni, Milan
Emporio Armani Tel. +39 02 72318.607
Armani Home Tel. +39 02 72318.630
Armani Sweets Tel. +39 02 62312686
Armani Flowers Tel. +39 02 72318.640
Nobu restaurant: Tel. +39 02 62312645
Emporio Armani Caffé Tel. +39 02 72318680

Metro: Montenapoleone
Year: 2000
Design: Gabellini Associates with Giorgio Armani
Intended use: mini-mall, bar, restaurant
Surface area: 9,300 m² (Nobu restaurant 700 m²)
www.armani.com

In Via Manzoni, proprio a ridosso della claustro-fobica Piazzetta Croce Rossa, in un ampio spazio su tre livelli trova espressione l'intera filosofia e stile di vita Armani. L'Armani Store, infatti, non si limita a presentare collezioni di abiti firmati, ma offre anche una vasta selezione di prodotti tipici dell'identity Armani, dagli arredi e alle stoffe, dai libri ai fiori particolarissimi via via fino, perché no, allo spuntino o cena giapponese da consumarsi nell'annesso bar e ristorante Nobu.

Spazio sofisticato e molto richiesto, Nobu è disposto su due livelli, bar al piano sottostante e ristorante al piano di sopra, per il cui accesso è necessario avere un po' di fortuna. Riservatissimo e un po' elitario, con le sue tinte calde, i velluti rossi e i legni scuri sembra naturalmente predisposto a prendere vita la sera, a partire dal famoso aperitivo dopolavoro, momento chiave nella giornata di molti indaffarati milanesi, quando fanno bella vista di

In Via Manzoni, right next to the crush of Piazzetta Croce Rossa, the entire Armani philosophy and lifestyle find an outlet in a spacious three-storey building. Nor does this flagship Armani Store confine itself to showcasing collections of designer clothes; it also offers a vast selection of other kinds of products embodying the Armani brand, from furnishings to fabrics, from books to designer flowers, right up to snacks or a stylish Japanese dinner in the adjacent Nobu bar and restaurant.

This sophisticated space is on two storeys with a bar on the lower floor and the restaurant upstairs, and is much in demand. To get a table at Nobu you need a bit of luck. Exclusive and a tad elitist, with its warm shades, velvety reds and dark woods, it seems naturally meant to come to life at night. The rush starts with the famous post-work aperitif, a key time of day for many busy Milanese, when delicious buffet dishes and

Sotto: Uno dei mall all'interno del negozio uomo con espositori e immagini pubblicitarie.

Below: One of the malls inside the menswear shop with display cases and advertising images.

sé piatti a buffet e cocktail di grande effetto.

Di concezione completamente diversa, luminoso e caratterizzato da tinte chiare, Emporio Armani Caffè è preferito invece per più veloci consumazioni diurne. Le sue ampie vetrine prive di tendaggi che si aprono su Via dei Giardin e soprattutto sulla Piazzetta Croce Rossa ottengono il doppio effetto di lasciare entrare la luce e di aprire un'invitante vetrina verso l'interno per i passanti. L'ingresso sulla piazza introduce il visitatore in uno spazio a doppia altezza con il bar al piano terra e, in affaccio su di una balconata in noce rivestita di potenti faretti, il ristorante al piano di sopra. Un bancone a 'L' in acciaio spazzolato e lastre di vetro suddivide lo spazio del bar e crea una sorta di quinta a delimitare il settore retrostante, più appartato, riservato alle sedute. Sopra il bancone un immenso orologio luminoso a lancette scandisce il tempo per gli indaffarati baristi. Sotto la balconata, ma anche dietro il bancone del bar, lunghe panche lignee contro parapetti in muratura forniscono l'appoggio per ordinati cuscini-poltrone.

L'accesso al ristorante al piano superiore avviene tramite una leggera scala a gradoni. Foderato di pannelli in vetro traslucido che formano una luce orizzontale diffusa tutto intorno, il ristorante presenta

cleverly contrived cocktails make their welcome appearance.

The concept behind the Emporio Armani Caffè is completely different. Light and bright, styled in pale colours, it is more popular for a quick day-time snack. Its wide curtainless windows onto Via dei Giardini, and especially onto Piazzetta Croce Rossa, have the dual effect of allowing light in and giving passers-by an inviting view inside. From the piazza entrance visitors are led into a double-height space with the bar on the ground floor and the restaurant on the floor above, facing onto a walnut balcony covered with powerful spotlights. An L-shaped counter in brushed steel and glass panes divides up the bar area and creates a sort of screen separating off the more secluded area behind, which is reserved for seating. Above the counter, with its busy bar-tenders, the hands of a huge luminous clock mark time. Under the balcony and behind the bar, long wooden benches, neatly covered with comfortable cushions, stand against the parapets.

Access to the upstairs restaurant is by a slender staircase. Panelled with translucent glass that filters horizontal light throughout the interior, the restaurant has fissures across the ceiling that

A sinistra: Dal piano terra all'interrato soffitti luminosi rischiarano a giorno lo store. Gli spazi di disimpegno sono ampi, quasi delle piazze coperte dove perdersi nel corso dello slow shopping.

Sopra: Emporio Armani Caffè al piano terra in tutta la sua sobria classicità.

Opposite: From the ground floor to the basement, luminous ceilings fill the store with bright light. Circulation spaces are generous, almost a covered piazza where you can lose yourself in the dedicated shopping space.

Above: Ground floor of Emporio Armani Caffè in all its restrained classicism.

Sopra: Il ristorante Nobu, uno spazio esclusivo, dalle tinte calde e accoglienti, che serve rigorosamente cibo giapponese.

A destra: I negozi di accessori al piano terra sono individuati da grandi light box retroilluminati a indicare i prodotti esposti.

Above: The exclusive Nobu restaurant, in warm, welcoming shades, that serves authentic Japanese food.

Opposite: The accessory shops on the ground floor are identified by large backlit light boxes indicating the products on show.

fessure trasversali nel soffitto che accentuano l'orizzontalità dello spazio. Una parete laterale del ristorante si smaterializza lasciando libera la vista verso la cucina aperta. Tutt'attorno una panca in legno con cuscini attrezza lo spazio con una lunga seduta perimetrale. I posti a tavolino sono circa ottanta formati da eleganti elementi di Corian chiaro con piede in acciaio sabbiato.

La trasparenza è un po' il leit motiv anche del settore riservato al negozio, a partire dalle vetrine con sopraluce traslucido al cui interno è scavato il marchio dell'azienda. Anche le tinte dello store sono tipiche del gusto Armani: un bel pavimento in cemento grigio leggermente verniciato in pasta è la base per i grigi in acciaio spazzolato di molte delle attrezzature di appoggio o delle gambe delle sedute. Ovviamente anche i singoli pezzi di arredo e l'oggettistica sono conformi al gusto Armani.

La filosofia dello store è chiara: chi sceglie Armani sa che può contare su tutto ciò che gli serve nel quotidiano e farlo con estrema eleganza. Anche la libreria è maestra in questo: per la scelta dei titoli, il taglio è molto orientato allo studio della forma (dal design all'illustrazione), anche nei sacchetti di stoffa che vengono dati in dono a chi acquista libri, come a ribadire che nessun dettaglio è trascurabile per la clientela Armani.

accentuate the horizontal nature of the space. One side wall of the restaurant dematerialises to allow an uninterrupted view of the open kitchen. All around, seating is provided by a long wooden bench with cushions arranged along the perimeter. There are about eighty places for diners at tables which have elegant light Corian tops and sanded steel feet.

Transparency seems to be the watchword in the shop too, starting with the translucent transom above the windows on which the company's logo is displayed. Typically Armani in style, too, is the colour palette used throughout the store. An elegant floor of light-painted grey cement provides the backdrop for the grey, brushed steel of many of the counter fittings and chair legs. As one would expect, all the furnishings and every individual item blends in with Armani taste.

The store's philosophy is clear: people who choose Armani know that the brand has everything they need for daily living, and provides it with extreme elegance. Even the bookshop epitomises this attitude with its carefully selected titles and bias towards the study of form, whether in design or illustration. The very fabric bags given away to those who buy books here underscore the fact that no detail is too small to be overlooked in the service of Armani clients.

Vergelio

Corso Vittorio Emanuele 10 (angolo Via Privata della
Passerella) Milano
Tel. +39 02 76003087
Metrò: Duomo, San Babila
Anno: progetto 1999 – realizzazione 2000
Progetto: Edoardo Guazzoni
Destinazione d'uso: vendita di calzature
Superficie: 187 m²

10 Corso Vittorio Emanuele (on the corner with
Via Privata della Passerella), Milan
Tel. +39 02 76003087
Metro: Duomo, San Babila
Year: Project started 1999; completed 2000
Design: Edoardo Guazzoni
Intended use: shoe shop
Surface area: 187m²

In pochi anni a Milano sono sorti diversi punti
vendita del marchio Vergelio, cinque per
l'esattezza, alcuni dei quali a firma dello stesso
architetto Guazzoni. I negozi Vergelio sono tutti
collocati in luoghi di intenso passaggio, tipiche
arterie tradizionalmente dedicate allo shopping,
come quello di Corso Vercelli. Il gruppo mira a un
target di fruitori eleganti con una filosofia di base
che spinge a osare piuttosto che scivolare nello
scontato. La perfetta conoscenza dei canoni della
calzatura classica diventa anche un veicolo di
trasgressione e, per questa via, di comunicazione
col pubblico più esigente, alla moda e giovanile. Il
riflesso di questo stile e la cura dei particolari può
essere ritrovato nel gusto degli allestimenti, che
sono creazioni di artigiani e non prodotti di massa.

La collocazione del negozio, con accesso dai
portici di Corso Vittorio Emanuele ma in sostanza
con sviluppo in una perpendicolare, Via Passerella,
avrebbe suggerito con facilità la ricerca di
un'immagine appariscente, destinata a farsi largo
tra le mille vetrine del Corso. Ma in realtà, è il
tono austero dell'edificio esistente a dare i primi
dettagli e spunti al progetto, con una presenza

In the last few years five Vergelio brand retail outlets
have opened up in Milan, some of which have been
designed by the same architect. Vergelio shops are
all located in places with a high footfall, typically
major thoroughfares traditionally dedicated to
shopping, such as the one in Corso Vercelli.

The company targets elegant customers with
a philosophy of daring to be different rather than
sliding into the predictable. Having a perfect
knowledge of the craft of traditional footwear
allows their designers to break the rules and so
attract a less conventional, more demanding, fashion
conscious and indeed youthful clientele. It is an
approach that is reflected in the taste in fittings,
as shown in the shop on Corso Vittorio Emanuele
where care and passion appear also in furnishings
that are made by qualified craftsmen rather than
mass-produced.

With access from Corso Vittorio Emanuele but
branching off up a side-street, Via Passerella,
its location might suggest that the shop wanted
to project a flashy image that would make it
stand out from among the innumerable other shop

Sotto: Banconi d'appoggio e teche di vetro per esaltare il pregio degli oggetti esposti nel negozio. La luce dell'ambiente aiuta a catturare l'attenzione dei passanti.

Below: Counters and glass cases enhance the desirability of the goods on display. The shop's lighting helps to grab the attention of passers-by.

dominante nella facciata di ferro color nero. Le grandi vetrine del negozio diventano allora un rimando agli spazi interni, vero e proprio primo piano per il passante, incorniciati da uno stretto profilo di serramento in ferro nero. L'interno allora diventa quasi un esterno con una serie di riferimenti architettonici alla grande scala: la parete di fondo del negozio è foderata per tutta l'altezza da una grande boiserie che, ritagliata secondo geometrie, mima un bugnato che sembra appartenere all'edificio. Il rivestimento ligneo della parete e le strutture per gli espositori sono in ciliegio e conferiscono a tutto l'interno un'atmosfera calda e accogliente.

Nella parete bugnata una nicchia in Lucite ospita le creazioni da mettere in maggiore evidenza. Queste scarpe dei sogni vengono talmente valorizzate da un chiarore uniforme da dare l'illusione di galleggiare all'interno di una nuvola luminosa. Gli arredi del negozio sono costituiti da una serie di volumi a forma di parallelepipedo in legno parzialmente ripartiti a cassetti sui quali sono posate le scarpe. Teche in vetro aggiuntive delimitano scomparti con l'effetto di esaltare i diversi modelli esposti. Il pavimento in lastre di travertino si abbina felicemente con il ciliegio degli espositori e si ritrova in armoniosa combinazione anche con la pietra dei basamenti che dialogano a loro volta con le vetrine.

Il movimento dei volumi all'interno del negozio corrisponde a una precisa regia nella quale entrano a fare parte anche le sedute, divanetti in pelle color cuoio chiaro con base di profilo quadrato in semplicissimo acciaio inox. Anche il soffitto gioca un ruolo funzionale: il cartongesso è percorso da tagli che raccolgono luci e spot singoli direzionati sulle vetrine o sull'ambiente. È anche grazie a questa intuizione che, sia di giorno sia di sera, il chiarore del negozio mette in buon rilievo tutta la merce esposta. Perfino il pilastro all'interno del locale, che a prima vista potrebbe apparire un elemento di disturbo, viene tra-sformato in una stele di specchio col risultato di amplificare ulteriormente gli spazi del locale.

windows on the Corso. But in reality, it's the austere nature of the existing building, with its black iron dominated facade, that set the tone for the project and gave it its initial inspiration.

The shop's large windows act as a cross-reference to the interior spaces, giving passers-by a powerful close-up, starkly outlined by a black iron frame. Then the interior becomes almost an exterior with a series of architectonic references on a grand scale: the far wall panelling extends to ceiling height, and is deftly cut in geometric patterns to resemble ashlar-work that appears to be part of the building. Wooden wall panels and display racks are of cherry wood and lend the whole interior a warm and welcoming atmosphere.

On the ashlar wall, a Lucite niche displays the creations to be given most prominence, dream shoes shown off to best advantage with a uniform clarity that gives the impression they are floating inside a luminous cloud. The shopfittings consist of a series of volumes in the shape of a geometric solid whose six faces are made of wood partially divided into drawers, upon which the shoes are placed. Additional backlit glass compartments enhance the various items on show. The travertine slab flooring blends happily with the cherry wood display racks and combines harmoniously with the footing stone, which in turn matches the windows.

The movement of the volumes inside the shop is carefully considered such that even the seating – small sofas in pale leather set on a square base of simple stainless steel – plays its part. The ceiling too has a functional role: lights and individual spotlights have been carefully recessed into the drywall and directed onto the windows or into the room so that the bright light illuminates the goods on display, day and night. Even the interior pillars, which at first sight might seem intrusive, are transformed into mirrored stems which make the shop space seem even bigger.

Sopra: La boiserie del negozio ricorda il bugnato di un palazzo, come se l'interno della boutique riproducesse un'antica facciata architettonica. Gli accessori più preziosi trovano spazio dentro a nicchie retroilluminate.

Above: Shoes and boots repose freely on backlit, lacquered units as if in a sculpture exhibition, to attract the attention of passers-by. Side-street to Corso Vittorio Emanuele in the background.

Ferré Spa

Via Sant'Andrea 15 20121 Milano
Tel: + 39 02 76017526
Metrò: Montenapoleone
Anno: progetto 2003 – apertura marzo 2004
Progetto: Susan Harmsworth
Destinazione d'uso: spazio benessere
Superficie: 150 m²
www.gianfrancoferre.it

15 Via Sant'Andrea, 20121 Milan
Tel. + 39 02 76017526
Metro: Montenapoleone
Year: Project started 2003, opened March 2004
Design: Susan Harmsworth
Intended use: wellbeing centre
Surface area: 150m²
www.gianfrancoferre.it

Profumo di rosa e menta nell'aria: fragranze che mutano a seconda della funzione degli ambienti. Marmo, noce levigata e oro sulle superfici: materiali nobili, perfino sfarzosi, per trasportare i clienti in una dimensione di puro appagamento di ogni sogno o capriccio. Il piacere della bellezza come un lusso da donare a se stessi e a chi si ama. La Spa diventa non solo il completamento ma il cuore di una boutique. Questa intuizione viene realizzata per la prima volta dallo stilista e designer Gianfranco Ferré nel nuovo store di Via Sant'Andrea. La contaminazione fra fashion e oasi del benessere sarà poi destinata a fare scuola nel mitico quadrilatero della moda.

Ferré matura questa scelta nel contesto di un lungo lavoro sulla cura della persona e la valorizzazione del corpo. Sulla strada della ricerca incentrata su forme, colori e materiali in funzione estetica, lo stilista approda al concetto di oasi, di spazio edonistico dove ritrovare, attraverso la propria forma e aspetto fisico, se stessi.

Si entra nella Spa dal negozio, attraverso un percorso sinuoso illuminato da terra e pavimentato

There's a scent of rose and mint in the air – fragrances that alter depending on the function of the surroundings. Surfaces are made of marble, polished walnut and gold: superior materials, indeed sumptuous, to lift the guests to a realm where their every whim is indulged. It's the pleasure of beauty as a luxurious gift to oneself and one's loved ones. The spa does not merely complete the boutique, it's the very heart of it. Or at least this is what happens at the new store by Gianfranco Ferré in Via Sant'Andrea; and it seems that this highly successful cross-fertilisation between fashion and oases of wellbeing could quickly set the trend in the fashion quarter.

Designer Ferré was inspired by the concept of oases when working on the connection between grooming and fashion. While researching shapes, colours and materials for beauty purposes, the stylist came to appreciate the important role that oases – health spas – play as hedonistic areas in which to relax and find oneself again through focused attention on one's body and physical appearance.

A sinuous path set with black mosaic tiles and illuminated at floor level leads from the shop to the

Sotto: La sala centrale della Spa con la grande vasca idromassaggio. Le pareti della sala cambiano colore in ossequio alle regole della cromoterapia.

Below: The central room of the spa with its large hydro-massage pool. The walls of the room change colour in accordance with the rules of colour therapy.

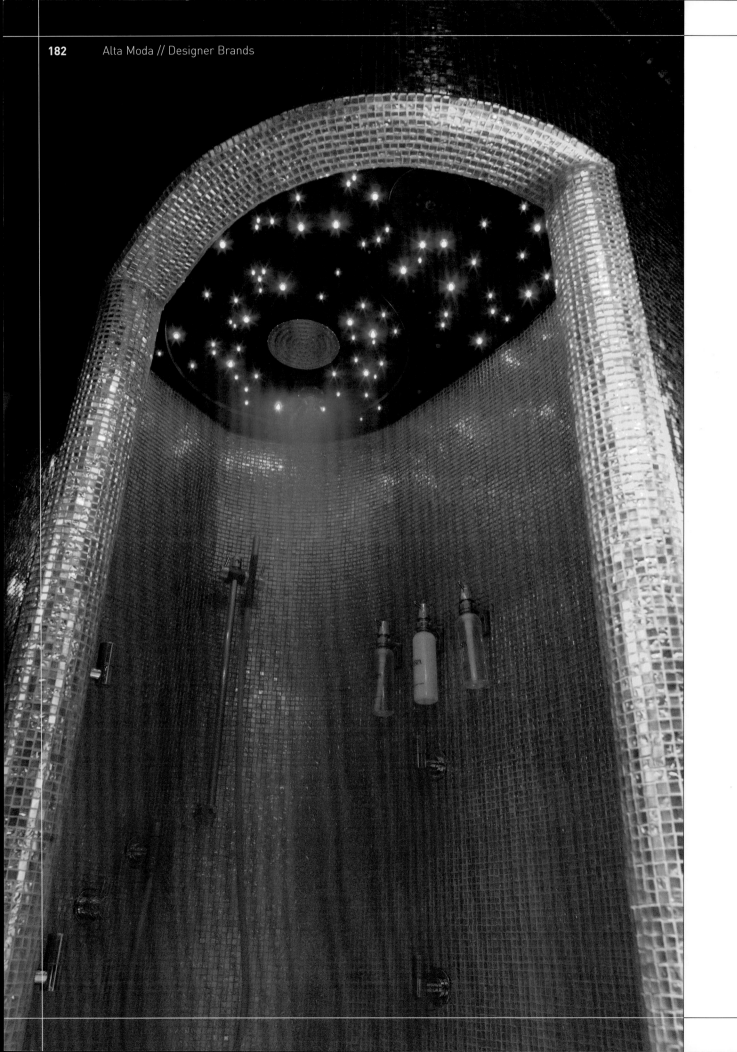

A sinistra: La doccia del bagno turco rivestita di tessere di mosaico d'oro.

Sopra: Spazi di relax nella sala della grande vasca che si affaccia sul giardino.

Opposite: Shower in the Turkish bath area, lined with golden mosaic tiles.

Above: Relaxation area by the hydro-massage pool facing onto the garden.

con tessere di mosaico nere. La luce cambia a seconda degli spazi e dell'ora della giornata, grazie a invisibili tubi al neon. È il trionfo dei principi della cromoterapia. La varietà della luce nell'oasi del tempo libero, l'ozio degli antichi romani, si contrappone alla luce sempre uguale degli ambienti e dei tempi impegnati, dedicati al lavoro (il negozio dei latini).

L'ambiente principale è un'ampia sala aperta verso il giardino storico della dimora. Una grande vasca idromassaggio in cui immergersi prima di ogni trattamento domina questo spazio. Tutto intorno camminamenti in radica e palissandro, mentre le pareti sono rivestite di marmo Portoro. Accanto alla vetrata, alcune chaise longue in mosaico

spa area. Here the light, controlled by invisible neon tubes, changes colour and tone depending on the zone and time of day. It's the triumph of colour therapy. The changes of light in this oasis of free time – of *otium* as the ancient Romans called it – contrasts markedly with light that is always the same, often harshly so, busy illuminating areas and times that are dedicated to work. The Latin word for business, *negotium*, the opposite of leisure, expresses this concept.The main area of the spa consists of a large room clad in Portoro marble that opens onto the building's historic garden. Dominating the room is a large hydro-massage pool surrounded by rosewood and brier-wood decking; here guests can take a leisurely dip before every treatment. Beside the window, mosaic-clad chaises

A sinistra: La vasca idromassaggio circondata da percorsi di radica e palissandro, materiali sicuri e naturali.

Sopra: Chaise longue collocata di fronte alla grande vetrata per godere il verde rilassante del giardino.

Opposite: Hydro-massage pool surrounded by rosewood and brier-wood decking; safe, natural materials.

Above: Chaise longue placed in front of the picture window so that clients can enjoy the relaxing greenery of the garden.

permettono una visione serena del giardino, mentre le luci che mutano armoniosamente e le fragranze dell'aromaterapia rinfrescano e invitano a rilassarsi. Il bagno turco con petali di rosa contrasta con i frizzanti sentori alla menta delle docce.

Oltre alle cromie e ai profumi, altri elementi determinanti per costruire l'atmosfera quasi onirica del luogo sono i materiali. Noce levigata e marmo, soffitti in petali d'oro, rivestimenti in stucco marrone e pelle color crema nei mobili creano un effetto di grande lusso, quasi di opulenza, fino a raggiungere l'apice con la doccia a tessere di mosaico d'oro. Bellezza e lusso si intrecciano in un'unica esperienza di piacere sensoriale.

longues offer a serene view of the garden. Harmoniously changing lights and aromatherapy perfumes are an open invitation to guests to relax and pamper themselves. In the air the rose petal scent of the Turkish bath contrasts with the bracing mint in the showers.

Besides the colours and perfumes, which are the decisive factor in creating the spa's almost dreamy atmosphere, there are the materials. Polished walnut and marble, ceilings inlaid with gold petals, brown stucco cladding and cream leather furniture produce an effect that is the height of luxury, indeed, almost opulent, culminating in the shower sumptuously tiled in gold mosaic. Here beauty and luxury combine to give a unique experience of sensory pleasure.

Shopping // Retail

Introduzione //
Introduction

Milano è una meta obbligata per chi intende acquistare le ultime novità, dai mobili agli oggetti per la casa, dagli abiti alle scarpe ai gioielli, con un tocco di stile e sofisticazione, per entrare per un po' nel mondo del design contemporaneo di alta classe. Per questo motivo le grandi aziende che si occupano di design degli interni non possono non aprire uno showroom o uno store a Milano. Che sia austero, rigoroso oppure contaminato dalla vari-opinta eterogeneità di un bazar; che sia luogo di esaltazione delle nuove tecnologie oppure di riscoperta di antichi materiali e finiture provenienti dall'oriente o dal sud del mondo; è comunque lo store al centro dell'attenzione di chi pensa e dà forma all'abitare. Un emporio della vendita multi-brand, dove gli oggetti di design e gli arredi sono esposti in ambientazioni e scenografie suggestive, che offrono ai clienti una memorabile esperienza di 'slow shopping' e occasioni per altre attività mondane, dai trattamenti di bellezza a una visita alle gallerie d'arte, da un panino al bar a un pranzo formale. Per le grandi case è imperativo essere presenti in città con uno store che diventa strategico ai fini della visibilità nella vasta vetrina urbana.

Lo showroom De Padova, per esempio, è un luogo storico per l'esposizione di arredi. Situato in un palazzo di Corso Venezia, dispiega su sei piani le sue collezioni. Dal 1956, quando aprì la prima sede in Montenapoleone, il marchio De Padova ricerca con passione l'eccellenza dello stile, attingendo stimoli oltre confine, dalla Danimarca per esempio, ma con l'intento di far rinascere un gusto tutto italiano. Nel

Milan is the shopper's Mecca; it is here people come to purchase the very latest in style and sophistication, from furniture and fittings to clothes and shoes – coming in the knowledge that they are buying into a world of cutting-edge design and elegance. Hence a presence in retail is a must for anyone involved in interior design. The context can be austere, rigorous or tinged with all the multicoloured variety of an eastern bazaar. It can be a shrine to new technologies or a treasure trove of vintage materials and finishes garnered from the far corners of the earth. Whatever their image, stores act as magnets for anyone with an interest in contemporary living. Multibrand sales emporia are all the rage, their designer goods and furnishings on sale displayed in inspiring settings, offering their customers a memorable experience of slow shopping and alternative leisurely activities like spa treatments, a browse in their gallery, a quick snack at the bar or a formal meal. For big companies, it's imperative to have a strategic presence in the city to heighten their visibility in what is a vast urban shop window.

De Padova's showroom, for example, is a historic venue for exhibiting furnishings. Situated in a palazzo in Corso Venezia, its collections unfold over six floors. Ever since 1956, when their first shop opened in Via Montenapoleone, the De Padova brand has passionately sought style excellence, drawing inspiration from overseas, from Denmark for instance, but with the intention of stimulating a revival of a purely Italian taste. In tracing the evolution of Italian design, cross-fertilising it and promoting it, De Padova has acted

Pagine precedenti: Habits Culti intende offrire tutto quanto fa lifestyle, per il benessere della vita quotidiana.

Sotto: Interni della gioielleria Buccellati, in Via Montenapoleone. Le vetrine e le luci aderiscono agli stessi principi di qualità raffinata e di design elegante che ispirano tutte le creazioni esclusive in vendita. Il progetto luci è di Nord Light, Florence.

Previous pages: Habits Culti aims to integrate wellbeing into everyday living.

Below: Interior of the Buccellati jeweller's, in Via Montenapoleone. The fittings and the lighting adhere to the same principles of bespoke quality and elegant design that inspires all the exclusive creations on display. The lighting is by Nord Light, Florence.

tracciare l'evoluzione del design italiano, contaminandolo e promuovendolo, De Padova ha operato con fierezza e autorità consone quasi a un'istituzione. Lo store di Corso Venezia, dove l'azienda si è trasferita nel '65, è una scenografia in continuo mutamento, capace di esprimere nel contempo uno spirito di ricerca costante e un'identità inconfondibile.

A un decennio dalla nascita di De Padova, Piero Busnelli e Cesare Cassina fondano la C&B, un'industria di mobili attenta anch'essa alle nuove tecnologie e ai nuovi materiali. Nelle loro progettazioni, il poliuretano consente esperimenti, sino ad allora impensabili, sugli imbottiti, la cui fabbricazione rimane rigorosamente artigianale. La storia dei divani italiani passa da quest'azienda che nel '73 diventa B&B, premiata con il Compasso d'oro dapprima per alcuni singoli prodotti e in seguito anche per il positivo connubio tra ricerca tecnica e formale. Tra i designer che collaborano con l'azienda spiccano Richard Sapper, Achille Castiglioni, Antonio Citterio.

Sarà proprio Citterio, in sintonia con la filosofia aziendale B&B, a disegnare nel 2002 lo store di via Durini. L'ampio showroom predilige le tinte scure ed è caratterizzato dai molti sfondati che tagliano il piano terra verso l'interrato, offrendo punti di vista zenitali su collezioni nuove o pezzi singoli. La sezione dello spazio, inoltre, è di estremo interesse: mezzanini con specchi semiriflettenti e volumi in vetro animano lo spazio con leggerezza e trasparenza. La raffinatezza maggiore risulta dall'uso dei materiali: pavimenti in cemento nero, pareti rifinite con l'incollaggio di garza annegata in pitture murali, ferri acidati. Quando i designer degli elementi di arredo riescono ad ambientare i propri pezzi nelle scenografie degli store, allora siamo di fronte a una sintesi formale eccellente; ciò accade nello store di Armani, nell'esposizione delle cucine di Strato, così come nello store Ferrari disegnato da Iosa Ghini in Piazza Liberty.

Il culto della forma raggiunge anche oggetti di dimensioni contenute. È il caso di High Tech che

with a pride and authority in keeping with its almost institutional status. The company moved into their Corso Venezia premises in 1965. Here the store is an ever-changing scene that expresses a constantly questing spirit together with an unmistakable identity.

A decade after De Padova opened, Piero Busnelli and Cesare Cassina founded C&B, a furniture manufacturer that was also at the forefront of technological innovation and the use of new materials. In their designs, polyurethane allowed hitherto unthinkable experiments with upholstered furniture. The furniture, however, was still manufactured by craftsmen. An integral player in the history of Italian sofas, in 1973 the company underwent a partial change of ownership to become B&B going on to be awarded the Compasso d'oro, first for individual products, but subsequently also for its research contributions into technique and form. Among the designers who worked with the company, Richard Sapper, Achille Castiglioni and Antonio Citterio stand out.

Indeed, in 2002, it was Citterio who designed the Via Durini store, in keeping with the B&B corporate philosophy. The spacious showroom revels in its dark colours and features many perspectives that cut across the ground floor towards the basement, allowing customers to see new collections or individual items from directly above. Moreover, the way the space is divided is highly innovative, with mezzanines whose semi-reflective mirrors and glass volumes animate the space with lightness and transparency. However, it's the use of materials that gives the space its elegance: black cement floors; walls finished with gauze collage; murals and stripped ironwork. When homeware designers manage to successfully insert their own pieces into a store's particular setting, then an excellent synthesis of form is achieved. That's what happens in the Armani store, in Strato's kitchen displays and in the Ferrari store designed by Iosa Ghini in Piazza Liberty.

The cult of form also embraces the smaller items. That certainly hold true for High Tech, which opened

nasce nel 1982 in Porta Ticinese come punto vendita di divani, librerie, lampade e accessori per cucina. Attualmente occupa 2000 m² all'interno di un cortile nei pressi di Corso Como, in una palazzina un tempo sede di una fabbrica d'inchiostri che forniva il vicino *Corriere della Sera*. La gamma si estende ad ampio raggio, sia per la tipologia sia per provenienza. Oltre agli arredi, trovano giusta collocazione anche le minuterie, come profumi, cartoleria e accessori moda. Successivamente a High Tech, ancora per iniziativa dei fratelli Mauro, Massimo e Laura Bacchini, e quindi improntato alla stessa filosofia, nascerà anche Cargo. In sostanza la città si attrezza a supportare con vetrine adeguate ciò che il suo circolo di artisti e artigiani ha saputo disegnare, produrre e comunicare.

in 1982 at Porta Ticinese selling sofas, bookshelves, lamps and kitchen accessories. It currently occupies 2,000 square metres inside a courtyard near Corso Como, in a small building that once housed an ink factory supplying the nearby *Corriere della Sera*. Its range is now wide both in terms of the type of products sold and their origin. Besides furnishings, luxury items like perfumes, stationery and fashion accessories also find a home here. After High Tech came Cargo, another initiative by Mauro, Massimo and Laura Bacchini, and thus a business venture stamped with the same philosophy. In short, the city is equipping itself with enough shop windows to support the products its world renowned artists and craftsmen have been able to design, produce and promote.

10 Corso Como

10 Corso Como – 20154 Milano
Tel. shop +39 02 29002674 Tel. Ristorante +39 02 2901 3581
Tel. 3 Rooms +39 02 626163
Metrò: Garibaldi
Anno: 1990 galleria d'arte e fotografia Galleria Carla
Sozzani, spazio musica e libri
1991: negozio 10 Corso Como
1998: bar/ristorante 10 Corso Como Cafè
2003: hotel 3 Rooms presso 10 Corso Como
Destinazione: galleria e libreria, negozio d'abbigliamento
e accessoristica, bar, ristorante
Progetto: restyling Kris Ruhs – concept Carla Sozzani
www.10corsocomo.it

10 Corso Como, 20154 Milan
Tel. shop +39 02 29002674 Tel. Restaurant +39 02 2901 3581
Tel. 3 Rooms +39 02 626163
Metro: Garibaldi
Year: 1990: Galleria Carla Sozzani art and photography
gallery, music room and reading room
1991: 10 Corso Como shop
1998: Corso Como Café bar/restaurant
2003: three-suite hotel at 10 Corso Como, 3 Rooms
Intended use: gallery and bookshop, clothes and accessory
shop, bar, restaurant
Design: concept Carla Sozzani; restyling Kris Ruhs
www.10corsocomo.it

10 Corso Como nasce agli inizi degli anni 90 nei locali di un ex garage, all'interno di un cortile, in una zona che all'epoca era tra le più popolari e degradate della città, a ridosso della stazione ferroviaria Garibaldi. Da allora ha segnato il passo, contribuendo al recupero edilizio di tutta la zona, ormai una calamita per locali di ristoro e di abbigliamento. La sua musa ispiratrice è Carla Sozzani, ex direttrice di *Elle* che oltre un decennio fa decise di creare un luogo ispirato a una rivista femminile, le cui rubriche, ovvero gli spazi in cui si articola, siano strettamente correlate dalla stessa filosofia di base, pur trattando soggetti differenti. Un po' come l'Armani Store di Via Manzoni, 10 Corso Como è un concept store dove l'elegante e raffinata creatività dell'ideatrice trova espressione nell'impatto generale e in ogni particolare, dagli abiti, alle foto nelle gallerie, ai libri, alla disposizione dei fiori in cortile, ai menu del ristorante.

10 Corso Como attualmente si presenta come un

10 Corso Como opened in the early 1990s in the premises of a former garage in what was then one of the most rundown areas of the city, right behind the Garibaldi railway station. The shop proved an important turning point for the entire neighbourhood, contributing to its renovation and regeneration, transforming it into a magnet for shopping and dining. Carla Sozzani, the former editor of Italian *Elle*, is the inspiration behind this renaissance. More than a decade ago Carla decided to create a venue inspired by a women's magazine: the spaces were to be accorded the same treatment as the pages of a stylish glossy, even if they differed in content. Similar in many respects to the Armani Store in Via Manzoni, 10 Corso Como is a concept store where the creator's elegant and refined imagination is expressed in the shop's overall impact, something that is followed through in every detail: the clothes, the photos in the galleries, the books, the flower arrangements in the courtyard and the restaurant menus.

Sotto: Slow shopping tra abbigliamento multimarche e preziosi gadgets nello store al piano terreno, di fronte allo spazio ristorante. Lo spazio è indiviso, il flusso di pubblico costante tra bar, ristorante, negozio ...

Below: Interior of the clothes and accessories store on the ground floor, facing the restaurant area. The open-plan concept is the ideal setting for 'slow shopping', allowing a constant footfall between the bar, restaurant and shop.

Sopra: Il bar ristorante in direzione della hall di ingresso. Sulle pareti accoglienti divanetti in pelle nera che riprendono i puff del bar. Alle pareti stampe e piccoli arazzi scelti in linea con lo stile del luogo.

Sotto: La hall di ingresso al ristorante e al negozio di abbiglia-mento si allarga nel cortile con le medesime sedute e tavolini. Per gli amanti dell'aria aperta una leggera coperta permette di indugiare all'esterno anche nelle stagioni meno favorevoli. I disegni in ferro battuto delle vetrate ripetono il marchio.

Top: The bar/restaurant looking into the entrance hall. Welcoming black leather couches around the walls echo the padded leather bar stools. Prints and small tapestries on the walls are chosen to match the venue's style.

Bottom: The entrance hall leading into the restaurant and store. The space opens out into the courtyard featuring the same seats and small round tables. Those who love the open air can linger outside all year round sheltered by a light awning. Wrought-iron designs on the glass replicate the brand.

unico intervento e percò vale la pena descriverlo seguendo il suo percorso di fruizione a partire dallo storico portone che introduce, dopo un paravento di un leggero cannicciato, in quello che è rimasto un tipico cortile di casa di ringhiera milanese.

Il corpo di fabbrica che dà sulla strada infatti è costituito da quattro piani fuori terra a ballatoio ed è la quinta più alta. All'interno un uso sapiente del verde urbano riduce la percezione della varietà dei corpi di fabbrica, sia con piante in vasi nel cortile sia con rampicanti che risalgono le pergole in ferro dei ballatoi nei piani più alti. Nel cortile ampi tendaggi bianchi tesi a costituire un soffitto sospe-so offrono un perfetto riparo per i frequentatori del bar e del ristorante, che siedono a tavolini rotondi in ferro battuto su eleganti poltroncine nel medesi-mo materiale. L'understatement di tutto l'ambiente esterno è di rara eleganza, ottenuta dal perfetto equilibrio tra opposti, la semplicità quasi casuale delle decorazioni floreali e degli arredi e la cura minuziosa con cui vengono allestite le tavole, dalle tovaglie di raffinata fattura al pane di alta qualità.

Lasciato il cortile si entra nel primo ambiente coperto che introduce ai vari locali attigui attraverso cancelli in ferro lavorato. Sulla destra il locale del ristorante o bar è ordinato da un grande bancone centrale arrotondato che lascia spazio a una serie di divanetti laterali aderenti alle pareti. Il marchio grafico ormai celebre firma elementi su larga scala,

10 Corso Como has been realised in stages on a single site, and is worth describing from its main entrance – an historic front door that leads past a light trellis screen into a courtyard. As in many traditional historic Milanese apartment buildings, internal stairs lead up to railed galleries that give access to each floor.

The core of the building comprises four upper storeys with galleries, and a fifth floor at the top; however from the courtyard these internal arrangements are disguised by a clever use of urban greenery, with potted plants and climbers making their way up the iron railings to the uppermost galleries. Wide white awnings are draped across the courtyard to form a suspended ceiling providing ideal shelter for diners in all weathers. The restaurant and bar are furnished with wrought-iron tables with matching elegant easy chairs. Overall the impression is one of understated elegance: the almost casual simplicity of the floral decorations and the furnishings creates a harmonious balance with the minute care taken with the table settings, care that is everywhere in evidence, from the fine quality of the tablecloths to the excellent bread served to guests.

Off the courtyard, a covered area leads to the store's various departments accessed through wrought-iron gates reminiscent of a hall in a stately home. On the right, the bar and restaurant area is

come il soffitto in lastre opaline retroilluminate, e piccoli dettagli, come la confezione cartacea che avvolge lo scontrino del caffè.

Fronteggia il locale del ristorante lo store, dove il pavimento in smalto chiaro fa da sfondo quasi anonimo agli eleganti ed eccentrici capi d'abbigliamento disposti in apparente disordine, in linea con il concetto dello 'slow shopping', secondo cui le varie componenti di moda, design, grafica e arte varia si contaminano tra di loro creando situazioni di eleganza di massimo profilo. Tutto l'abbigliamento e l'accessoristica di 10 Corso Como più che seguire le mode le anticipa e le crea, così come la musica selezionata per tutti gli ambienti risulta spesso precorritrice in fatto di nuovi successi.

Da una scala esterna coperta si accede alla galleria d'arte, per lo più destinata alle opere fotografiche, e alla libreria dove i volumi in vendita

arranged around a huge round central counter that leaves space for the banquettes that line the walls. The design of 10 Corso Como forcefully imprints the brand on even the smallest details: the store's logo is repeated on the backlit opalescent panels of the ceiling as well as on the little paper packages that are handed out with every receipt.

Located opposite the restaurant is the fashion department, where the pale glazed floor forms an almost anonymous background to the elegant and quirky garments and other merchandise arranged with a studied disorder. Fashion items, accessories, homeware and works of art – all are artfully arranged so as to engender a 'slow shopping' experience. Here the unobtrusive interaction of elements evokes the chicest of ambiences. The clothing and accessories in 10 Corso Como do not simply follow fashion: they anticipate it and set the trends, just as the music played over the store's

A sinistra: Il negozio di abbigliamento che si estende in alcune sue parti comprendendo oggetti di design, accessori, prodotti per la cura della persona.

Sopra: Il segno dell'artista americano Kris Ruhs si estende dagli allestimenti di 10 Corso Como all'immagine coordinata del marchio e viene declinato con estrema eleganza in bigliettini, carta regalo, sottobicchieri e altro.

Opposite: The retail area displays design objects, accessories and beauty products.

Above: The logo designed by the American artist Kris Rush graces all the furnishings at 10 Corso Como and creates a co-ordinated brand image, covering everything from tickets and wrapping paper to coasters.

sono presentati su tavoli veri e propri, per favorirne la libera consultazione da parte dei visitatori, che possono poi ritirarsi nella sala accanto e rilassarsi su comode poltroncine ascoltando musica in sintonia con l'ambiente.

sound system offers the first opportunity to hear the latest track. From the courtyard's covered external staircase, one reaches the art gallery, which is largely given over to photography, and the bookshop where books are displayed on tables to encourage browsing. Keen readers can retire to an adjacent room, where they can relax in comfortable easy chairs and listen to music carefully selected to harmonise with their surroundings.

A destra: Una miscellanea di pezzi d'autore e anonimi in una delle 3 Rooms. Le finestre si affacciano sulla vita del cortile di 10 Corso Como.

Opposite: A mixture of designer items and more anonymous pieces in one of the 3 Rooms. The windows look out onto the lively 10 Corso Como courtyard.

3 Rooms

In una tipica casa di ringhiera milanese, tre camere di atmosfera allestite per un bed & breakfast di altissimo livello. Mentre il progetto 10 Corso Como prende forma nel 1990 negli ampi locali di un ex garage, all'interno del medesimo cortile, nel corpo di fabbrica lungo la strada, negli anni successivi, nascono le 3 Rooms.

L'ambiente della casa non viene per niente svalutato dall'intervento, anzi ne risulta al contrario esaltato, grazie all'armonioso inserimento dei tre spazi nella logica delle distribuzioni a ballatoio. I tre minimi alloggi, posti su altrettanti livelli, tendono ad usufruire direttamente dei percorsi di accesso dalle scale e dai ballatoi tipici della vecchia Milano.

La caratteristica delle 3 Rooms è di essere arredata in maniera individuale con diversi interventi di arte e design dedicati a ciascuna location. Si tratta dell'inserimento di oggetti d'uso e di design firmati Arne Jacobsen, Charles e Ray Eames, Joe Colombo.

I lavabi dal gusto esclusivo, le cornici particolari alle specchiature, nonché le rifiniture con piccole ceramiche denotano una cura particolare nelle sale da bagno e nelle sale comuni.

3 Rooms

Within this typical Milanese apartment building, these three atmospheric rooms have been converted into a top-quality bed & breakfast, creating 3 Rooms inside the same courtyard in the building bordering the street.

The conversion took nothing away from the building's ambience, but rather served to enhance it by the harmonious insertion of the three spaces into the balcony layout. Each Minimalist apartment is on a different level, and each has its own direct access via stairs and balcony, as is typical of old-world Milan.

3 Rooms is noted for its individual furnishings in each flat, with distinctive decoration and design in each location. Practical and design objects by such high-profile names as Arne Jacobsen, Charles and Ray Eames and Joe Colombo give the rooms different styles.

Beautiful wash-basins, carefully restored cornices and exquisite ceramic finishes attest to the care that has been taken over the bathrooms and reception areas.

Habits Culti

Via Angelo Mauri 5, Milano
Habits Culti Tel. +39 02 48517286
Day-Spa Tel. +39 02 48517588
Metro: Conciliazione, Pagano
Anno: 2004
Progetto: direttore creativo Alessandro Agrati
Destinazione d'uso: collezioni accessori abbigliamento
e casa, piante degustazione the, caffé, cacao, spazio
benessere
Superficie: 1050 m²
www.culti.it

5 Via Angelo Mauri, Milan
Habits Culti Tel. +39 02 48517286
Day Spa Tel. +39 02 48517588
Metro: Conciliazione, Pagano
Year: 2004
Design: Creative Director Alessandro Agrati
Intended use: accessories, clothing, homeware, plants,
tasting, wellbeing centre
Surface area: 1,050m²
www.culti.it

Il benessere nella vita quotidiana, ovvero tutto quanto fa lifestyle. Cosa unisce arredi, complementi d'arredo, abbigliamento, profumeria, articoli per la casa nel medesimo punto vendita? È la filosofia che sceglie questi singoli oggetti, ne detta la linea, dà a ogni cosa il suo posto in un disegno armonico. La filosofia Culti, negozio elegante che riunisce prodotti per la casa e per la persona accomunati da un tocco, uno stile inconfondibile, in una location strategica, a pochi passi dall'affollatissimo e commerciale Corso Vercelli. I locali sono ospitati all'interno di un ex garage dentro al quale trovano posto anche un ristorante e una concessionaria per auto. Si tratta di un grande ambiente, a due piani, terra ed interrato, che si affaccia sulla via con una semplice vetrina. Il primo ingresso è una sorpresa per il visitatore dato che la vetrina non lascia molto intuire della grande dimensione del negozio, della spa sottostante e dell'attiguo bar ristorante. Cultura d'ambiente, living concept, maison del vivere quotidiano sono gli slogan degli habitat Culti; il negozio in sé raccoglie tutto il Culti pensiero, sia nel disegno degli ambienti come nei prodotti in vendita,

Culti aims to integrate wellbeing into everyday living and so provides everything that makes for a pleasant lifestyle. But just what is it that brings together furnishings, accessories, clothing, perfumes and household goods in the same outlet? It's the philosophy behind the choice of the individual items that dictates the line and gives each item its particular place within a harmonious design. That's the Culti philosophy guiding this elegant emporium, bringing together the shop's wide range of merchandise. What goods have in common is an unmistakable Culti touch that gives them such style. The shop, strategically located near the crowded shopping street of Corso Vercelli, has its premises based in a former garage, inside which there are also a restaurant and a car dealership. Habits Culti covers a large area over two floors, a ground floor and lower ground floor, facing onto the street through a simple shop window. The first entrance comes as something of a surprise to the visitor since the window does not reveal the large interior area comprising the shop, the spa below and the adjacent bar and restaurant. Evolving design culture,

Sotto: Il piano terra di Habits Culti. Le altezze fuori scala del precedente garage sono state ridimensionate con la creazione di ambienti in vetro a scala adeguata. Ogni ambiente contiene oggetti raggruppati per temi e collocati in espositori che spesso sono a loro volta in vendita.

Below: Ground floor interior of Habits Culti. The high spaces of the former garage have been re-sized by glass rooms on a suitable scale. Every room contains items grouped by theme, displayed in very thick cases that are also for sale.

Sopra: La rampa di pietra chiara che porta dal negozio di Culti ai locali della spa al piano inferiore. Lungo il percorso e lungo il parapetto superiore, piante verdi segnano il passaggio tra due mondi differenti, uno dedicato alla cura della casa, l'altro dedicato alla cura del corpo.

Above: The light stone staircase leading from the Culti shop to the spaces of the spa below. Greenery along the route and along the parapet above shows the way between two different worlds, one dedicated to homecare, the other dedicated to personal care.

Sopra: Culti produce arredi e oggettistica nell'ottica di contribuire a una qualità di vita migliore. Si tratta sempre di pezzi selezionati secondo una concezione e uno stile inconfondibili.

Above: Culti offers furnishings and desirable items for a better quality of life. Every piece is chosen with care to contribute to an unmistakable style.

sia per la scelta degli oggetti che per il confezionamento.

Tutto è stato progettato dalla medesima mano del direttore creativo. Minimale, senza esagerare nel lusso, il piano terra è dominato da un pavimento in pietra nera che molto ben si accorda con i colori pastello degli arredi e dei prodotti che il marchio produce, con i cartoni naturali delle confezioni, i vetri dei contenitori, i legni di alcuni oggetti, il metallo e cotto delle fioriere. L'uso di materiali naturali ed evocativi rafforza l'impressione di trovarsi in un luogo che coniuga benessere e vita quotidiana. I divisori trasparenti distinguono gli ambienti interni senza intaccarne la volumetria. Il vetro impiegato è temperato e privo di serramenti,

living concepts, household goods for everyday living – such are the by-words of Habits Culti. All Culti's ideas are clearly visible in the shop, whether it's in the design of the rooms and the products for sale, or in the choice of items and their packaging.

Everything has been designed by the Creative Director himself. The ground floor, which is Minimalist and not overly luxurious, is dominated by black stone flooring that goes very well with the pastel colours of the furnishings and the products Culti makes. The flooring complements the natural cardboard of the packaging, the glass of the containers, the wood in some items and the metal and terracotta of the flower troughs. Use of natural, evocative materials reinforces the sense of a place

Gli spazi della spa tra zona relax, massaggio su piani di pietra e bagni aromatici. Tutti gli ambienti utilizzano materiali naturali come pietra e legno. Le cromie sono studiate per avvicinare i frequentatori alla essenzialità e naturalità dei trattamenti per il benessere del corpo. Anche l'olfatto viene stimolato da olii, profumi, essenze, presenza di fiori.

The spa spaces between the relaxation and massage areas, with stone flooring and aromatic baths. All areas use natural materials such as stone and wood. The colour schemes are designed to bring clients back to nature and reflect how intergral are all the body treatments for a feeling of wellbeing. The sense of smell too is stimulated by oils, perfumes, aromatic essences and flowers.

con leggere serigrafie che indicano la tipologia dei prodotti che si trovano sugli scaffali.

Alle pareti del negozio scaffalature metalliche in colori scuri mentre al centro una serie di tavoli con teche di vetro, offrono ulteriori superfici espositive. Habits Culti non è l'unico punto vendita del gruppo Culti in Italia. In ogni città dove Culti ha aperto una attività, ha diversificato l'offerta ispirandosi alle esigenze locali, da Culti Fashion Flowers a Torino a Relais La Sommità ad Ostuni o nei Culti Spacafè a Napoli, o Crème a Montorfano, si va da un Hammam a uno spazio caffè, da una spa a un piccolo ristorante.

A Milano la spa è un ambiente ipogeo, al quale si accede dal fondo del negozio a fianco dell'accesso per il ristorante. Anche se quest'ultimo non è più direttamente gestito dal marchio Culti, resta per il pubblico un'ideale espansione del negozio, piacevole e spesso affollata. Alla spa si accede invece mediante una lunga scala poligonale formata da leggeri gradini in lastre di pietra chiara, e una balaustra in vetro trasparente.

Il parapetto del piano superiore è decorato da vasi di piante grasse che vengono posti in rilievo da un'illuminazione puntiforme e dall'illuminazione diffusa proveniente dal lucernario superiore sagomato sulla geometria della scala, quasi un giardino d'inverno. Al piano di sotto la spa cambia radicalmente immagine rispetto al piano superiore, impostandosi su colori neutri, bianco pallido o panna, una sorta di foglio bianco, di tabula rasa, rispetto al quale risaltano gli stimoli sensoriali offerti dalle luci, dal caldo legno dei piani d'appoggio, dai rilassanti profumi d'ambiente.

Di fronte alla reception, un salottino con poltroncine in pelle chiara si appoggia su di una pedana lignea, modulare. È uno spazio in cui liberarsi dalle scorie dello stress, prima o dopo un trattamento, degustando un té o una tisana.

that blends wellbeing with daily life.

Transparent partitions separate the inner rooms without breaking up their volume. Tempered glass is used with no locks while the lighting indicates the type of products to be found on the dark-coloured metal shelving that lines the walls and a series of tables with glass cases provides more display units in the centre.

Habits Culti is not the only outlet of the Culti group in Italy. In each city where Culti has opened a branch, it has diversified the products or services to match local demand. For example, there is a Culti Fashion Flowers in Turin and a Relais La Sommità in Ostuni. In the Naples Culti Spacafè, or Crème in Montorfano, you can move from a Turkish bath to a café, or from a spa to a little restaurant.

In Milan, the spa is downstairs, its entrance is situated at the far end of the shop, next to the restaurant access. Although the latter is no longer run directly by Culti, it is still a very popular extension to the shop, pleasant even when, as so often, it is crowded. The spa is reached by means of a long, polygonal staircase formed by slender steps of light stone slabs, with a transparent glass balustrade. The parapet of the floor above is decorated with vases of large plants highlighted by spotlights and by light diffused from the skylight above. Light floods in, illuminating the geometry of the staircase, which forms almost a winter garden.

Downstairs, the spa has a radically different image to the floor above. Neutral colours such as pale white or cream predominate, creating a blank canvas against which the sensory stimuli of the lights, warm wooden surfaces and relaxing perfumes stand out. In front of reception is a lounge fitted out with light leather armchairs on a modular wooden deck. It's a space in which clients can forget the day's stresses and strains before or after a treatment, while sipping a cup of tea or tisane.

Sopra: I colori naturali utilizzati per accessori e tessuti si armonizzano in un unico elegante disegno con le composizioni vegetali.

Above: The natural colours used for accessories and fabrics harmonise with the plants and flower arrangements to create a single elegant design.

La scritta 'SPA', formata da una proiezione luminosa, campeggia dietro il bancone della reception quasi non volesse intaccare la superficie chiara e liscia della parete retrostante. All'interno della spa, trovano spazio diverse cabine per i trattamenti e i massaggi, curate nei particolari, basti dire che anche i lettini di appoggio per il corpo sono oggetti di design.

Tutti gli articoli del marchio Culti sono prodotti dalla medesima casa costituita da quattro aziende del Nord Italia collegate a una rete selezionata di artigiani.

The word 'SPA' is projected onto the wall behind the front desk, as if to avoid spoiling its light, smooth surface with incised or painted lettering. Inside the spa all the various treatment and massage rooms display the same meticulous attention to detail – even the treatment beds are design objects in their own right.

All Culti-brand goods are produced by the same company made up of four Northern Italian businesses linked to a carefully chosen network of dedicated craftsmen.

Spaziostrato

Via Francesco Burlamacchi 5 20135 Milano
Spaziostrato Tel. +39 02 54050321
Altro ristorante Tel. +39 02 54121804
Metrò: Porta Romana
Anno: progetto 2001, realizzazione 2004
Progetto: Marco Gorini
Destinazione d'uso: arredi e accessori per la cucina e
per la casa ristorante
Superficie: 1200 m², terrazzo 400 m²
www.stratocucine.com
www.spaziostrato.it

5 Via Francesco Burlamacchi, 20135 Milan
Spaziostrato Tel. +39 02 54050321
Altro restaurant: Tel. +39 02 54121804
Metro: Porta Romana
Year: Project started 2001; completed 2004
Design: Marco Gorini
Intended use: furnishings and accessories for kitchen
and home, restaurant
Surface area: 1,200 m², terrace 400m²
www.stratocucine.com
www.spaziostrato.it

Il recente successo dei mobili firmati Strato ha portato all'abbandono della sede storica espositiva presso il Castello Sforzesco in favore di uno spazio più ampio e modernissimo all'interno di un ex opificio degli inizi del 1900 in un cortile milanese in Via Burlamacchi.

Lo showroom si articola su due piani collegati da ampie scalinate e ha un'estensione totale di circa 1200 m², oltre a un terrazzo esterno con 90 m² destinati al pubblico. Il piano terra è accessibile da un passo carraio il cui percorso è segnato da un pavimento in assi di legno vengè grezzo, ripreso all'interno dei locali. Eleganti canne di bambù, papiri e felci illuminate segnano l'accesso rimarcato da qualche lampada a pavimento.

Tutta la filosofia dello spazio e degli arredi qui riproposti riunisce le qualità indispensabili per la lettura del processo creativo di questo come di altri marchi o luoghi di design a Milano: alte lavorazioni di tipo industriale unite a raffinate finiture di tipo

The recent success of Strato-brand furniture has led the company to leave its historic showroom near the Castello Sforzesco for larger and much more modern premises. The business has relocated to Via Burlamacchi, to a former factory in a Milanese courtyard dating back to the early 1900s.

The showroom is situated on two floors connected by wide staircases and has a total area of some 1,200 square metres, plus an external terrace giving 90 square metres of public space. The ground floor vehicle access is marked by rough wood flooring, which is also used in the interior, while the main entrance is indicated by an elegant arrangement of bamboo canes, papyrus reeds and ferns illuminated by floor lamps.

The brand philosophy is in tune with that of other high-profile brands and design spaces in Milan, marrying a high standard of industrial production with sophisticated, well crafted finishes, an aesthetic equally in evidence in the showroom and

Sotto: La scala che porta dal piano terra sede dell'esposizione fino al settimo piano, dove si trova il ristorante wine bar.

Below: Stairs leading from the ground floor showroom up to the seventh floor, where the restaurant and wine bar are located.

La zona del wine bar con le vetrate sul giardino interno. Arredi ed oggetti firmati Strato.

Wine bar area with windows onto the roof garden, and Strato-brand furniture and accessories.

artigianale. Ampie vetrate verso l'esterno convogliano la luce nell'ambiente, diffusa per tutta l'estensione del piano terra da pareti vetrate verso l'interno, che aggiungono luminosità ai locali e consentono di apprezzare l'altissima attenzione alla finitura degli ambienti, con pietre cappuccino indiana e pietre moka per i lavandini e per i bagni, acciaio e titanio su alcune pareti.

Al piano terra una galleria ospita una mostra permanente delle ultime collezioni del marchio ed eventi di moda, design o altre serate. In esposizione e in vendita si trovano sia elementi di

the furnishings available here. Large windows to the outside let in light which is diffused throughout the ground floor by internal glass walls, flooding the premises with light. This luminosity allows customers to fully appreciate the careful attention to detail and finishes, as in the bathrooms and wash-basins in Indian cappuccino and mocha-coloured stone, and the walls decorated with steel and titanium.

On the ground floor, a gallery has a permanent display of the brand's latest collections and hosts fashion shows, design evenings and other special

Sopra: La cucina Strato, assoluta protagonista di questa dinamica 'vetrina' che si affaccia sul ristorante.

A destra: I tavoli sono apparecchiati con gli stessi piatti e tovaglie in vendita nel negozio al piano terra.

Above: The Strato kitchen, playing a leading role in this viewing dynamic with its window onto the restaurant.

Opposite: The tables are set with dishes and table linen from the lines for sale.

arredo relativi a cucine e bagni, ma anche mobili di altro tipo, oggettistica raffinata e libri d'arte, d'architettura e di fotografia.

Al piano superiore un volume sospeso in direzione dell'ingresso ospita il wine bar e il ristorante, con saletta riservata annessa, arredata da un lungo tavolo di ebano per una ventina di ospiti. La cucina è rigorosamente in vista affinché l'atto del cucinare diventi un momento di socialità condiviso tra cuochi e commensali. La stessa cura dedicata all'arredo si riflette nei piatti proposti: una selezione dei migliori ingredienti disponibili arricchiti da brevi spunti di

events. Display items for sale include kitchen and bathroom fittings as well as other kinds of furniture, sophisticated household goods and books on art, architecture and photography.

On the upper floor, by the entrance, are the wine bar and restaurant with adjoining private dining room furnished with a long ebony table seating around twenty guests. Strato makes a feature of its viewing window into the kitchen, so that the act of cooking becomes in itself a sociable moment shared between chefs and diners. The dishes on the menu, which have the same care lavished on them

erbe coltivate nell'orto di famiglia. Ciò che viene proposto a completamento delle tavole del ristorante viene suggerito per l'acquisto nello show room: un leggero tovagliolo di lino accanto al servizio in porcellana di Limoges, vassoi in titanio e palissandro, pentole in argento... Una collezione che rimane a completamento degli arredi per il governo di un'immagine generale del vivere con sapienza e stile.

as on the furnishings, use a selection of the best ingredients available, rendered piquant with herbs from the family's own garden. The tableware range used in the restaurant can be purchased in the showroom: the same Limoges porcelain dinner service line, fine linen tablecloths, titanium trays and silver saucepans are all on sale. Strato's collection complements its furniture to complete a picture of discerning and stylish living.

11 Store & Club Room

Via Tocqueville 11 Milano
Store Tel. +39 02 89281111
Club room Tel. +39 02 89281611
Metrò: Garibaldi
Anno: 2005
Progetto: club room Andrea Langhi Design
Superficie: 3000 m² store, 250 m² club room
Destinazione d'uso: vendita oggetti di design, bar e disco

11 Via Tocqueville, Milan
Store Tel. +39 02 89281111
Club Room Tel. +39 02 89281611
Metro: Garibaldi
Year: 2005
Club Room Design: Andrea Langhi Design
Surface area: 3,000m² store, 250m² club room
Intended use: Sale of design objects, bar and disco bar

Scendendo dall'elegante Corso Como verso la Stazione Garibaldi, nei pressi di quegli incompiuti urbani rimasti dalle traversie del dopoguerra, non si può non notare, su di un angolo, l'edificio che ospita 11 nella sua doppia connotazione di negozio, 11 Store, e di locale di intrattenimento, 11 Bar. Altri due locali attigui sono destinati a una discoteca di fama consolidata.

Nel suo complesso lo stabile dell'11 ben si presta alla sua presentazione d'effetto quasi teatrale, soprattutto nelle ore serali, quando le vetrine ampie e rimarcate dalle aperture del bar superiore segnano la strada per un lungo tratto offrendo una luce di forte impatto, un buon richiamo per i passanti che si soffermano ad ammirare anche le grandi vetrine dello Store e i vari oggetti di buon design che vi sono esposti.

Lo spazio dello Store, ampio e solare, si sviluppa in un lungo rettangolo sul piano terra e l'interrato e offre un'esposizione assolutamente eclettica, ma di forte attrattiva, di oggetti di gusto e alto design, scelti dalla proprietà che affitta gli spazi a produttori di eccellenza personalmente selezionati.

Going down the elegant Corso Como towards Garibaldi Station, past those buildings that never quite got finished in the days of postwar austerity, one cannot fail to notice the building on a corner housing 11. It has a dual identity: as a shop, 11 Store; and as an entertainment venue, 11 Bar. Further two adjacent premises house a popular discotheque.

Altogether, the 11 building lends itself well to its almost theatrical presentation, especially at night when the large windows light up the street for quite a distance. Along with the view into the bar upstairs, the store's large shop windows make a big impact and are a virtual magnet for passers-by, who stop to admire them and the various stylish objects displayed within.

The store occupies a roomy, sunny, rectangular space on the ground floor and lower ground floor. It offers a strongly eclectic, but very appealing range of tasteful design items chosen by the owners, who rent out the space to designers individually selected for their excellence. The pieces on display range eclectically from off-road vehicles to books, from

Sotto: Il piano terra di 11: un seminato chiaro come piattaforma di oggetti di design grandi e piccoli distribuiti lungo le vetrine sulla via.

Below: Ground floor of 11: a bright platform strewn with design objects large and small all along the windows facing onto the street.

Sopra: Contenitori ed oggetti esposti nel negozio 11 rispondono ad un medesimo intento scenografico grazie al quale tutto il locale si presenta al visitatore con un messaggio coerente.

Above: Containers and objects on display in the 11 Store create a coherent ambience, sending a clear message to the consumer.

In alto: Allestimenti che mimano situazioni domestiche si completano con accessori che trasformano l'ambiente in una scena di vita vissuta.

In basso: 11 Bar riunisce in una calda atmosfera i clienti cui piace ritrovarsi in ambienti riservati, tra pochi amici; si tratta di uno spazio misurato, assimilabile ad un elegante salotto domestico.

Top: Installations that mimic domestic rooms are finished with accessories giving the scene a lived-in look.

Bottom: 11 Bar is a hot spot for clients who prefer to meet a few friends in a quiet ambience; it's a limited space that could almost be a stylish living room.

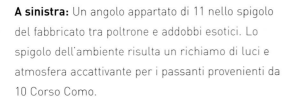

A sinistra: Un angolo appartato di 11 nello spigolo del fabbricato tra poltrone e addobbi esotici. Lo spigolo dell'ambiente risulta un richiamo di luci e atmosfera accattivante per i passanti provenienti da 10 Corso Como.

Opposite: A secluded corner of the 11 building, between armchairs and exotic decor. The corner of the room is a bright and lively draw for passers-by coming from 10 Corso Como, attracting them to 11's enchanting atmosphere.

Svariati i pezzi esposti, dal fuoristrada al libro, dalla moto alla camicia. Interessante è anche il criterio di selezione dei pezzi che rispecchia la volontà di diffondere la cultura del design secondo una linea commerciale. Nelle librerie in teak scuro alloggiano bottiglie, ma anche bikini ed occhiali da sole. Poi grandi tavoli, semicoperti da oggetti in vendita, come in 10 Corso Como. Nel piano interrato invece trova spazio ciò che richiede più ampiezza di veduta, come grandi arredi.

Un vestibolo di pianta quadrata e una scala elicoidale, con ascensore annesso, collegano lo Store al Lounge Bar al piano superiore. Per la sua atmosfera raccolta, questo locale viene sfruttato soprattutto nei mesi invernali e quasi esclusivamente in tarda o tardissima serata. Un pavimento in stucco chiaro fa da base per arredi scuri, lucidi e laccati come il lungo bancone del bar. Sul bancone e alle pareti spiccano grandi lampadari vetrati, decisamente impegnativi, ma caratterizzanti tutto l'ambiente in maniera quasi provocatoria, lasciando liberi angoli e spazi di seduta vicino alle lunette finestrate che si affacciano sulla via e vetrine sottostanti.

motorbikes to shirts. The criteria for choosing pieces are also interesting, as they reflect the owner's desire to diffuse culture and design from a commercial perspective. Bottles as well as bikinis and sunglasses are to be found in the dark teak bookcases. Then there are large tables half-covered with goods for sale, just as in 10 Corso Como. On the lower ground floor are larger items such as furniture that require more selling space.

A square hall with a spiral staircase and a lift connect the store to the lounge bar above, which because of its cosy atmosphere, is most heavily patronised in the winter months and then almost exclusively in the late evening or the small hours. Light stucco flooring forms a base for dark, polished and lacquered fittings like the long bar counter while the most striking features are the large glass chandeliers over the bar and on the walls. These lend the ambience an almost provocative air, leaving more intimately lit corners and seating areas near the lunette windows from which to look out onto the street and the shop windows below.

Paolo Lattuada

Via Molino delle Armi 19 Milano
Tel. + 39 02 5830 5078
Metrò: Missori
Anno: 2006
Progetto: Francesco Copersino
Destinazione d'uso: esposizione e vendita di
creazioni floreali e vegetali
Superficie: 150 m²
www.paololattuada.it

19 Via Molino delle Armi, Milan
Tel. + 39 02 5830 5078
Metro: Missori
Year: 2006
Design: Francesco Copersino
Intended use: display and sale of floral and
plant designs
Surface area: 150m²
www.paololattuada.it

Essenzialità e raffinatezza sono le cifre del nuovo negozio di fiori aperto in Via Molino delle Armi. Due vetrine comunicano con l'esterno e autopromuovono il negozio. La prima mostra l'ingresso e invita ad entrare. Dietro una serranda riprogettata che si impacchetta a libro, l'altra vetrina illumina una stanza che concettualmente anticipa ed espone il programma del negozio: preparare composizioni floreali di sofisticata eleganza, accudire e crescere piante. Si tratta di una teca cubica di cristallo nella quale il rituale delle cure alle piante viene enfatizzato in una chiave di passione e professionalità.

Il progetto è tutto teso a esaltare agli occhi del visitatore la bellezza e la particolarità della grande e pregiata varietà di piante verdi e fiorite ospitate nel negozio, dalle piante in vaso ai fiori recisi. Ma dimentichiamoci le consuete presentazioni verdi in vasi ordinari: siamo di fronte a piante, spesso carnose e per lo più imponenti nelle dimensioni, collocate in ampolle sospese o in colonne di vetro dallo stretto diametro che si elevano in altezza. Si tratta quasi di installazioni, collocate in maniera accattivante per poter essere fruite da qualsiasi

The very essence of sophistication, such is the trademark of this new florists in Via Molino delle Armi. Two shop windows communicate with the outside and promote the blooms within; the first shows the entrance and invites customers to enter. Behind a redesigned rolling shutter packaged like a book, the other window illuminates a room that conceptually foregrounds the shop's purpose: the preparation of sophisticated and elegant flower arrangements, as well as potted plants. The room is a cubic plate-glass case in which the ritual of tending plants is emphasised through an ethos of passion and professionalism.

The whole tenor of the project is to facilitate the visitor's appreciation of the beauty and individuality of the many varied luxurious green and flowering plants in the shop, from potted plants to cut flowers. But here there is none of the conventional mode of flower display, no plants in ordinary vases: instead are large, impressive, often fleshy plants suspended in stands or placed in narrow glass columns soaring upwards. They are almost artistic installations, enchantingly arranged so that they can be enjoyed

Sotto: Composizioni eclettiche ravvivano gli ambienti minimalisti del negozio.

Below: Eclectic arrangements enliven the shop's Minimalist rooms.

punto di vista. Poiché la scelta prioritaria è quella di utilizzare l'elemento verde come scenografia, ne deriva che lo show-room si articola secondo una serie di criteri minimi. A un ambiente lungo e profondo ne corrispondono altri che si aprono a lato. Nello spazio principale, un lunghissimo bancone squadrato, appositamente disegnato e realizzato in legno di pero, corre in profondità nella stanza, appena impreziosito da qualche nicchia. Alle sue spalle, un cristallo retroverniciato con superfici lucide riflettenti e alcuni specchi sono la superficie di chiusura di una grande parete attrezzata che tutto definisce, nasconde e ordina.

La disposizione di tutte le piante si avvale per l'esposizione di mezzi e modalità semplici ed

from every angle. Appropriately enough, greenery has been chosen as a backdrop, and consequently the long, deep showroom is laid out according to Minimalist criteria, with smaller rooms opening off it. In the main area, a very long square counter that has been specially designed, runs the length of the room. It is made of pear wood and embellished with a few display niches. Behind that, sliding doors made of back-painted plate glass with light-reflecting mirrored surfaces conceal a large storage wall where everything is kept neat and tidy.

Simple but effective methods are used to display all the plants. In the window, the display unit is a large square table made of metal and glass loaded with plants. In the more secluded area of the shop, low

Sinistra: La prospettiva verso l'ingresso del negozio.

Sopra: Il bancone si trasforma in appoggio per piante e ornamenti come una galleria verde.

Above left: the view towards the shop's entrance.

Above right: The counter turns into a display unit for plants and ornaments, as if in a green gallery.

essenziali: in vetrina l'espositore è un grande tavolo quadrato in metallo e vetro carico di piante, nella parte più riservata del negozio il ruolo viene ricoperto da basse pedane lignee. Una sfilata vegetale accompagna il visitatore in tutto il percorso, una sorta di esperienza zen che conduce, tra lastre di vetro, mobili e spazi allargati, verso un patio luminoso situato nella parte più profonda del lotto.

Qualsiasi esperienza sensoriale di cui si possa far tesoro in questo luogo, viene favorita ed anticipata dal grande spazio vuoto che accoglie il visitatore appena entrati nel negozio, sulla destra. È una vera e propria stanza del silenzio che invita a purificarsi dai rumori esterni per immergersi nell'esperienza verde.

wooden units are used. Visitors can admire a procession of greenery as they go through the shop. It's almost a Zen experience that leads customers past glass panes, spacious rooms and capacious furniture to a luminous patio at the far end of the premises.

The large empty space that greets visitors as soon as they enter the shop, on their right, prepares them for the pleasurable experience that awaits their senses inside. It's really a room for contemplation, a place that invites visitors to free themselves of the noise outside and savour an elegant, green experience.

Interni //
Home Design

Introduzione //
Introduction

Il dopoguerra fa rinascere l'ambizione di una città che vuole diventare metropoli. Gli oggetti 'di stile', già presenti in certe case prima della guerra, tornano in auge. Il benessere si diffonde pian piano con i primi locali notturni e pendolarismo di massa verso il centro. Nel 1948 nasce il MAC, Movimento di Arte Concreta, fondato da Gillo Dorfles, Bruno Munari e altri. E negli stessi anni le prime industrie iniziano a forgiare i primi oggetti frutto di ragionamenti che coinvolgono anche la standardizzazione.

Nel 1947 Gardella, Caccia Dominioni, Dell'Acqua moltiplicano le loro visioni per imporre anche nel design un criterio di cultura d'impresa: insieme si prodigano per la nascita di Azucena, un'azienda che produce e promuove prodotti dei tre rinomati architetti. Con Azucena il prodotto specificatamente milanese inizia a estendere il suo raggio di influenza su tutto lo stile italiano, soprattutto per la sua elegante essenzialità. Dai fogli dei tre architetti nascono più di centocinquanta pezzi d'arredo, dove spesso è l'immagine della memoria il fattore che ha contribuisce in maniera, sostanziale alla produzione dei nuovi oggetti: nuove poltrone, tavoli di cristallo, lampade, divani... Dieci anni più tardi, sempre a Milano, è la volta di Danese, fondata da Bruno Danese con Jacqueline Vodoz. La Danese più che di arredi si occuperà di oggetti per diverse funzioni.

Il tema cardine delle Triennali diventa il tema del disegno industriale e del prodotto d'arredo. La

The postwar period rekindled the ambition of a city that yearned to become a world-class metropolis. 'Style' objects that could already be seen in a few houses before the war came back into vogue. Gradually, the general standard of living rose in tandem with modernising trends like the opening of Milan's first night clubs and the advent of mass commuting into the city centre. In 1948 MAC was born, the Concrete Art Movement, founded by Gillo Dorfles and Bruno Munari among others. Around the same time, an embryonic furnishing and textile industry was beginning to turn out the first goods made with an eye to massproduction.

In 1947 design visionaries Gardella, Caccia Dominioni and Dell'Acqua joined forces to impose entrepreneurship on design too. Together, their efforts paid off with the setup of Azucena, a company producing and promoting products designed by the three famous architects. With Azucena, specifically Milanese products began to extend their influence over every aspect of Italian style, in great part due to their essential elegance. More than 150 pieces of furniture took shape on the three architects' drawing boards. Often it was an image in the memory that was the most important factor in producing new items such as new armchairs, glass tables, lamps and sofas. Ten years later, it was the turn of another Milanese company, Danese, to grab the limelight; founded by Bruno Danese with Jacqueline Vodoz, Danese mostly specialises in design items other than furnishings.

Pagine precedenti: Uno scorcio dello showroom di Moroso, che dal 1952 produce complementi d'arredo in materiali poliuretanici.

Sotto: L'ufficio di Fabio Novembre nella sua casa studio. Anche questo spazio è arredato in modo inviduale con vari oggetti di design.

Previous pages: A view of Moroso showroom, a company that has been producing soft furniture in polyurethane since 1952.

Below: The office in Novembre's house, personalised with various objects of design.

Triennale si fa promotrice di rassegne sul design, premi quali il Compasso d'oro, convegni interi sull'argomento, che sono andati costituendosi via via in un crescendo che ha ritagliato per l'ente il ruolo di promotore e a volte giudice delle tematiche legate allo sviluppo della forma. Questo il motivo per cui, nata come panoramica delle arti decorative e industriali moderne, con l'intento di affermare l'unità delle arti ed il ruolo delle arti figurative, a partire dal 1960 essa ha affrontato con sistematicità le conseguenze imposte dallo sviluppo economico e dalle trasformazioni sociali sul mondo dell'abitazione, del tempo libero, della moda.

Le sinergie tra il benessere diffuso, arte che si innamora dell'industria e ruolo delle Triennali o premi quali il Compasso d'oro, o comunque altre 'istituzioni' quali 'la Rinascente', crescono in questo dopoguerra milanese in un unico movimento di

Industrial design and furnishing products became the bedrock of the Triennale trade fairs which in turn came to promote exhibitions on design, awards like the Compasso d'oro and indeed whole conferences on the subject. Gradually the activities around the Triennale expanded to such an extent that it took on the role of promoter, even arbiter of themes related to the development of form. The Triennale started as an overview of modern industrial and decorative arts, with the intention of affirming the unity of the visual and figurative arts. That's why, from 1960 onwards, it systematically highlighted the consequences of economic developments and social change n the sphere of housing, leisure and fashion.

The synergies set off between a widespread rose in living standards, art's love affair with industry and the role of the Triennale trade fairs or awards such as the Compasso d'oro, or indeed other

A sinistra: Contrasto di colori, luci e materiali in un angolo di 11 Store.

Left: Strong contrasts, good lighting, and interesting materials and fabric are displayed in 11 Store.

rinnovamento creativo. La Rinascente era ritornata a una discreta attività attorno agli anni '50 dopo i bombardamenti, quando la dirigenza ne affida l'immagine pubblicitaria a professionisti del calibro di Dudovich e Huber. Basteranno pochi mesi per farla diventare come uno dei centri di riferimento del design non solo a Milano ma in tutta Italia, quando tra le sue ambizioni cresce quella di accompagnare il gusto degli italiani a uno stato di consapevolezza maggiore. Sarà la presenza di una dirigenza sempre illuminata a dagli forza: è il cliente Rinascente a dettare con la sua domanda l'offerta del design.

Nel 1945 nasce il premio del Compasso d'oro, supportato dalla Rinascente e più tardi, dal 1956 dalla neonata Associazione del Design Italiano, ADI: Nel 1957 la Triennale organizza la mostra dal titolo 'Qualificazione espressiva della civiltà d'oggi', curata da Gillo Dorfles e Marco Zanuso. Sono gli anni in cui nascono industrie quali Zanotta, Kartell, e dove le nuove forme dei mobili per la produzione di serie hanno un ruolo preminente. Finalmente gli architetti e designer hanno trovato l'occasione di applicare ad una realtà produttiva ciò che avevano imparato in ambito internazionale, alcuni secondo uno stile personale, altri declinando le linee dell'azienda: Franco Albini lavora per la Poggi, Marco Zanuso per la Arflex, i fratelli Castiglioni con la Flos, Magistretti con Oluce.

Nelle generazioni successive Aulenti, Bellini, Colombo, Rossi, Sottsass spazzano via le influenze ed egemonie del design straniero creando nuovi pezzi. Stiamo parlando di un'epoca che ha prodotto oggetti come la lampada Arco, di Achille e Piergiacomo Castiglioni, la radio cubica di Marco Zanuso, la lampada Spider di Joe Colombo per Oluce... È il momento in cui la dimensione medio artigianale dell'industria milanese rivela potenzialità fino a quel momento inespresse invadendo il mercato italiano – e non solo – di oggetti ed arredi.

'institutions' players such as la Rinascente, coalesced in Milan after the war into a single movement for creative renewal. By the 1950s, La Rinascente had resumed steady business after the bombings and the store's management entrusted its advertising to professionals of the calibre of Dudovich and Huber. With their help, it was a matter of few months before the store become one of the hallmarks of design, not just in Milan but throughout Italy. Increasingly, one of its ambitions was to make Italians' taste more style-conscious. It took an enlightened management to achieve these aspirations: Rinascente was the client whose demand dictated the supply of design.

In 1945 the Compasso d'oro award was inaugurated, with the backing of La Rinascente. Later, post-1956, the new-born Italian Design Association (ADI) lent its support. In 1957 the Triennale organised a highly influential exhibition entitled 'An Expressive Appraisal of Contemporary Civilisation', curated by Gillo Dorfles and Marco Zanuso. These were the years in which companies like Zanotta and Kartell sprang up, and in which new furniture shapes for mass production played a leading role. Finally architects and designers had the chance to apply the skills they had learnt in the international arena to practical production, some stamping items with their own personal style, while others were happy to follow the company's lines. For example, Franco Albini worked for Poggi, Marco Zanuso for Arflex, the Castiglioni brothers with Flos, and Magistretti with Oluce.

In the generations that followed, Aulenti, Bellini, Colombo, Rossi and Sottsass would sweep away the influence and stranglehold of foreign design, creating new, intrinsically Italian pieces. This was the era that produced iconic objects like the Arco lamp, by Achille and Piergiacomo Castiglioni, the cubic radio by Marco Zanuso and the Spider lamp by Joe Colombo for Oluce. It was the point at which the hitherto small-scale native Milanese industries dramatically increased their capacity, modernising production so that could literally flood not only domestic but also overseas markets with designer objects and furnishings.

Moroso

Via Pontaccio 8/10 Milano
Tel. +39 02 72016336
Metrò: Lanza
Anno: 1995
Destinazione: vendita arredi ed oggettistica per la casa
Progetto degli allestimenti: Marco Viola e Patricia Urquiola
Superficie: 900 m²
www.moroso.it

8/10 Via Pontaccio, Milan
Tel. +39 02 72016336
Metro: Lanza
Year: 1995
Intended use: sale of furnishings and household items
Display design: Marco Viola e Patricia Urquiola
Surface area: 900m²
www.moroso.it

Nel cuore di Brera pulsa un piccolo negozio di arredamenti e oggettistica, all'apparenza molto discreto. Fondato nel 1952, Moroso produce divani, poltrone e complementi d'arredo in materiali poliuretanici, in collaborazione con designers selezionati di anno in anno, che vantano nomi di fama internazionale come Tom Dixon accanto ad architetti nostrani come Antonio Citterio e Rodolfo Dordoni. Prodotti in grossi blocchi di differenti lunghezze che raggiungono anche i 60 metri, i materiali poliuretanici si distinguono per le diverse densità e per la loro flessibilità d'uso, che li rendono ideali per la creazione di sedute di varie forme e dimensioni, previo trattamento antimuffa e antibatterico.

Lo spazio espositivo di Brera è costituito da una serie di ambienti minimalistici e un po' crudi, che non concedono nulla a leziosità o inutili ricercatezze. Dallo spazio che si affaccia con due vetrine su Via Pontaccio si accede a un ex cortile milanese convertito in show room, dove l'originaria copertura in legno e vetro è sostenuta da colonnine in ghisa verniciate di bianco. Il prevalente colore

In the heart of Brera is a small shop selling furnishings and household goods. Outwardly unassuming, yet a powerhouse of creative design, Moroso was established in 1952 and makes sofas, armchairs and accessories in polyurethane. The company works with designers chosen on a yearly basis among whom internationally renowned names like Tom Dixon feature alongside home-grown architects such as Antonio Citterio and Rodolfo Dordoni. The polyurethane materials are produced in large blocks up to 60 metres in length and are notable for their varying densities and flexibility, which make them ideal for making seats of many shapes and sizes after anti-mildew and antibacterial treatments.

The Brera showroom comprises a series of Minimalist, indeed quite undeveloped environments, settings entirely devoid of affectation or pointless preciousness. From the space facing onto Via Pontaccio through two shop windows, one accesses a former courtyard that has been converted into a showroom, its original wood and glass roof supported by small columns of white-painted cast

Sotto: L'ingresso del negozio preannuncia lo stretto legame tra arredi e scenografia: in primo piano le poltrone Osorom in plastica stampata.

Below: The entrance to the shop immediately sets the scene with its show-stopping furniture. Close-up of Osorom armchairs in moulded plastic.

Sopra: Gli arredi di soggiorno e camera da letto ambientati tra tappeti e tendaggi.

A destra: Le esposizioni si organizzano per isole cromatiche e destinazioni d'uso: tra salotti, arredi per la zona notte e sedute di vario tipo prende vita un'intera abitazione firmata Moroso.

Above: Living room and bedroom furniture positioned between rugs and curtains.

Opposite: The showroom is arranged by islands of colour and by intended uses: between living rooms, night-time furnishings and various types of chair, a whole Moroso home comes to life.

nero delle pareti e la globale crudezza degli ambienti costituiscono lo sfondo ideale per far risaltare la vivacità e l'eloquenza dei prodotti esposti, in buona parte destinati all'arredo pubblico, come aereoporti e sale d'attesa.

La varie forme tecnologiche proprie della produzione di questi oggetti consentono di creare arredi dalle forme più disparate che somigliano a opere d'arte in esposizione. Proprio questa caratteristica trasforma lo spazio in una vera e propria 'galleria d'arte', luogo ideale per incontri dedicati all'arte, al design e alla letteratura, organizzati in mutevoli allestimenti che ospitano personalità come Ron Arad e Marina Abramovic.

iron. The predominantly black walls and the fairly basic environment form an ideal backdrop to show off Moroso's vivacious and expressive products, items that in the main are largely destined to furnish public areas such as airport lounges and waiting rooms.

The array of technologies used to produce these items enables the creation of the most disparate shapes of furniture, pieces that resemble works of art in an exhibition. It is precisely this quality that transforms the space into a proper art gallery and makes it the ideal place for artistic, design and literary encounters at exhibitions of a calibre to attract such high-profile practitioners as Ron Arad and Marina Abramovic.

Fontana Arte

Via S. Margherita, 4 20121 Milano
Tel. +39 02 86464551
Metrò: Cordusio
Anno: apertura 1997
Progetto: Franco Raggi, Piero Russi con Carlo Guglielmi
Destinazione d'uso: showroom prodotti di illuminazione
Superficie: 1.000 m²
www.fontanaarte.it

4 Via S. Margherita, 20121 Milan
Tel. +39 02 86464551
Metro: Cordusio
Year: opened 1997
Design: Franco Raggi and Piero Russi, with Carlo Guglielmi
Intended use: lighting showroom
Surface area: 1,000m²
www.fontanaarte.it

Il vetro celebrato, coniugato con stile e creatività, dispiega le sue potenzialità in un ambiente ampio, curato da un tocco di misurata eleganza. È come un enorme piedistallo sul quale il vetro assume molteplici forme e si materializza in oggetti d'arredo e lampade pronte a divenire oggetti di culto ma anche silenziosi compagni della vita quotidiana. È questa l'atmosfera dello showroom di Fontana Arte che si affaccia con tre vetrine su Via Santa Margherita, una location centralissima ma non troppo affollata.

L'azienda, fondata da Ponti, Chiesa e Fontana nel 1932, fu subito improntata alla ricerca sulle qualità tecniche dei materiali, soprattutto il vetro, e sul design di altissimo livello. Ancora oggi continua su questa linea, arricchendosi del contributo anche di giovani designer, di varia cultura e provenienza.

Le firme storiche che contribuiscono allo sviluppo dei prodotti vanno da Castiglioni, Magistretti, Sottsass e Piano, Cerri e Dordoni. L'apertura del negozio di Via Santa Margherita 4 rappresenta una scelta di estrema visibilità del marchio. I prodotti vengono qui proposti con superba raffinatezza e

Fontana Arte's renowned glassware, with its characteristic style and creative flair, reveals its potential in this spacious environment designed with just the right touch of measured elegance. It is like an enormous pedestal upon which glass assumes multiple forms to materialise as furnishings and lamps that are set to become cult objects, but, equally, quiet companions for everyday living. Such is the atmosphere in Fontana Arte's showroom with its three shop windows facing onto Via Santa Margherita, a location that's superbly central without being too crowded.

Founded by Ponti, Chiesa and Fontana in 1932, the company immediately acquired reputation for groundbreaking research into the technical qualities of materials, especially glass, and for top-quality design. The same principles still guide the company today, invigorated by input from young designers from different places and cultures who proudly follow in the footsteps of big names in design history like Castiglioni, Magistretti, Sottsass, Piano, Cerri and Dordoni, all of whom have contributed to Fontana Arte's product development.

Sotto: Il piano terreno del negozio di Fontana Arte dove sono le lampade di elegante design a fare scenografia. Sullo sfondo le vetrine su Via Santa Margherita.

Below: Ground floor of the Fontana Arte shop where the elegantly designed lamps take centre stage. In the background, the windows onto Via Santa Margherita.

Sopra a sinistra: La vista dalla balconata del primo piano dove gli oggetti appesi sembrano galleggiare magicamente.

Sopra a destra: Il negozio è collocato nell'ex sede di una banca. Quest'immagine riproduce l'accesso alla zona dove un tempo erano custodite le cassette di sicurezza, ora trasformata in sala riunione.

Above left: View from the first-floor balcony where the objects hanging up seem to float magically.

Above right: The shop is located in former bank premises. This picture shows the access to the area where the safety deposit boxes were once kept, now converted into a meeting room.

linearità. Ma soprattutto le dimensioni e la struttura dello showroom consentono la presentazione completa dei prodotti del marchio dispiegandone le intere collezioni.

Il negozio si sviluppa su due livelli dinamicamente articolati al loro interno: il piano terra sfalsato su una doppia altezza ed il primo piano con un ballatoio che offre uno sguardo sul piano inferiore. Al piano terra la reception è formata da un grande bancone ad U, laccato bianco con un vetro opalino posato a ripiano, inquadrato tra due delle grandi colonne che sostengono il ballatoio.

Opening the shop at 4 Via Santa Margherita was a deliberate choice to achieve the highest possible profile for the brand. Here the products on sale are displayed with sophistication to maximum effect. Most importantly, the size and structure of the showroom allow for the display of the brand's entire range to showcasing the collections in full.

The shop is on two levels, dynamically joined internally. It has a double-height ground floor and a first floor with a balcony that looks down onto the lower floor. On the ground floor, the reception desk is a large U-shaped counter in white lacquer topped

La sagoma dello sfondato a doppia altezza fa da cornice al curioso soffitto del primo piano, aperto da lucernari rotondi. Queste aperture luminose sembrano alludere alle forme delle lampade di Fontana, plasmate in modo da convogliare la luce sfruttando tutte le potenzialità del vetro. Tutto l'ambiente dello showroom è in tinte chiare: al bianco assoluto delle pareti si accosta un biondo parquet diffuso in tutti gli ambienti.

Negli spazi improntati al minimalismo tutti i dettagli dello showroom sono stati studiati con rigorosa precisione: dai sistemi per appendere i lampadari alle finiture degli ambienti che comprendono, per citare un esempio, i pozzetti per le prese elettriche a scomparsa sotto il livello del pavimento. Le analogie dell'ambiente milanese con lo showroom newyorkese confermano l'immagine coerente del marchio e ne sottolineano il successo internazionale.

with opaline glass, flanked by two of the large columns that hold up the balcony.

The double-height perspective frames the unusual ceiling on the first floor, opened up by round sky-lights. These luminous apertures seem to allude to the shapes of Fontana lamps, moulded so as to direct light and use the full potential of glass. Everything in the showroom is pale in tone: pure white walls are complemented by blond wood flooring throughout.

In these Minimalist spaces, every detail of the showroom has been designed with rigorous precision: from the systems for hanging lights to the showroom finishings as, for example, the recesses for electric plugs, which are tucked neatly away below floor level. The similarities between the company's Milanese showroom and their New York premises reinforce the consistency of brand's image and highlight its international success.

daDriade

Via Manzoni 30, Milano
Tel. +39 02 76023098
Metrò: Montenapoleone
Anno: 1994
Progetto degli allestimenti: Antonia Astori
Destinazione d'uso: show room prodotti di arredo e complementi
Superficie: 950 m²
www.dadriade.it

30 Via Manzoni, Milan
Tel. +39 02 76023098
Metro: Montenapoleone
Year: 1994
Display design: Antonia Astori
Intended use: furniture and accessories showroom
Surface area: 950m²
www.dadriade.it

Driade sceglie una delle architetture barocche più belle di Milano, il palazzo Gallarati Scotti, per farne la sede del suo negozio daDriade: molto più di un catalogo a tre dimensioni, una vera e propria celebrazione, una galleria di stile ed una esperienza sensoriale che non a caso si dipana in un angolo prezioso della centralissima via Manzoni, cioè nel famoso quadrilatero della moda e del design. Si tratta di un edificio a due piani dal gusto solenne e grandioso, ma composto, senza esuberanze.

Il negozio si articola in una successione di grandi ambienti e gallerie. La scansione degli spazi permette di esporre i prodotti raggruppandoli secondo i diversi cataloghi della Casa. Le ridotte vetrine che si affacciano su via Manzoni vogliono apparire quasi anonime e riescono a corrispondere al ritmo delle aperture di facciata che confermano senza creare disturbo. Una delle vetrine, l'ingresso, è in corrispondenza di una galleria dell'esposizione che attraversa tutto l'edificio: una vera e propria esposizione di oggetti di design capace di rispondere ad ogni esigenza di arredamento e stile di vita.

Driade has chosen one of the most beautiful baroque buildings in Milan, the Gallarati Scotti palazzo, as the premises for its daDriade shop: much more than a three-dimensional catalogue of its wares, the setting is a real celebration, a gallery of style and a sensory experience. It's not by chance that the location is a highly prestigious corner of Via Manzoni, in the heart of town, a stone's throw from the fashion and design quarter. Palazzo Gallarati Scotti is a two-storey building, solemn and grandiose in taste, decorous, without a trace of frivolity.

The shop is made up of a series of large rooms and galleries; the disposition of interior spaces allowing products to be displayed by themes taken from the various catalogues. Small windows facing onto Via Manzoni are intended to appear almost anonymous and succeed in maintaining the rhythm of openings in the facade, strengthening the overall design rather than disrupting it. One of the shop windows, the entrance, communicates with a display gallery that runs right through the building. It's a genuine exhibition of design objects intended to satisfy the

Sotto: Una delle sale affrescate di Palazzo Gallarati Scotti allestito da Antonia Astori. Una galleria del design abbellita da arredi essenziali che ne esaltano la valenza scenografica.

Below: One of the frescoed rooms in Palazzo Gallarati Scotti with an installation by Antonia Astori.

Sopra: Negli allestimenti di Antonia Astori le forme e le cromie del moderno esaltano per contrasto la storicità dei luoghi.

Above: The historic nature of the premises is contrasted by the modern shapes and colours of Astori's installations.

Sopra a sinistra: Ambientazioni suggerite per un abitare moderno e raffinato. Le proposte di Driade armonizzano tra loro pezzi di varie collezioni per la personalizzazione del quotidiano.

Sopra a destra: La galleria d'ingresso attraversa in profondità tutto l'isolato e accoglie i visitatori con oggetti di una particolare collezione di Driade.

Above left: Suggested settings for sophisticated modern living — Driade harmoniously put together pieces from different collections to personalise everyday spaces.

Above right: The entrance gallery runs through the building, welcoming visitors with precious items from Driade collections on display.

Nella grande sala d'ingresso viene suggerita l'atmosfera degli spazi di una casa Driade: le librerie e i sistemi componibili sono in relazione con i mobili DriadeAleph. Nel piano sottostante, l'allestimento di cucine esemplifica la ricchezza del catalogo DriadeChef. Lungo una galleria che dall'ingresso taglia in profondità l'intero isolato si concentrano gli oggetti del marchio DriadeKosmo.

Anche in questo show room, come in altri milanesi, la sobrietà del negozio corrisponde al desiderio di esaltare la ricchezza dei singoli pezzi, alla necessità di dargli un'idonea collocazione che dimostri la loro forte identità formale. Tutti gli arredi o comunque i pezzi di design selezionati dialogano con i sistemi di contenimento per

client's every furnishing and lifestyle requirement.

The large entrance hall evokes the atmosphere of a Driade house with its bookshelves and modular systems that match the DriadeAleph furniture. On the lower floor, sample kitchens have been selected to exemplify the wealth of choice in the DriadeChef catalogue. Items from the DriadeKosmo range are displayed along the entire length of a gallery that runs from the entrance right through the building. In this showroom, as in others in Milan, the fittings are restrained better to highlight the luxurious nature of individual pieces and because of the need to display them so as to show off their strong formal identity. All the furnishings or design pieces chosen complement their containers in order to construct

A destra: Un cortile del Palazzo Gallarati Scotti spesso
sede di cocktail serali e di vernissage.

Opposite: One of the courtyards in Palazzo Gallarati
Scotti, often used for artistic events and cocktail parties.

costruire un ambiente che dimostri la costituzione
di un segno unitario.

L'eleganza della location è tutt'uno con gli oggetti
contenuti: nel negozio, il pavimento è in cemento
verniciato in pasta di tinta scura ad ampi riquadri,
illuminato da luci puntiformi organizzate per punti
o grosse aree. Larghi tappeti grigi accompagnano
divani e sedute mentre la successione degli
ambienti conduce al cuore del palazzo. Un piccolo
cortile all'aperto, sede privilegiata per cocktails e
momenti di socialità, conduce a tre salette affrescate,
frequentate in occasione della settimana del Salone
del Mobile o per altri appuntamenti mondani.

La particolarità di Driade e dei suoi prodotti è quella
di esser indissolubilmente legata alla storia di un
nucleo familiare di imprenditori dallo spiccato
talento creativo. Enrico Astori prende per primo le
redini delle scelte sul prodotto e la comunicazione.
Antonia Astori, terminati gli studi a Brera, conduce il
marchio a vincere il Compasso d'oro per l'immagine
coordinata. È l'inizio del percorso che accompagna
la metamorfosi del marchio dal rigore minimalista
degli anni '70 alla complessità e all'eclettismo
recente. Una scia di successo raccolta e ulteriormente
sviluppata da Adelaide Acerbi nella gestione
dell'immagine coordinata.

Il marchio Driade è il crocevia di un capitolo
estremamente significativo del design italiano e
specificatamente milanese. All'interno di Driade
hanno creato maestri come Enzo Mari, Mendini,
Castiglioni, Sottsass via via fino alle recenti
internazionalizzazioni dei linguaggi con l'ingresso
di Philippe Starck, Ron Arad, Toyo Ito, Chipperfield,
Sejma, Pawson.

an environment that makes up a unitary sign.

The elegance of the location is at one with the
objects it houses. In the shop, the floor is of cement
painted with large, dark squares, lit by punctiform
lights set over particular spots or spread across
large areas. Large grey rugs complement the sofas
and seating. While the sequence of rooms leads into
the heart of the palazzo, a small outdoor courtyard
makes a privileged setting for cocktails and
socialising. It leads to three large frescoed rooms
that are used for functions during the week of the
Furniture Fair or for other society events.

What's special about Driade and its products is that
it is inextricably linked to the history of a single
family of entrepreneurs endowed with great creative
talent. It was Enrico Astori who first took up the
reins of product selection and communications.
After studying at Brera, Antonia Astori led the brand
victory, winning the Compasso d'oro for its co-
ordinated image. That was the beginning of the
brand's metamorphosis from the Minimalist rigour
of the 1970s to the complexity and eclecticism of
recent years. This trail of success was in turn
followed and later developed by Adelaide Acerbi,
who directed the brand's co-ordinated image.

The Driade brand is at the heart of a highly significant chapter in Italian design and in Milanese design
in particular. In the past, great Italian designers
like Enzo Mari, Mendini, Castiglioni and Sottsass
designed for Driade; nowadays the company's
design has taken on an international dimension
welcoming to its rank the creative genius of Philippe
Starck, Ron Arad, Toyo Ito, Chipperfield, Sejma
and Pawson.

Spazi temporanei //
Temporary Interiors

Introduzione // Introduction

Il Salone del Mobile è l'esposizione annuale più rilevante sia in Fiera sia in città anche grazie agli eventi del Fuori Salone. L'esposizione, che al suo debutto nel 1961 contò 330 partecipanti, è ormai giunta alla sua XLV edizione. L'evento, che nell'aprile 2006 ha inaugurato la nuova sede della Fiera di Rho Pero disegnata da Massimiliano Fuksas, vanta ora circa 2500 espositori dislocati su una superificie complessiva di oltre 200.000 m² e richiama oltre 200.000 visitatori.

Nei cinque intensissimi giorni di questa esaltante kermesse gli espositori cercano di richiamare designer di grido per forgiare le proprie collezioni e per suscitare interesse. Tuttavia, nella dimensione di una competizione creativa non è sufficiente avere ottimi prodotti, bisogna anche creare la 'vetrina' giusta per esporli. Ed è proprio per questo che i padiglioni espositivi hanno assunto un ruolo sempre più importante e sono diventati a loro volta delle vere e proprie opere di design, con una loro dignità e attrattiva, accanto alla collezione o al pezzo singolo a cui fanno da scenario.

Come accade per la moda, il Salone diventa il fulcro di una serie di eventi di contorno denominati Fuori Salone, che talvolta rubano la scena. In questi contesti speciali le medesime case produttrici o a volte altre aziende espongono con eleganza e spesso con arguta intelligenza i loro prodotti. Le iniziative Fuori Salone hanno luogo in vari punti della città: le migliori location vanno a

The Furniture Fair is Milan's most prominent annual exhibition and takes place both in the Exhibition Centre and in the city centre itself, thanks to the off-site Fair Fringe events. At its debut in 1961, the Fair comprised 330 participants. In April 2006 the 45th Fair inaugurated the new exhibition centre at Rho Pero designed by Massimiliano Fuksas. It included 2,500 businesses, large and small, that spread their exhibits over a total surface area of more than 200,000 square metres and attracted more than two hundred thousand visitors.

In this exciting festival of furniture that lasts five frenetic days, every exhibitor claims that it is the talent of their own designers that has given their collections the edge. But in a competition of creativity on this scale it's not enough to have great products, it's also essential to create the right shop window in which to showcase them. And it is precisely for this reason that, over the years, the display pavilions have taken on an ever more important role, becoming design creations that are noteworthy and attractive in their own right alongside the collection or individual piece they have been designed to show off.

As happens with Fashion Week, the Furniture Fair at the exhibition centre becomes the cornerstone of a series of associated events, events that sometimes steal the show. (They are described as 'Fuori Salone' – on the Fair Fringe.) The same manufacturers and sometimes other companies exhibit their products elegantly and cleverly in these special contexts. Fair Fringe initiatives take place in various city venues:

Pagine precedenti: Superstudio Più di Via Tortona ha ospitato l'edizione 2006 di Bombay Sapphire Designer Glass Exhibition, in uno spazio ideato da Kirsteen Martin per Event Concept, Londra.

Sotto: Stand Nord Light per l'esposizione di Shop Project 2006, progetto Studio 8, Firenze.

Previous pages: Superstudio Più in Via Tortona hosted the 2006 Bombay Sapphire Designer Glass Exhibition, in a space conceived by Kirsteen Martin for Event Concept, London.

Below: Nord Light Stand for Shop Project 2006, project Studio 8, Florence.

ruba soprattutto se vengono recepite come ambienti esclusivi per le dimensioni e le forme degli spazi. La città si divide in alcune aree di influenza, per le quali a volte un luogo fa da catalizzatore e si accompagna ad altri che ne diventano il corollario. Gli eventi animano le zone di Brera, Tortona, Bovisa, Lambrate, ma anche il centro è a volte protagonista.

Le zone centrali tra Via della Spiga, Via Borgospesso, Via Manzoni e dintorni, portano i nomi delle intramontabili icone del design. Altre zone come Bovisa e Lambrate si avvantaggiano delle vicinanze delle strutture universitarie o delle scuole del design per calamitare feste ed eventi.

La zona Tortona, di tradizione operaia, si è ora trasformata in un polo del design e della moda e ospita spesso installazioni spettacolari. I capannoni di Via Forcella, per esempio, dove una volta si producevano le biciclette per l'esercito, consentono la conduzione di più eventi in contemporanea grazie alle dimensioni di quello che oggi si chiama Superstudio.

Con la scomparsa delle ultime botteghe artigiane il quartiere ha iniziato ad attrarre firme internazionali come Esprit, Kenzo e Zegna, scuole di disegno per la moda, redazioni di riviste di settore. L'arrivo di Giorgio Armani nell'edificio della ex-Nestlè ha definitivamente consacrato la zona come punto focale per il comparto. Intanto l'immenso edificio di Via Ansaldo sta per diventare la prestigiosa sede del Museo delle Culture, un altro tassello che andrà a definire l'identità dell'area.

La diffusione degli eventi legati alla moda o al Salone su tutta la maglia urbana rinfresca la vivacità della città nel suo insieme rendendola un palcoscenico permanente della creatività. Parallelamente agli eventi del Salone del Mobile, la Fiera da sempre anima la città con mille eventi di natura diversa che hanno ricadute su tutto il tessuto delle attività culturali, economiche e di svago. Non è un caso quindi che in questo contesto si sia sviluppata Expo Real Estate, una fiera immobiliare dedicata agli sviluppi urbanistici di tutta Italia ma in particolare di Milano, in una stagione di grande dinamismo che si intuisce anche dai padiglioni illustrati in queste pagine.

the best locations are like gold dust, especially if they are generally considered exclusive and arresting environments because of the size and shape of their spaces. In this context, the city divides itself into several areas of influence. Sometimes one venue will act as a catalyst, leading the way for several others. These events bring life to the districts of Brera, Tortona, Bovisa and Lambrate, and even the city centre can play a leading role. The central areas between Via della Spiga, Via Borgospesso, Via Manzoni and the surrounding streets bear the names of timeless design icons. Other areas like Bovisa and Lambrate benefit from the presence of the polytechnic or design college premises nearby to attract parties and events.

The traditionally working-class area of Tortona has become a centre for design and fashion, its spaces offering a blank canvas for spectacular installations. The industrial buildings in Via Forcella, for example, where bicycles were once manufactured for the army, are big enough to stage several events at once. Accordingly, this venue is now known as Superstudio.

With the disappearance of the last craftsmen's workshops, the area started to host international names like Esprit, Kenzo and Zegna, fashion design colleges and trade magazines. With the arrival of Giorgio Armani in the former Nestlé building, the area became a definitive design hotspot. The fact that the immense building in Via Ansaldo is about to become the prestigious home of the Museum of Cultures will further underscore the area's identity. The spread of events connected to fashion or the Furniture Fair across town thus reinvigorates large swathes of the city, making it a permanent stage for creativity.

In parallel with Furniture Fair events, the Exhibition Centre has always brought the city to life with hundreds of different events embracing the whole gamut of cultural, economic and leisure activities. So it's not by chance that Expo Real Estate developed in this context. The Expo is a property trade fair dedicated to town planning developments throughout Italy, but in Milan in particular. It grew out of a period of great dynamism, as can be seen from the pavilions illustrated in the pages that follow.

Sopra: Un allestimento di Emporio Casa in Corso Europa a Milano.

Sotto: Tre modelli degli sviluppi urbani della società Risanamento presentati all'Expo Real Estate 2005.

Top: Emporio Casa installation at Corso Europa, Milan.

Bottom: Three models of the Risanamento company's urban developments presented at Expo Real Estate 2005.

Bombay Sapphire Designer Glass Competition 2006

Localizzazione: Superstudio Più via Tortona Milano
Destinazione d'uso: esposizione e premiazione Designer Glass Competition 2006
progetto: Kirsteen Martin per Event Concept, Londra
Superficie: 250 m²

Location: Superstudio Più, Via Tortona, Milan
Intended use: exhibition and awards ceremony for the Designer Glass Competition 2006
Project: Kirsteen Martin for Event Concept, London
Surface area: 250 m²

L'elegante bottiglia in vetro blu con incise essenze ed erbe preziose è in tutto il mondo sinonimo di Bombay Sapphire. Tuttavia non è solo la bottiglia-icona o la qualità del prodotto a rendere famoso questo marchio, quanto il legame indissolubile che ha saputo intrecciare da tempo col mondo del design. Dagli inizi degli anni Novanta, infatti, Bombay Sapphire organizza competizioni internazionali su temi come il ridisegno dei tradizionali bicchieri da martini e da allora ogni anno designer di fama si cimentano sviluppando nuove idee e prototipi. I finalisti vengono poi invitati in uno spazio davvero esclusivo a Milano, durante il Salone del Mobile, per celebrare la creazione vincente.

La scorsa edizione della Bombay Sapphire Designer Glass Exhibition ha visto la realizzazione di un allestimento notevole nel Superstudio di via Tortona, che ha fatto da sfondo a un impressionante ventaglio di idee creative provenienti da 26 paesi. Enormi cubi di Plexiglass sospesi al soffitto in maniera pressoché invisibile sembrano galleggiare nello spazio. Ciascun cubo contiene al proprio interno un unico bicchiere da cocktail martini. L'effetto è quello di creare una specie di passeggiata tematica, attraverso volumi trasparenti galleggianti nello spazio, che propongono un'entrata e un'uscita a dir poco geniale. Altre

The elegant, sparkling blue glass bottle is synonymous with Bombay Sapphire around the globe. And Bombay Sapphire is famous not only for its iconic bottle but for its association with design. The use of glass as intrinsic to the product itself and in the glassware used to consume Bombay Sapphire gave the brand the ideal opportunity to link with glass design. Thus, in the early 1990s, Bombay Sapphire began running an international competition inviting up and coming designers to redesign the traditional martini cocktail glass. Every year, designers from all over the world compete for the US$15,000 first prize, developing and entering creative prototypes.

In 2006, the finalists from 26 countries met in Milan during the Furniture Fair. The finalist martini cocktail glasses created a stunning installation held in Superstudio Piu in Via Tortona – the Bombay Sapphire Designer Glass Exhibition, bringing together a diverse range of creative ideas from all over the world. Striking large cubes of Plexiglass were suspended from the ceiling by almost invisible wires and seemed to float in space. Each cube contained a unique martini cocktail glass inside. The installation had the effect of creating a kind of themed walk around transparent volumes floating

Sotto: Un suggestivo allestimento dello stand mostra le creazioni per la competizione per bicchieri da cocktail martini galleggiare in cubi in Plexiglass trasparenti.

Below: The stand is stunningly set up to show the entries to the martini cocktail glass competition floating in transparent Plexiglas cubes.

Sopra: Forme floreali riprendono i motivi vegetali appartenenti alla storia del marchio Bombay Sapphire in un capolavoro di Tord Boontje con cristalli Swarovski.

A destra: L'area Vip disegnata da Tom Dixon e adiacente l'esibizione.

Above: Floral shapes pick up the plant motifs that are already part of the Bombay Sapphire brand story in a masterpiece by Tord Boontje using Swarovski crystals.

Right: VIP area adjacent to the exhibition, designed by Tom Dixon.

teche in Plexiglass molto simili a quelle usate per i bicchieri mettono in bella mostra le essenze botaniche protagoniste nella distillazione del gin Bombay Sapphire, come il coriandolo, la radice di giaggiolo e la corteccia di cassia.

All'interno dell'esposizione campeggia una luce a ghirlanda floreale ritagliata da un singolo foglio di acciaio inossidabile ideato dal designer internazionale olandese Tord Boontje. Le forme floreali riprendono i motivi vegetali che sono parte della storia del marchio Bombay Sapphire. Fra le foglie, luccicanti cristalli Swarovski blu sapphire catturano la luce e concorrono a impreziosire l'effetto decorativo.

Il tocco finale al centro dello spazio espositivo è dato dal cocktail bar, il cui sfondo esalta il mondo Bombay Sapphire attraverso la sua attraente bottiglia-icona

in space, which cleverly create an entrance and an exit route. Additional features in the space are the integration of the botanical plants used in the distillation of Bombay Sapphire gin. These natural elements such as coriander such as coriander, orris root and cassia bark are enclosed in Plexiglass cases similar to those used for the glasses.

A stand-alone exhibit is a light resembling a garland of flowers cut from a single sheet of stainless steel and designed by international Dutch designer Tord Boontje. These flower shapes also pick up the motifs of the plants that are part of the Bombay Sapphire brand story. Among the leaves, sparkling sapphire blue Swarovski crystals catch the light and enhance the overall decorative effect.

Finally, the finishing touch at the centre of the exhibition space is the cocktail bar, the backdrop to

L'allestimento produce un viaggio visivo globale e una celebrazione che precede ... la degustazione del perfetto martini cocktail

... the exhibition is a visual journey and a celebration that precedes ... the tasting of the perfect martini cocktail

Sopra: Il suggestivo cocktail bar in cui le bottiglie diventano per il pubblico un elemento decorativo di grande appeal.

Sotto: L'area Vip disegnata da Tom Dixon e adiacente l'esibizione.

Opposite top: The atmospheric cocktail bar in which the bottles become a very appealing decorative element in the eyes of patrons.

Opposite bottom: VIP lounge in the Bombay Sapphire space, in rich shades of blue and gold.

di vetro blu. Dietro al bar, su uno schermo piatto, vengono proiettati una serie di film surreali prodotti da film-makers di fama internazionale usando immagini ispirate a Bombay Sapphire. Dal bar, dietro una tenda dorata e luccicante, si intravede l'area Vip, dove il ricco blu del pavimento e degli arredi dialoga con l'oro delle pareti e dell'ambiente retrostante.

L'allestimento produce un viaggio visivo globale e una celebrazione che precede e sottolinea il momento finale della degustazione del perfetto martini cocktail interpretato da Bombay Sapphire. E per i visitatori più importanti dell'evento a Superstudio è stata riservata anche la sorpresa di una visita a un altro bar altrettanto prestigioso, disegnato da Tom Dixon e ispirato a Bombay Sapphire. Questo spazio riflette le qualità contemporanee e tradizionali di Bombay Sapphire ed è decorato, in perfetta coerenza, con una interpretazione in chiave cromatica blu di un disegno lanciato a Milano da Tom Dixon.

which glorifies the Bombay Sapphire world through its striking iconic blue glass bottle display. Behind the bar a series of surreal films made by international film-makers is projected onto a flat screen using images inspired by Bombay Sapphire. And from the bar you can glimpse the VIP lounge area behind a shimmering golden curtain. There the rich blues of the flooring and furnishings set up a dialogue with the gold decor of the walls.

In these ways the exhibition is a visual journey and a celebration that precedes and heightens the final moment of tasting the perfect Bombay Sapphire martini cocktail. VIP visitors to Superstudio were also looked after in a Bombay Sapphire inspired bar designed by Tom Dixon. The impressive bar space reflected the traditional yet contemporary qualities of Bombay Sapphire and was decorated, appropriately, with a blue interpretation of a pattern launched by Tom Dixon in Milan.

Molteni & C

Spazi allestiti in occasione del Salone del Mobile 2006
Stand: presso la Fiera di Milano
Negozio: presso Emporio Casa, Corso Europa, Milano
Progetto allestimento: Pierluigi Cerri

Temporary spaces installed at the Furniture Fair 2006
Stand: at Milan Exhibition Centre
Shop: at Emporio Casa, Corso Europa 2, Milan
Display Design: Pierluigi Cerri

Ogni anni le principali aziende di arredo italiano allestiscono negli spazi del Salone del Mobile vaste superfici entro le quali presentano collezioni, novità e talvolta persino prototipi. Se Molteni & C occupa posizioni rilevanti all'interno della Fiera, le sue manifestazioni trovano occasioni di visibilità anche all'esterno, com'è accaduto nell'esposizione del 2006 che si è svolta sia in fiera, con un padiglione progettato da Pierluigi Cerri, sia in città, nello show room di Corso Europa 2 – Emporio Casa.

Lo stand fieristico presso il salone presenta due zone distinte, una notte e una giorno, unificate da un pavimento laccato bianco sopra il quale la leggerezza di alcuni oggetti, come librerie sospese e sistemi a parete, crea magici effetti di disorientamento sul senso di gravità degli arredi, lasciandoci indecisi sulla realtà degli spazi. All'ingresso le grandi novità della stagione: i divani Still di Norman Foster poggiano saldamente su dischi in gomma nera, lucidi e ben posizionati a terra, e un prototipo non ancora in commercio, variazione di una libreria di Jean Nouvel, viene esibito con eleganza. Il resto dell'ambiente è ampio, articolato da pareti trasparenti o sistemi di arredo, suddiviso da volumi colorati nella globalità dello spazio; alle pareti campeggiano a grande lettere i nomi dei designer che collaborano con l'azienda.

Every year, the leading Italian furniture companies install displays at Milan's Furniture Fair covering vast areas in which they present their ranges, new lines and occasionally even prototypes. While Molteni has long enjoyed a prominent position inside the exhibition, their presentations have got themselves noticed outside it too, as happened in 2006. Then their exhibition took place on two sites, at the fair in a pavilion designed by Pierluigi Cerri, and in the city centre, in the Emporio Casa showroom at 2 Corso Europa.

The exhibition stand at the fair comprised two distinct areas, one night-time and one daytime, unified by a light white lacquered floor above which the lightness of objects such as suspended bookshelves and wall systems created magical disorienting effects. The furniture seemed liberated from gravity, leaving visitors wondering whether the spaces were real. At the entrance the season's hottest new lines were on display. Norman Foster's Still sofas rested on shiny black rubber discs, their clean lines firmly positioned on the ground. A prototype restyled bookcase by Jean Nouvel, not yet on sale, was also elegantly exhibited. The rest of the environment was spacious and made up of transparent walls or furnishing systems partitioned by coloured volumes. In a dramatic touch, the names of designers working for the company were emblazoned on the walls.

Sotto: Un allestimento esterno del negozio Emporio Casa in occasione del Salone del Mobile 2006.

Below: Outdoor installation at the Emporio Casa shop at the Funiture Fair 2006.

Sopra: Elementi di arredo Vitra sono sospesi al soffitto per creare un senso di disorientamento nello spazio Emporio Casa.

A destra: Due divani di Norman Foster e un prototipo di libreria sospesa di Jean Nouvel nel negozio di Corso Europa.

Above: Vitra furnishings suspended from the ceiling to create a sense of disorientation in the Emporio Casa space.

Opposite: Two Norman Foster sofas and a prototype suspended bookcase by Jean Nouvel in the Corso Europa shop.

Il negozio di Corso Europa 2 si giova di un vivace allestimento che si estende all'esterno per guadagnare maggior visibilità: due setti luminosi, due totem luminosi, che riportano il logo dell'azienda, inquadrano uno spazio provvisto di ombrelloni per accogliere i visitatori. Qualche figura adesiva sagomata ironizza sulle presenze all'interno del negozio.

Le nuove collezioni Molteni e Dada si articolano sui due piani dell'esposizione, richiamando le tonalità del verde squillante in alcune sue parti. Quà e là interrompono lo spazio alcuni arredi storici, provenienti dalle collezioni Vitra di cui Molteni rimane unico distributore in Italia. Ancora una volta si sceglie l'effetto straniante rispetto ad alcuni pezzi simulando perdita di gravità: alcune sedie sono appese al soffitto, quasi volanti, a disorientare il visitatore. In questa maniera la ricchezza degli spazi si amplifica in tutte le direzioni.

The shop at 2 Corso Europa boasted a vivacious installation that spilled outside for greater visibility. Two luminous columns, two totems bearing the company logo, framed a space equipped with umbrellas to greet visitors inside the shop while some adhesive figures provided an ironic presence.

The new Molteni & Dada collections covered two floors of the exhibition, parts of which were in a strident shade of green. Here and there some historic furnishings from Molteni's Vitra collection broke up the space. (The company is still the sole distributor for the range in Italy.) Once again, several pieces simulated loss of gravity to produce an alienating effect: some chairs were suspended from the ceiling, as if flying, to disconcert the visitor – a clever device that served to extend the abundance of space in every direction.

Expo Real Estate

PADIGLIONE CITYLIFE
Localizzazione: Expo Real Estate 2005
Progetto architettonico: Studio Cerri & Associati
Pierluigi Cerri Alessandro Colombo architetti
Destinazione d'uso: esposizione di progetti urbani
Superficie: 400 m² circa

CITYLIFE PAVILION
Location: Expo Real Estate 2005
Architectonic design: Studio Cerri & Associati
Pierluigi Cerri Alessandro Colombo Architects
Intended use: exhibition of urban projects
Surface area: approx. 400m²

Padiglione CityLife

Il padiglione di CityLife nasce con l'intento di reclamizzare nell'ambito di Expo 2005 il rinnovato progetto dell'area del polo interno di fiera, attualmente alle fasi preliminari di realizzazione e destinato a sostituire il decaduto quadrilatero espositivo in città, un tempo area per le fiere più pesanti. L'Expo è significativa da questo punto di vista, svolgendosi per la prima volta a Milano e proprio nei padiglioni del Nuovo Polo Fiera di Rho-Pero, nato dalla volontà di incrementare le superfici espositive per questo motivo dislocate fuori città.

Il progetto di Cerri per il padiglione di CityLife origina da un semplicissima riflessione sulle forme geometriche primarie per riproporre un vasto recinto bianco di forma quadrata, sospeso a delimitare l'area espositiva.

Un accorgimento visuale rende il parallelepipedo leggero e galleggiante sopra l'esposizione. Il bianco del grande recinto è posto in rilievo dalla giustapposizione col nero sottostante che caratterizza tutto quanto pertiene agli ambienti espositivi, arredi e strutture: così le colonne che sostengono il tutto,

CityLife Pavilion

This pavilion was commissioned by CityLife to publicise their redevelopment of the former city complex of Milan's exhibition centre at Expo 2005. The project, presently in the preliminary stages of construction, is set to replace the dilapidated city-centre exhibition site that in its heyday attracted the most important trade fairs. For this reason it is significant that the Expo took place in Milan for the first time, indeed in the pavilions of the New Milan Exhibition Centre at Rho-Pero. The new centre was moved to the outskirts of the city in order to meet the need for more exhibition space.

Cerri's design for the CityLife Pavilion has at its starting point a very simple study of primary geometric shapes that in turn inspired a vast square roof with a broad white facing suspended above CityLife's exhibition area, appearing to enclose it.

An optical illusion makes the six-faceted geometric solid appear light, as if floating above the exhibition. The broad white band of the roof facing is highlighted by its juxtaposition with the entirely black

Sotto: Lo spigolo leggero del padiglione CityLife sospeso sopra un ampio spazio di proiezione.

Below: The corner of the CityLife Pavilion suspended above a spacious screening area.

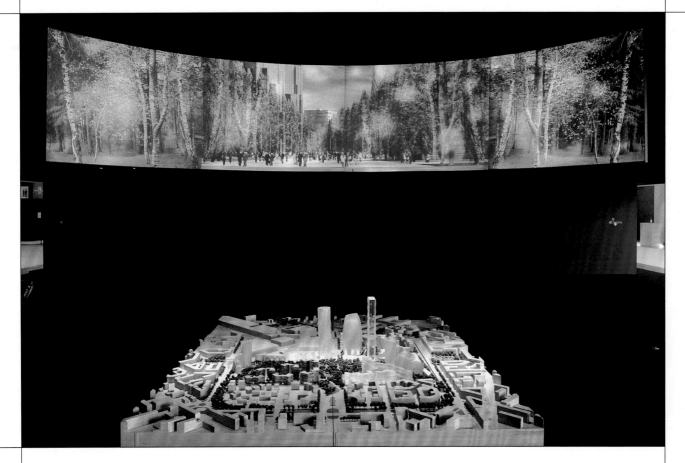

Sopra: Il progetto vincitore per l'area della zona Fiera con i tre grattacieli di Arata Isozaki, Daniel Libeskind, Zaha Hadid, Pier Paolo Maggiora.

Above: Winning project for the city complex area with the three skyscrapers designed by Arata Isozaki, Daniel Libeskind, Zaha Hadid and Pier Paolo Maggiora.

verniciate di nero anch'esse, sembrano sparire, inglobate nel grande buio. Il marchio CityLife, posizionato sul recinto bianco, campeggia alto, ben visibile da lontano per i visitatori di Fiera che possono percepirne la differente declinazione sui vari lati e cogliere il dinamismo impresso ai tre quadrati di colore primario, che circondano il nome e quasi rotolano attorno alle lettere.

Al di sotto del recinto bianco una grande reception nera rinforza un angolo del perimetro del padiglione, mentre un gigantesco schermo di forma semicircolare abbraccia il visitatore con immagini e musiche coinvolgenti che narrano di un futuro prossimo di Milano.Nello spazio al di sotto del grande recinto, di fronte allo schermo, una serie di seggioline della Kartell di Philippe Starck, quasi come simbolici fiori colorati disseminati liberamente su un campo, consentono un'attenta osservazione su ciò che viene proiettato e sul modello delle prossime realizzazioni in esposizione nel padiglione.

exhibition area below. Everything in the exhibition space is black, including the furnishings and structure. Even the black-painted supporting columns seem to merge into the darkness. The CityLife logo is emblazoned high up on the white facing, easily visible from afar to trade fair visitors, who can see all the different versions of it on all sides. Three squares of primary colours surrounding the name appear to roll around the letters, producing a dynamic effect for the viewer.

Under the white band, a large black reception area takes up a spacious corner at the edge of the pavilion, while a gigantic semicircular screen surrounds the visitor with vibrant pictures and music evoking the Milan of the near future. In the space under the white band, facing the screen, is a series of Kartell seats by Philippe Starck, almost like symbolic coloured flowers scattered liberally across a meadow. Stylishly seated, visitors can give all their attention to what's on the screen and to the model on display showing the next stages of construction.

Sotto: L'allestimento della società Risanamento per Progetto Città del 2003.

Below: Risanamento's installation for Progetto Città 2003.

PADIGLIONI RISANAMENTO
Localizzazione: Progetto Città Milano 2003 e Progetto Città Milano 2005
Progetto architettonico: Cibic &Partners
Destinazione d'uso: esposizione di progetti urbani
Superficie: 400 m² circa

PAVILION FOR RISANAMENTO
Location: 'Progetto Città' Exhibition, Milan 2003 and 'Progetto Città' Exhibition, Milan 2005
Architectonic design: Cibic &Partners
Intended use: exhibition of urban projects
Surface area: approx. 400m²

Padiglioni per Risanamento

I due padiglioni realizzati da Cibic per la società Risanamento illustravano il progetto di sviluppo di due aree urbane di rilievo candidate a una trasformazione ora in corso. Risanamento è infatti artefice di due tra le più grandi opere di conversione urbane in Milano: Santa Giulia, alla periferia sud ovest della città, che sta crescendo su progetto di Norman Foster, e le aree ex Falck, a nord appena fuori dalla cintura urbana, su progetto di Renzo Piano.

Questi padiglioni trovano posto nell'ambito delle edizioni 2003 e 2005 di Progetto Città, manifestazione dedicata alle aziende operanti nella trasformazione

Pavilion for Risanamento

The two pavilions by Cibic for Risanamento illustrated the company's redevelopment plans for two prominent urban areas. At the time, both schemes were candidates for a city refurbishment that is now under way. Risanamento is developing two of the biggest urban regeneration projects in Milan: Santa Giulia, taking shape on the city's south-western outskirts, designed by Norman Foster; and the former Falck industrial areas designed by Renzo Piano situated to the north, just outside the city limits. These pavilions were part of the 2003 and 2005 'Progetto Città' exhibitions dedicated to businesses operating in the commercial and residential development sectors such as

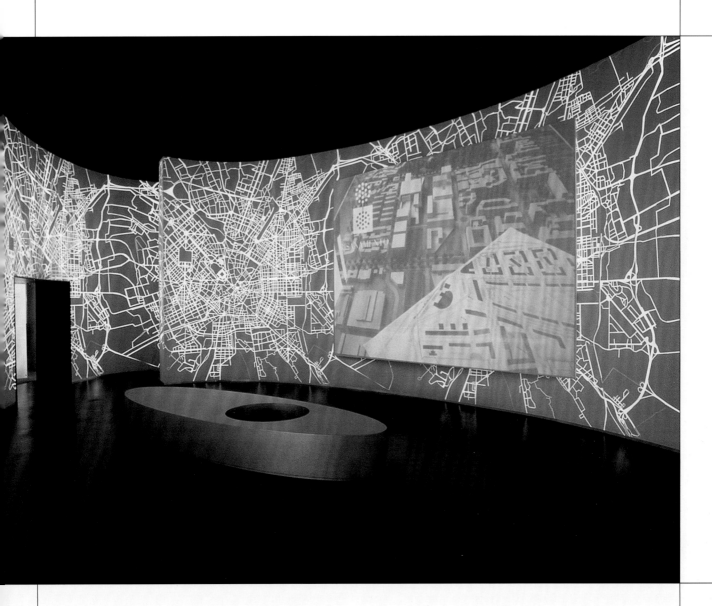

territoriale, quali immobiliari, società di sviluppo e grandi imprese di costruzione.

Un tema di grande rilievo in entrambe le installazioni è la multimedia-lità che diventa l'attrice indiscussa del padiglione: filmati, videoproiezioni di vario tipo, simulazioni complete di sonoro si riverberano su superfici lineari o curve. Di estremo interesse anche l'utilizzo di volumi puri coniugati secondo forme contrapposte: grandi cilindri posti accanto a superfici piane, pareti quadrate forate da figure tonde e altri simili accostamenti antitetici.

Nell'allestimento del 2003 la maglia del territorio di Milano diventa una maglia che arricchisce quasi

property companies, development companies and large construction firms.

Multimedia is a very important element of both installations, achieving a very high profile in the pavilion. Films, video projections and simulations complete with soundtracks flicker and reverberate around both linear and curved surfaces. Another very interesting feature, widely used in both pavilions, is the way pure volumes are married with contrasting shapes: large cylinders are placed next to flat surfaces, square walls are pierced by curved shapes while other similar antithetical juxtapositions abound.

In the 2003 installation, a map of Milan becomes a

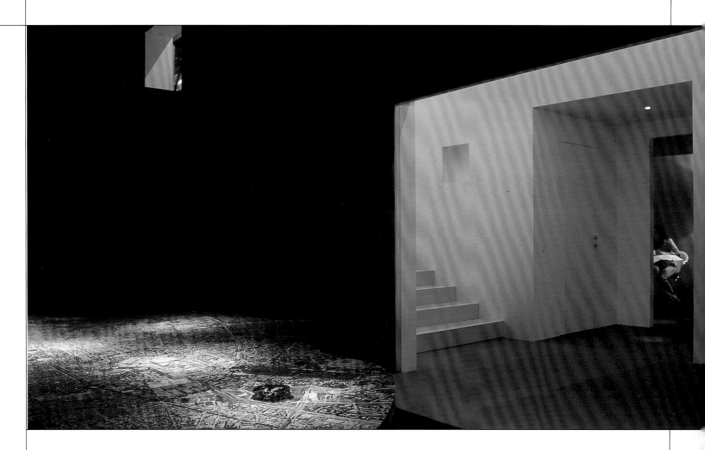

Opposte: Proiezioni multimediali degli sviluppi urbani di Milano in Progetto Città 2003.

Sopra: Un'immagine del modello di tutta la città in cui sono rappresentati i modelli di sviluppo urbano proposti: per Progetto Città 2005.

Opposite: Multimedia presentations of urban developments in Milan at Progetto Città 2003.

Above: Model of the whole city including the models of urban development planned by the company at Progetto Città 2005.

come una decorazione le pareti concave dello stand, mentre i modelli di alcuni lavori in corso sono esposti nelle nicchie di un muro diritto che lo attraversa. I colori sono sempre tendenzialmente scuri e conferiscono ai pochi elementi di arredo inseriti un valore visivo straniato rispetto al contesto.

L'allestimento del 2005 si imposta su di una specie di bastione rialzato, di notevole imponenza, che contiene internamente un enorme modello di Milano, dove gli interventi di Risanamento si collocano in bella evidenza. Al piano superiore volumi semplici e arredi sagomati creano l'ambiente per lo spazio informativo, una sorta di piazza sopraelevata che accoglie i visitatori.

texture embellishing the stand's concave walls, almost like a decoration, while a straight wall with niches presenting mock-ups of work under way runs the length of the stand. The mainly dark colours of the pavilion make the simple volumes that have been inserted, such as a bench or a shelf, appear visually distanced from their context.

The 2005 installation is set on a sort of raised bastion that makes an imposing impression. Inside it contains an enormous model of Milan that gives pride of place to Risanamento's projects. On the upper level, simple volumes and well-proportioned furnishings create an appropriate environment for the information centre, a sort of elevated piazza to receive visitors.

Le Case degli Architetti // Architects' Private Spaces

Introduzione // Introduction

Milano, vibrante di tensioni positive nel secondo dopoguerra, ha catturato l'attenzione di molti architetti che l'hanno eletta a sede di lavoro e residenza, coniugando una generale spinta verso la modernità col rispetto per la tradizione locale: da Pagano e Albini a Ponti, Muzio, Gardella, Asnago e Vender, Caccia Dominioni, Zanuso, Castiglioni, Sottsass, Boeri, Magistretti recentemente scomparso... così via fino alle generazioni più giovani con Dordoni, Lissoni, De Lucchi, Novembre.

Nel progettare i propri alloggi alcuni di essi hanno contribuito al livello di raffinatezza degli interni contemporanei milanesi, indicando nelle loro scelte un percorso che attinge alle radici della propria città. Pensiamo agli interni di Caccia Dominioni: la sua ricerca nell'ambito razionalista si tinge dei colori della milanesità, del desiderio del committente, o della natura dell'edificio in sé quando si tratta di una ristrutturazione. Gli ambienti interni che costruiva per la borghesia milanese mostrano un suo distintivo segno di riconoscimento: la distribuzione centrale che attraversa longitudinalmente tutto l'alloggio, stabilendo gerarchie tra i vari ambiti. In una sorta di poetica della distribuzione, il corridoio trasporta progressivamente in aree sempre più intime e secondarie rispetto alla parte più pubblica e di rappresentanza della casa.

Come Caccia, altri spiriti liberi hanno operato a Milano, producendo esemplari di abitazioni che ben

As a city positively bursting with creative energy, postwar Milan captured the imagination of a host of architects who chose it not just as a place to work, but also to live: from Pagano and Albini to Ponti, Muzio, Gardella, Asnago and Vender, from Caccia Dominioni to Zanuso, Castiglioni, Sottsass, Boeri and the recently departed Magistretti, the impressive roll-call extends right up to the new generation of designers like Dordoni, Lissoni, De Lucchi and Novembre.

Some contributed to the sophistication of contemporary Milanese interiors through their designs for their own homes: their groundbreaking choices went right to the heart of their own city. Caccia Dominioni's interiors are a case in point: his rationalist aspirations are coloured by what it means to be Milanese, by the client's wishes or, when carrying out restoration work, by the nature of the building itself. Caccia Dominioni built houses for the Milanese middle class and his interiors have an unmistakable trademark look – they are often laid out along the house's central corridor, establishing a hierarchy in terms of the various rooms. The corridor leads progressively from the more public, open parts of the house to the more intimate and private spaces to achieve a sort of poetics of layout.

As well as Caccia, other free spirits were at work in Milan, producing examples of homes that cleverly interpreted the heady atmosphere of reconstruction. Consider Ignazio Gardella and his House on the Park. The house's multiple facades set up a direct

Pagine precedenti: La camera dell'abitazione di Fabio Novembre con il letto su ruote. Bianco diffuso interrotto solamente dai quadri a pareti e dalle fonti di luce in metacrilato colorato.

Sotto: Un allestimento all'interno dello showroom di Moroso, esempio del vivere moderno.

Previous pages: Bedroom in Fabio Novembre's house with its bed on wheels. It is white throughout, interrupted only by pictures on the walls and by light sources in coloured methacrylate.

Below: A display in the Moroso showroom, an example of contemporary living.

hanno interpretato il clima della ricostruzione. Pensiamo a Ignazio Gardella e alla sua Casa al Parco, per esempio, in cui gli affacci si moltiplicano in una tensione diretta al contesto del limitrofo Parco Sempione che sembra sfociare nella scomposizione dell'edificio stesso. Nelle piante la scomposizione avviene secondo criteri di funzionalità degli ambienti e individua tre zone: una zona soggiorno, una distribuzione centrale e una zona notte collocate rispettivamente verso il parco, verso l'interno e verso il giardino. A questa suddivisione corrisponde una differenziazione dei materiali, dove la zona notte è in muratura continua e la zona giorno ha una struttura a travi e pilastri in cemento armato.

Le elaborazioni di Ignazio Gardella sulla strutturazione degli interni di edifici residenziali o con altra destinazione sono di ampio respiro e si spingono fino alla realizzazione, insieme a Caccia Dominioni e Dell'Acqua, di molti arredi per Azucena, piccola azienda di arredi d'interni fondata alla fine degli anni '40 dai tre architetti. Questo dà inizio a un processo nel quale l'ingegno dell'architetto si applica all'oggetto di arredo che compensa la mancanza di competenze specifiche o dei mezzi economici necessari per interventi d'autore di tipo strutturale. Gardella realizzerà molti arredi, tra cui tavoli e poltrone per Kartell, sviluppando e rafforzando l'idea nascente del design di interni come di un sogno alla portata di tutti, nella speranza di costituire il prototipo di una casa borghese milanese. I pezzi di Gardella affollano questi interni, insieme a quelli di Magistretti e Albini.

Albini, forse più di tutti, incarna con la sua figura alcuni aspetti paradigmatici della produzione creativa di Milano: preserva nel suo operare memoria della Brianza, delle sue tradizioni, del tempo scandito dall'operosità dei suoi abitanti. Nella sua penna scorre tutta l'attenzione di un uomo che ragiona come un artigiano, avvezzo ai problemi che la quotidianità impone alla forma. Albini non segna Milano con numerosi progetti di residenze: Villa Pestarini, in Piazza Tripoli, è quasi un'eccezione. Nel suo percorso di riflessione sugli spazi si dedica piuttosto a elaborare studi di ambienti anche svincolati da una committenza specifica, teorizza a volte alloggi ideali per le varie

tension with the context of the adjacent Sempione Park, a device that has the effect of breaking up the building visually. In the plans, the effect is broken up by room function, creating three zones: a living area, a central element and a night-time area located facing the park, the interior and the garden, respectively. This subdivision is matched by a differentiation in materials, whereby the night-time area has brickwork throughout and the day-time area has a beam and pilaster structure in reinforced concrete.

Ignazio Gardella has a broad portfolio of projects structuring residential interiors or buildings. In common with Caccia Dominioni, his creativity extends to designing furnishings for Azucena, a small company designing furnishings and interiors founded at the end of the 1940s by Caccia Dominioni, Gardella and Dell'Acqua, a line-up that triggered a process by which the skills of the architect were applied to furnishings. Thus people who lacked either the know-how or the means to own an architect-designed house, could, nevertheless enjoy designer furniture. Gardella was to design many household items, including tables and armchairs for Kartell. He developed and reinforced the then emerging idea of interior design as a dream that was within everyone's grasp, in the hope that it would constitute the prototype for Milanese middle-class homes. Such interiors are full of Gardella pieces, as well as those by Magistretti and Albini.

Perhaps more than anyone else, Albini embodies several paradigmatic aspects of Milan's creative output. His work incorporates references to his home region of Brianza, recalling its traditions and the dedicated industry of its inhabitants. His designs display all the care of a man who thinks like a craftsman trained to deal with the problems that everyday use imposes on form. Unlike several of his contemporaries, Albini did not leave his mark in Milan with many housing projects: Villa Pestarini, in Piazza Tripoli, is almost an exception; his reflections on space were mostly confined to designing theoretical environments without any specific commission. Sometimes he designed – but only on paper – ideal houses for various 'types' of clients, complete with detailed settings and furnishings, work frequently exhibited at the Triennale. All this made a significant mark on the

Sopra: L'open space della casa studio di Fabio Novembre, con in primo piano il divano AND disegnato dall'architetto per Cappellini. Sullo sfondo, sul soppalco, gli uffici dove lavorano i collaboratori di Novembre.

Above: The open space in Fabio Novembre's house, with the AND sofa the architect designed for Cappellini. In the background, his offices where Novembre's team work.

tipologie di persone e completa tali studi con dettagliate ambientazioni e pezzi di arredo, i cui allestimenti sono stati molte volte esposti in Triennale. Del resto ciò sarà sufficiente per lasciare un'impronta significativa negli anni successivi e per accendere un fecondo dibattito tra gli interior designers: lo scambio tra questi antichi maestri sarà poi terreno fertile sul quale nasceranno nuovi orientamenti e nuove scelte progettuali.

years that followed and sparked a vigorous debate between interior designers, an interchange between these old masters that would later yield up fertile territory upon which orientations and new design choices could flourish.

Gae Aulenti

Abitazione di Gae Aulenti
Piazza San Marco, Milano
Progetto: Gae Aulenti
Destinazione d'uso: abitazione

Gae Aulenti's House
Piazza San Marco, Milan
Design: Gae Aulenti
Intended use: home

Ricca nei contenuti, eclettica e libera nei giudizi, la casa di Gae Aulenti rappresenta una testimonianza univoca e schietta sulla personalità dell'architetto che la abita. Collocata in una piccola palazzina che si affaccia sulla chiesa di San Marco a Milano, la residenza di Aulenti è tutta sbilanciata verso la sua parte 'pubblica', il grande salotto che è anche biblioteca e soggiorno, un ambiente polifunzionale pronto ad essere fruito in situazioni le più disparate. È in fondo il luogo che meglio incarna il ragionamento maturo e sedimentato sull'abitare della stessa Aulenti.

All'interno di questo spazio la predominanza dei libri fa a gara con la quantità di tappeti, ognuno differente dall'altro nelle cromie e nella provenienza. È una specie di grande luogo del sapere che avvolge chi vi passa o sosta. La quantità infinita di volumi viene disposta in scaffalature modulari bianche che si articolano ora come sfondo del soggiorno, ora come elementi divisori della medesima altezza che ripartiscono lo spazio in diversi ambiti e ne sottolineano la varietà d'uso. Questa scelta fa del soggiorno un ennesimo lavoro sulla forma definita da arredi e scelte architettoniche più che da intenti puramente decorativi.

Rich in content, eclectic and free in its judgements, Gae Aulenti's house reflects the personality of the architect who lives there in no uncertain way. Located in a small palazzo overlooking the Church of San Marco in Milan, Aulenti's residence is all weighted towards its 'public' part. This is a multi-functional space with a large sitting-room that is also a library and a living room, ready to be enjoyed in the most disparate of situations. Fundamentally, it is the place that best incarnates Aulenti's mature and settled views on living.

Inside this space, books vie with carpets for dominance. There are a large number of carpets, each one different from the last in colour and origin. It is a sort of vault of knowledge that enmeshes anyone who passes or lingers. The endless books are arranged on white modular shelves which make up the backdrop to the living room, or act as partitions of the same height that divide the space into different areas and highlight their varied uses. This decision makes the living room yet another work on form defined by furnishings and architectonic choices rather than by purely decorative intentions.

At one end of the living room, an iron staircase leads to the mezzanine containing an extension to the

Sotto: Vista sulla passerella che porta al terrazzo. Una nicchia prima del balcone, individua un'accogliente zona verde ove sostare. Sulla destra una lampada disegnata per Kartell nel 1967.

Below: View over the walkway leading to the terrace. A recess before the balcony defines a welcoming green area in which to linger. On the right is a lamp designed for Kartell in 1967.

A destra: Una vista sullo spazio articolato del soggiorno: soppalco, biblioteca, ambienti più raccolti sottostanti e ricordi di vita e viaggi disseminati ovunque.

Right: View of the open-plan living room — mezzanine, library, cosier areas below and souvenirs of a life and its travels all around.

A un'estremità del soggiorno, una scala in ferro porta al soppalco che contiene il prolungamento della biblioteca, disposta su tutta la lunghezza del locale. Percorsa tutta la biblioteca, una passatoia in metallo rosso arancio e lamiera industriale attraversa ortogonalmente il soggiorno verso un salotto e il terrazzo disposti oltre un'apertura ad arco. Prima del balcone, nella nicchia, troviamo una lampada a spicchi disegnata per la Kartell nel 1967, nonché una poltrona in rattan prototipo per il Musée d'Orsay.

Tutto il soggiorno è un invito alla conversazione. Divani, poltroncine, colorati puff in flanella grigia (disegnati nel 1983 per la serie Ginestra), bassi tavoli d'appoggio in metallo con ripiani in feltro o in cristallo campeggiano come macchie di colore sul grande pavimento di ardesia nera. Nel vassoio al centro del tavolo d'appoggio, di fronte ai divani, antiche ciotole d'argento, bronzi cinesi, scatole in madreperla sono altrettante testimonianze di viaggi in terre lontane come del resto i kilim disseminati sui pavimenti.

Piante smisurate si alzano davanti a vetrate a sviluppo verticale. La luce naturale è l'occasione ideale per valorizzare opere di artisti che hanno lasciato qui il segno della loro inventiva. Il soggiorno è disseminato da opere di Boetti, Schifano, Melotti insieme a prototipi e realizzazioni, tutti particolari che si ricompongono armoniosamente fra loro e con oggetti quotidiani come mobili, soprammobili e ancora libri in un insieme che ha il sapore di vita intensa e creativa.

library that runs the whole length of the house. At the other end of the library, a reddish orange industrial sheet metal runner crosses the living room at right angles towards an arch-shaped opening. Beyond is a sitting-room, and the terrace. Before the balcony, in a recess, we find an eye-catching lamp designed for Kartell in 1967 and a rattan armchair that was a prototype for the Musée d'Orsay.

The whole living room is an invitation to conversation. Sofas, little armchairs, coloured pouffes in grey flannel (designed in 1983 for the Ginestra series), low metal coffee tables topped with felt or glass stand out as spots of colour against the extensive black slate floor. A tray in the centre of the coffee table in front of the sofas bears antique silver bowls, Chinese bronzes and mother-of-pearl boxes. These too speak of travels in distant lands, as do the kilims scattered across the floors.

Tall plants stand in front of vertical windows. The natural light provides the ideal opportunity to set off works by artists who have left the mark of their creativity here. Artworks by Boetti, Schifano and Melotti are to be found throughout the living room, along with prototypes and production samples. All these details make a harmonious composition. Along with everyday objects like furniture, knick-knacks and yet more books, they form an ensemble that is infused with intense and creative life.

Cini Boeri

Abitazione di Cini Boeri
Piazza Sant'Ambrogio, Milano
Progetto: Cini Boeri
Destinazione d'uso: abitazione

Cini Boeri's Apartment
Piazza Sant'Ambrogio, Milan
Design: Cini Boeri
Intended use: home

Cini Boeri, architetto e designer, è un personaggio nel panorama dell'architettura e design milanese. Dal dopoguerra fu giovane protagonista del mondo intellettuale cittadino accanto a Ernesto Rogers, Lucio Fontana, Giorgio Strehler, Paolo Grassi, Giangiacomo Feltrinelli. Dopo l'apprendistato presso lo studio di Gio Ponti e la prima attività professionale nello studio di Marco Zanuso, la sua carriera si dipana tra commesse di architettura per privati e commesse di design per aziende quali Arflex, Arteluce, Knoll.

L'appartamento in cui abita l'architetto è al terzo piano di un edificio degli anni '50 in Piazza Sant'Ambrogio, di fronte all'omonima basilica, attiguo fra l'altro all'edificio che Luigi Caccia Dominioni progettò e costruì sulle macerie dei palazzi distrutti nel corso della seconda guerra mondiale.

È un alloggio che si sviluppa principalmente in lunghezza e offre, con le caratteristiche aperture in facciata, una visuale privilegiata sullo skyline della città. L'abitazione rifugge da qualsiasi opulenza nella scelta degli arredi e dei pezzi accessori, ma dimostra in ogni dettaglio una cura particolare orientata essenzialmente dalla necessità d'uso e dalla piacevolezza legata al possesso di oggetti di

Cini Boeri, architect and designer, is a well-known personality on Milan's architecture and design scene. Since the end of the Second World War, he has been a rising star in the city's intellectual life alongside Ernesto Rogers, Lucio Fontana, Giorgio Strehler, Paolo Grassi and Giangiacomo Feltrinelli. After serving his apprenticeship under Gio Ponti, his first professional work was done in Marco Zanuso's practice. Thereafter his career flourished with private architecture commissions as well as design commissions for such high-profile companies as Arflex, Arteluce and Knoll.

The flat in which the architect lives is on the third floor of a 1950s' building in Piazza Sant'Ambrogio, opposite the basilica of the same name. It adjoins the building designed and built by Luigi Caccia Dominioni on the ruins of buildings destroyed during the war.

The apartment is longer than it is broad and offers a privileged view of the city's skyline through the characteristic openings in its facade. While the flat eschews opulence in the choice of furnishings and fittings, its every detail nevertheless shows the particular care taken with the necessity of living and the pleasure of owning well-designed objects, as might be expected from such a talented designer.

Sotto: Poltrone e pezzi classici del design nel soggiorno di Cini Boeri. Una serie di portefinestre si apre sulla Piazza Sant'Ambrogio fronteggiante l'appartamento.

Below: Armchairs and classic design pieces in Cini Boeri's living room. A series of French windows fronting the apartment opens onto Piazza Sant'Ambrogio.

A sinistra: Una sequenza di librerie a ponte attraversa lo spazio del soggiorno dividendolo in ambienti più raccolti. Sulla destra del soggiorno la zona notte, rivolta all'interno dello stabile.

Left: A series of bookshelves bridges the space of the living room, dividing it into snugger areas. On the right of the living room is the bedroom, turned inwards into the building.

buon disegno, come del resto ci si può attendere da una designer ricca di talento. Il taglio dell'alloggio prevede una zona soggiorno che, luminosa e scenografica, si articola lungo tutta la facciata, provvista di numerose porte finestre aperte sul fronte principale dell'edificio in direzione della basilica.

L'ambiente unico che accoglie la zona soggiorno e pranzo è ripartito da una serie di librerie a pavimento, disposte ortogonalmente rispetto alla lunghezza del locale e raccordate da elementi a ponte che le sovrastano per tutta la profondità del vano. Per questo spazio si è preferita un'illuminazione non a soffitto, ma ottenuta mediante lampade a pavimento, abat-jour e luci concentrate.

La scelta delle sedute si orienta palesemente sui classici: Barcellona bianche di Mies van der Rohe in profilato d'acciaio e imbottito di pelle; poltroncine e divanetti in pelle di Le Corbusier; sedie su ruote in alluminio di Charles Eames; Cantilever Chairs sempre di Mies in versione midollino al tavolo: il tutto ordinatamente disposto su una calda moquette color rosa tenue.

Alle pareti numerose immagini rimandano a un vissuto che si intuisce intenso e ricco. Insieme a foto scattate da amici famosi, campeggiano ovunque ritratti con i volti sorridenti di figlie e nipoti, sequenze di una vita piena, vissuta fino in fondo. Il grande soggiorno si apre con dei varchi che conducono alle parti restanti della casa, disimpegnate da un corridoio più riservato che porta a camere, cucina ed a uno studiolo appartato dove l'attività professionale può essere svolta in tutta tranquillità nei momenti che necessitano particolare raccoglimento.

The flat's layout provides a bright living room with numerous picture windows and doors all along the facade that open onto the front of the building looking towards the basilica.

This open-plan room contains both living and dining areas, divided by a series of free-standing bookcases set at right angles to the room's long wall, with bridging shelves right up to ceiling height. Floor-standing lamps, table lamps and spotlights provide the lighting for this space rather than ceiling lights.

Not surprisingly, the chairs are all design classics: white steel-framed Barcelona chairs by Mies van der Rohe with leather upholstery; small leather armchairs and sofas by Le Corbusier; chairs on aluminium wheels by Charles Eames; the wicker version of Mies' Cantilever chairs at the table; all neatly arranged on a warm, soft-pink carpet.

Many pictures on the walls show images from a life that must have been intense and rich. There are photos taken by famous friends and family portraits alike, and the walls are covered with the smiling faces of children and grandchildren. Sequences from a rich life lived to the full. The other parts of the house lead off from the large living room. A more private corridor gives direct access to bedrooms, a kitchen and a quiet study. Here Boeri could practise his profession in peace, particularly when concentration was vital and distractions unwelcome. He has created the perfect ambience for work and relaxation.

Mario Bellini

Abitazione di Mario Bellini
Via Borgonuovo, Milano
Progetto: Piero Portaluppi 1930, Mario Bellini con
Gae Aulenti anni '80, recenti interventi artistici di
David Tramlett
Destinazione d'uso: abitazione

Mario Bellini's House
Via Borgonuovo, Milan
Design: Piero Portaluppi 1930, Mario Bellini with
Gae Aulenti during the 1980s; recent artistic works
by David Tramlett
Intended use: home

La casa come luogo del fluire delle emozioni, delle citazioni del bello e dell'arte, microuniverso affacciato sui mondi esterno e interiore di un architetto.

È la casa di Mario Bellini, diventata una meta della letteratura architettonica della nostra epoca, un mito sul quale si sono costruite mille poetiche narrazioni. Casa fotogenica, grandissima, collocata significativamente in via Borgonuovo e col giardino confinante con l'orto botanico. Il primo impianto dell'edificio ad opera di Piero Portaluppi risale al 1930. Mezzo secolo dopo, Mario Bellini e Gae Aulenti operano un altro tipo di ristrutturazione dei locali; infine di recente l'architetto ripensa ancora alla propria abitazione dando spazio alla passione per la professionalità di David Tramlett.

Dalla relazione professionale tra Bellini e Tramlett, connubio tra artista e architetto, è scaturita una serie di affreschi-graffiti unici, un'opera che offre anche un invito alla riflessione sulla personalità forte e complessa dell'architetto e parallelamente sullo spirito che sottende alle visioni poetiche dell'artista. L'idea che Mario Bellini plasma per la sua abitazione è quella di uno spazio unitario, dove il progetto, la

This house is designed as a place of fluid emotions, replete with references to beauty and art. The home is conceived as a micro-universe facing onto the outer and inner worlds of an architect.

This is Mario Bellini's home, a house to aspire to, a house that has become an inspiration for contemporary architectonic literature, a myth upon which a thousand poetic narrations have been constructed. It's a huge, photogenic dwelling, conveniently located in Via Borgonuovo with its garden adjoining the botanic garden. Piero Portaluppi designed the first building on the site back in 1930. Half a century later, Mario Bellini and Gae Aulenti completely refurbished the premises. In fact the architect had been reconsidering the design of his own house for a while, to provide space for David Tramlett's work, for which he has a consuming passion.

A series of drawings and frescoes resulted from the professional relationship between Bellini and Tramlett, a union between artist and architect. The work invites the viewer both to reflect on the strong, complex personality of the architect and on the spirit underlying the artist's poetic visions. The concept that Mario Bellini moulded into his house is that of a

Sotto: Il soggiorno che si sviluppa lungo il lato maggiore del giardino. In vista alcune lampade della collezione dell'architetto sotto le volte affrescate del palazzo.

Below: The living room runs along the vast garden. Some lamps from the architect's collection can be seen beneath the building's frescoed vaults.

modellazione dello spazio in sé, dei volumi vuoti, rende fruibile una serie di ambienti molto articolati, dilatati e ridefiniti secondo percorsi visuali orizzontali e verticali. La casa sembra priva di luoghi dedicati alla stasi emozionale, tanto incessante è il fluire dello sguardo sui vuoti che si plasmano tra pareti e soffitto.

Il primo piano si sviluppa in lunghezza ed è diviso in tre ambienti preceduti da un ingresso di servizio. Dopo la cucina, una grande sala da pranzo, infine una zona notte con camera e servizi. Il piano principale è il pian terreno che si affaccia sul giardino ed è occupato per intero dall'enorme soggiorno. Sotto i decori del soffitto a lunette lo sguardo si muove dallo splendido camino in pietra bianca verso il giardino vasto e luminoso.

Ampi divani bianchi disegnati di Antonio Citterio accompagnano un tavolo di Alvar Aalto e lampade di vario genere che appartengono alla collezione dell'architetto. La casa raccoglie memorie, scelte, intenzioni in un contesto unitario che ci racconta moltissimo del percorso di chi la abita. Un architetto che ha progettato per Olivetti, per aziende di luce come Artemide, Flos, arredi come Cassina e B&B, fino ad affrontare il tema dell'architettura su scala urbana.

Le profonde volte e gli alti soffitti della casa consentono l'apertura di spazi imprevisti come il lungo mezzanino biblioteca che si affaccia sul grande soggiorno, un monumentale spazio libreria allungato che replica al piano superiore le attrezzature dell'inferiore formando un unico muro di libri. La biblioteca è in legno di pero e tubolare verniciato azzurro e polvere, realizzata nel 1984 su disegno di Gae Aulenti.

Sul parapetto del mezzanino campeggiano alcuni bozzetti di Tramlett per gli affreschi del piano superiore. In tutta la casa la figurazione entra a fare parte di un continuo gioco di rimandi in cui attori sono gli affreschi: *Doppio ritratto* (1921) di Casorati e *L'architetto* (1922) di Sironi su un lato del soggiorno, *Il teatrino scientifico* di Aldo Rossi nell'ingresso e la scultura di Gaetano Pesce del 1973 o delle lampade da collezione. Un universo popolato di figure ed oggetti che producono nella mente dell'architetto e dei visitatori altre figure e oggetti, sogni, architetture.

unitary space where the design allows for the creation of a series of highly articulated rooms. The particular modelling of the space and voids enables rooms to be opened up and redefined according to horizontal and vertical views. Thus the view of the voids moulded between the walls and ceiling is so fluid that the house seems devoid of places of emotional stasis.

The first floor extends back a long way and is divided into three rooms with a service entrance in front. Behind the kitchen is a huge dining room, then a bedroom with a bathroom. The main living area is the ground floor, which faces out onto the garden and is completely taken up by an enormous living room. Beneath the decor of the lunette ceiling, one's eye is drawn to the splendid white stone fireplace and out into the vast, luminous garden.

Roomy white sofas designed by Antonio Citterio accompany an Alvar Aalto table and a variety of lamps from the architect's own collection. The house gathers in memories, choices and intentions in a unifying whole that tells us a great deal about the life of its owner – an architect who has designed for Olivetti, for trail-blazing design companies like Artemide, Flos, furniture companies like Cassina and B&B, before tackling the theme of architecture on an urban scale.

The house's deep vaults and high ceilings allow for unexpected spaces to open up, such as the long library mezzanine that overlooks the large living room, the mezzanine's parapet adorned by Tramlett's sketches for the frescoes on the upper floor. It's a monumental extended library space that replicates the fittings of the lower floor on the upper floor, to form a single wall of books. The library itself is of pear wood and tubular metal painted powder blue and was made in 1984 to a design by Gae Aulenti. Throughout the house, there is a constant interplay of figurative allusions. Paintings like Casorati's *Doppio Ritratto* (1921) and Sironi's *L'architetto* (1922) on one side of the living room act as a counterpoint to Aldo Rossi's *Teatrino Scientifico* in the entrance hall, not to mention Gaetano Pesce's 1973 sculpture, or the lamps in the owner's collec-tion. It's a universe populated with figures and objects that serve to generate other figures, objects, dreams and buildings in the mind both of the architect and the visitor.

Sopra: Parte del soppalco/biblioteca ricavato sopra gli ambienti del soggiorno. La libreria è in legno e tubolare metallico smaltato di azzurro.

Above: Part of the mezzanine/library carved out above the living room area. The bookshelf is made of wood and metal tubing painted powder blue.

Fabio Novembre

Abitazione di Fabio Novembre
Via Perugino 26
Anno: 2004
Progetto: Lorenzo De Nicola, Ramon Karges, Carlo
Formisano, Giuseppina Flor
Destinazione d'uso: abitazione

Fabio Novembre's House
26 Via Perugino
Year: 2004
Project: Lorenzo De Nicola, Ramon Karges, Carlo
Formisano, Giuseppina Flor
Intended use: home

Per Fabio Novembre casa significa amore: amore per il lavoro, amore per la propria famiglia. Questo nucleo riempie e anima tutto il suo involucro, e non può essere compresso in spazi ristretti, in vincoli tradizionali, chiusi da pareti, porte, serramenti... Ed ecco allora che quando Novembre lascia il grande loft da single collocato alla periferia di Milano – anche quello luogo sia per vivere che per lavorare, con poco più di fragili separazioni tra gli spazi – l'architetto decide di creare la casa dei suoi sogni per sé, sua moglie e sua figlia. E trasforma così il guscio di un ex magazzino per la frutta e verdura in un open space che si affaccia con grandi finestre su un ampio cortile, dove gli spazi sono fluidi e dove tutto si tiene. Una casa unica, diretta emanazione della personalità di chi la abita, una casa studio la cui narrazione si sviluppa a più livelli, tutti di tipo sensoriale, allusivi sia al passato religioso-mitologico sia al futuro.

Sotto gli shed di una parte del corpo di fabbrica viene ricavato un grande ambiente a doppia altezza. Nelle colonne rinforzate sono incorporati gli impianti di riscaldamento e una scala elicoidale conduce al soppalco. Sul pavimento in cemento in pasta, assolutamente minimale, campeggiano alcuni pezzi di

For Fabio Novembre, house means love: love for one's work, and love for one's own family. This nucleus fills and animates the whole building, and cannot be compressed into restricted spaces and contained within traditional strictures, enclosed by walls, doors and locks. So when Novembre left the large loft that was his bachelor flat on the outskirts of Milan – that too was a place to both live and work, with little more than fragile partitions between spaces – the architect decided to create the house of his dreams for himself, his wife and his daughter. Thus he converted the shell of a former fruit and vegetable warehouse into an open plan building facing onto a spacious courtyard through big windows, where spaces are fluid and where everything happens. It's a unique house that emanates directly from the personality of its inhabitant, a house-cum-studio whose story unfolds on several levels, all of which are sensory and allude to the religious and mythical past as well as to the future.

In the office area, a large double-height environment has been carved out under the sheds of one part of the core building. The heating equipment is incorporated into reinforced columns, and a spiral staircase leads up to the balcony. Pieces with an almost sculptural value adorn the rigorously mini-

Sotto: Il cortile centrale su cui si affacciano gli spazi chiave della casa studio di Fabio Novembre: lo studio open space polifunzionale a doppia altezza, la cucina e, al piano superiore, la camera da letto.

Sotto: All key parts of Novembre's house face onto the courtyard: the studio with offices and multi-function double-height open space, the kitchen and the bedroom.

valenza quasi scultorea come una motocicletta e un divano multicolore a spirale, disegnato dallo stesso Novembre. Tutto l'ambiente è rigorosamente bianco per esaltare la particolarità degli oggetti.

Nel luogo dedicato al pranzo, un lungo tavolo sembra alludere a cene di reminiscenza monacale se non addirittura biblica. Sul soffitto si snoda un gigantesco serpente grigio decorato da macchie di colore con una mela tra le fauci, opera di Sandro Chia e realizzata dai maestri posatori di Bisazza. Non intende rappresentare la minaccia di uno spirito maligno ma un'entità benevola che 'porta ad Adamo ed Eva una nuova mela ogni giorno', rimandando all'infinito l'uscita dal paradiso terrestre: un tema che si ritrova altrove nella casa, caro all'artista fin dall'infanzia.

In tutte le sue parti questa casa testimonia la tendenza di una spaccatura degli assi rigidi costitutivi la tipologia delle abitazioni più tradizionali, dove porte e muri delimitavano spazi precisi. Qui abbiamo invece un ambiente senza pareti dove il letto ha le ruote e dove ogni amico ha le chiavi per entrare in qualunque momento... Uno spazio per intrecciare, intersecare e mettere insieme relazioni, nel quale però, data la mutata dimensione familiare, la riservatezza rivendica qualche spazio protetto, sia pure simbolicamente.

La camera da letto, per esempio, risulta un ambiente appartato, l'unico al secondo piano, collocato sotto la falda del tetto ma ben illuminato da una finestra scorrevole che porta sul balcone. Vi si accede mediante una particolarissima scala con gradini trasparenti che scoraggia la visita ai più pavidi senza immettere nel percorso alcuna barriera fisica.

Si gioca ancora tra esibizione e riservatezza, tra condivisione e separazione, con la vasca a vista nella camera e con la doccia velata dalle pareti di vetro posta proprio in cima alla scala.

In ogni dove si respira la filosofia di base di Novembre e piccoli cuori compaiono qua e là, a ricordare il vero principio ispiratore di tutto: 'Mia moglie e mia figlia sono la mia casa e abbiamo creato questa scatola attorno a noi con molto spazio per contenere l'energia che noi produciamo, colma delle storie che ci tengono insieme'.

malist cement floor, such as a motorbike and a multicolour spiral sofa, designed by Novembre himself. The whole room is pure white to highlight the individuality of the objects.

In the dining area, a long table seems to allude to dinners that recall monastic, even biblical scenes. A gigantic grey serpent decorated with spots of colour coils across the ceiling with an apple between its jaws, designed by Sandro Chia and made by master mosaicists from Bisazza. It is not intended to represent the threat from a malevolent spirit, but a benevolent entity who 'brings Adam and Eve a new apple every day', postponing their departure from earthly paradise indefinitely. It's a theme that has been dear to the artist since infancy, and is also to be found in other parts of the house.

All parts of this house bear witness to the tendency to break with the rigid rules of composing traditional houses, where doors and walls define specific spaces. Here, instead, we have an environment without walls where the bed is on wheels and every friend has keys to come and go as they please. It's a space to intertwine, intersect and to put together relationships. However, given the changed family dimension, it still has a protected space for privacy, if only symbolically.

For example, the bedroom is actually a separate room, the only one on the second floor, nestling beneath the eaves, but well lit by a sliding window that opens onto the balcony. It is reached by a very unusual staircase with transparent steps that discourages the most timorous of visitors without putting any physical barrier in their way.

Here, again, there is a play between exhibition and privacy, between sharing and separation, with the bathtub visible in the bedroom and the shower only partially hidden away behind glass walls erected right at the top of the stairs.

The house lives and breathes Novembre's basic philosophy. Little hearts appear here and there, to recall the true inspiration for everything: 'My wife and daughter are my house and we have created this box around us with lots of space to contain the energy we produce, as the high point of the experiences that keep us together.'

Sopra: Il soffitto a mosaico rappresenta il serpente biblico. Fabio Novembre è designer di numerosi allestimenti che vedono il mosaico come protagonista.

Above: Mosaic ceiling representing the biblical serpent. Fabio Novembre designs many furnishings that use mosaic as their main component.

Lavori in corso //
Work in Progress

Lavori in corso //
Work in Progress

Quali progetti cambieranno il volto di Milano nei prossimi anni? E quali segneranno maggiormente il passo della modernità e dell'innovazione? Certo la città muterà radicalmente non tanto per il numero elevato dei progetti che la interesseranno, ma piuttosto per la natura dei disegni complessivi che avranno un rilievo per dimensioni e sostanza in rapporto alla città intera.

Un punto focale sarà costituito dalla conversione del Polo Urbano del quartiere fieristico in un'area di residenze e uffici a opera di un pool di architetti internazionali: Daniel Libeskind, Arata Isozaki, Zaha Hadid, Pier Paolo Maggiora. Di questo progetto si è ormai parlato a lungo, così come del dispositivo economico che rappresenta, un meccanismo che ha ormai consentito di vendere l'area urbana di Fiera per finanziare il Nuovo Polo della Fiera di Milano cresciuto sulle ceneri della ex raffineria Agip di Rho-Pero. Lo spostamento delle attività fieristiche sul polo esterno ha coinvolto una superficie coperta complessiva di oltre 700.000 m², il che ne farà il polo fieristico più grande d'Europa.

Di portata strategica analoga dovremmo definire il progetto della Città della moda di Cesar Pelli, un progetto che colmerà la cesura del tracciato ferroviario di fine '800 tra Corso Como e il resto dell'area. In questo nuovo 'distretto' troveranno collocazione il museo della moda, i centri per le conferenze, diverse funzioni ricreative, spazi per show rooms e uffici, un parco e un museo del verde. La localizzazione strategica dell'area in termini di

Which are the projects that will change the face of Milan in the near future? And which will mark the biggest step forward in modernity and innovation? It's difficult to tell, but what can be said for certain is that the city will change radically and that will be due not to the sheer number of projects, but to those projects that will be significant to the city as a whole in terms of their size and substance.

One focal point will be the conversion of the City Complex in the Exhibition Centre area into a residential and office district. This new complex has been designed by a group of international architects: Daniel Libeskind, Arata Isozaki, Zaha Hadid and Pier Paolo Maggiora. This important project has been discussed here at length, as have the financial arrangements it represents, mechanisms that have now allowed the urban exhibition area to be sold to finance the New Milan Exhibition Centre, built on the ruins of the former Agip refinery at Rho-Pero. As part of the sale, the city authorities got a share in the project, following a competition held under innovative procedures. Moving the trade fair to the outer complex created an overall covered surface area of over 700,000 square metres, which will make it the largest exhibition centre in Europe.

Cesar Pelli's design for the City of Fashion is another project that is of similar strategic importance. Intended to fill the gap created by the late nineteenth-century railway network that effectively cut off Corso Como from the rest of the area, this new 'district' will include the museum of

Pagine precedenti e sotto: La vela della Fiera a Rho Pero poco prima dell'ultimazione dei lavori.

Previous pages and below: The Rho Pero exhibition centre's 'sail' shortly before completion of the works.

accessibilità pone ha iniziato un intenso dibattito sul sito: c'è chi ritiene di dover accelerare i processi di innovazione e chi intende salvaguardare l'integrità storica del quartiere.

Alla fine qui sorgerà qualcosa di imponente, che accelererà anche i processi innovativi dei tessuti nelle aree confinanti quelle interessate dalla nuova progettazione. Le implicazioni saranno ancora più notevoli per la presenza della nuova sede della Regione Lombardia, a firma di Pei Cobb Freed, che sorgerà su di un lotto poco lontano dal futuro parco. Si tratta, nelle intenzioni del progettista, di un grattacielo che si confronterà con il poco distante Pirelli sia per altezza sia per struttura. In questa maniera tutto l'asse nord-est della città va prendendo vigore confermando la tendenza che il tessuto di Milano debba ormai essere trattato per il suo rinnovamento con sostituzioni o completamenti .

La stessa cosa si può dire di tutti i processi di rinnovamento a nord ovest della città, attorno alle sedi degli ex Gasometri della Bovisa, nei pressi dell'università. Il politecnico ormai da qualche anno ha dislocato il raddoppio di alcune sue facoltà presso il quartiere della Bovisa in siti di ex industrie. La presenza dell'ateneo sta producendo un rinnovamento territoriale importante sia per le nuove destinazioni d'uso che vengono prese in esame sia per la nascita di nuove residenze, convenzionate e non. Anche la Triennale troverà qui una collocazione temporanea dei propri spazi espositivi mentre il primo piano del palazzo di Viale Alemagna verrà ristrutturato, confermando quindi una vocazione recente del luogo nei confronti di destinazioni creative.

Mentre la riconversione sembra ormai interessare gli otto milioni e mezzo di metri quadri di aree dismesse un tempo sedi di grandi industrie, non c'è area di questo tipo che non abbia al suo interno un progetto approvato in procinto di essere costruito o addirittura alle fasi finali di cantiere.

Disseminati per tutta la città, i manifesti pubblicitari

fashion, conference centres, recreational facilities, space for showrooms and offices and a park with a museum of flowers and plants. The area's strategic location in terms of access puts the whole site in the spotlight of a controversial debate, for there are those who think the process of innovation should be speeded up against those who want to safeguard the area's historical integrity.

But, eventually, something impressive will be built here which will hugely accelerate all the innovations affecting infrastructure on the boundaries of new developments. The implications will be even greater because of the new headquarters of Lombardy Region, designed by Pei Cobb Freed, which is to be built on a plot near the planned park. The regional headquarters will be a tall skyscraper that the designer intends should bear comparison with the height and features of the nearby Pirelli skyscraper. Thus the whole north-east axis of the city is becoming invigorated, confirming in practice the trend for Milan's infrastructure to be renovated by replacements or completions.

The same can be said for all the renovations going on in the northwest of the city around the area formerly occupied by the gasometers at Bovisa, near the University. Some years ago the Polytechnic moved some of its faculties to a second campus in the Bovisa area, onto former industrial land. The effects on regeneration of having this seat of learning here are important in terms both of finding new uses and of renovating immense areas that will be redeveloped for housing, sometimes approved and sometimes without planning permission. The Triennale, too, will find a temporary home here for its own exhibition spaces while the first floor of the building on Viale Alemagna is being refurbished, a move which reinforces the recent trend for the site to be used too for creative purposes.

Almost all the 8,500,000 square metres of disused land that was once the site of major industries is now about to be redeveloped and returned to the city

Sopra: Una prospettiva sugli spazi aperti di Santa Giulia nel progetto di Norman Foster.

Above: View of the open spaces of Santa Giulia in Norman Foster's design.

di Santa Giulia reclamizzano un altro intervento su vasta scala che interessa più di un milione di metri quadri un tempo vocati alla produzione industriale. Una volta terminato, sarà un vero e proprio brano di città con tanto di residenze, uffici, chiesa e un mall importante per una migliore fruizione della parti pubbliche e commerciali. La portata del progetto sta anche nella sua dimensione, così estesa da farle assumere il ruolo di nuova polarità all'interno del tessuto della città.

Una polarità analoga la osserviamo anche nell'intervento del Portello, collocato in posizione diametralmente opposta all'area di Santa Giulia, soprattutto se considerato nella sua completezza morfologica insieme al soprastante progetto del Jewellery Center. La costruzione di queste due linee

transformed. In the meantime, there is not a single area of this type that is not scheduled for redevelopment or indeed, in the final phases of reconstruction.

Advertising material for Santa Giulia has been distributed throughout the city, publicising a radical project on a vast scale that will involve more than a million square feet once used for industrial production. When it's finished, it will be a whole new district of the city with commensurate homes, offices and churches, plus a sizeable mall to make better use of the public and commercial parts of the development. The scope of the project lies also in its size: it is big enough to create a new polarity in the fabric of the city.

A similar polarity can be observed in the Portello project, located diametrically opposite the Santa

di forza nella crescita della città, secondo l'asse nordovest e sudest, che interseca un asse nordest sudovest, appartiene a delle visioni urbane chiamate della T rovesciata, riportate in un documento di inquadramento delle politiche urbanistiche del 2000. Questo nuovo schema insediativo di riferimento che oltrepassa una visione policentrica della città in realtà non impedisce in alcuna maniera che nel territorio urbano avvenga una disseminazione di progetti a pioggia decisamente alta.

Passiamo dalla ridestinazione e riqualificazione del progetto per l'Arengario a nuovo museo di arte moderna al progetto per la nuova Biblioteca Europea della Cultura, dalla ridestinazione e ricostruzione di aree quali Rubattino, a Pompeo Leoni, Adriano, Maciacchi. Una recente strumentazione urbanistica ha permesso questo tipo di dinamica, rimasta assopita per anni imbrigliata nelle maglie di vecchi strumenti regolatori. La città, dopo essersi ritrovata otto milioni e mezzo di metri quadrati di aree dismesse e periferiche, ora è in procinto di affrontare la dismissione di vaste aree legate ai vecchi tracciati ferroviari come anche la ridestinazione di edifici ormai obsoleti un tempo destinati ad uffici o a nuove residenze per le classi meno agiate.

Ma è anche il momento in cui Milano affronta i temi dell'arte, della sua collocazione in aree come quelle legate agli spazi di Via Ventura o alle ex officine Riva & Calzoni, sede della fondazione Pomodoro, ristrutturate dallo Studio Cerri. Temi, quelli dell'arte e della creatività, spesso utilizzati quando le grandi urgenze urbane sono comunque già sanate.

Inoltre per la saturazione dei tessuti a cui è ormai giunta la città i prossimi importantissimi passi si muoveranno attorno alla definizione dei perimetri urbani costruiti o verdi che siano, la dove aree ad alta densità possono essere ridestinate a nuova estensione del parco o a nuova costruzione. Su questo tema, il nuovo vero tema dopo quello delle aree dismesse, la città si appresta a un grande dibattito che coinvolgerà gli interessi di molti all'interno della comunità degli addetti ai lavori. Sarà molto probabilmente ancora una volta la creatività e la forza del fare tipica milanese che aprirà spazio a nuove idee e realizzazioni.

Giulia area, especially if it is considered in its morphological entirety along with the existing project for the Jewellery Centre. Construction of these two lines of strength in the city's growth along a north-west and south-east axis, intersecting a north-east south-west axis, is part of an urban vision known as an upside-down T and was set out in a town planning policy document dating from 2000. This new benchmark scheme for development goes beyond a polycentric vision of the city; in reality it in no way prevents the urban territory from being flooded with new projects.

There's also the redevelopment converting l'Arengario into a new museum of modern art, the project for the new European library of culture, and new uses and regeneration of areas like Rubattino, Pompeo Leoni, Adriano and Maciacchi. A new instrument governing town planning has allowed this sort of dynamic in a planning process that has been sluggish for years, heavily encumbered by the old, bureaucratic planning regulations. Having freed up 8,500,000 square metres of disused and peripheral land, the city is now about to deal with the release of vast areas of the old railway network. It is also preparing to find new uses for obsolete buildings once intended for offices or new homes for people on low incomes.

But this is also a time when Milan is confronting the themes of art and how it is placed in areas like those around Via Ventura or the former Riva & Calzoni workshops, now the headquarters of the Pomodoro Foundation, converted by Studio Cerri. It's well known that the themes of art and creativity are often addressed after the city's immediate needs have been met.

Furthermore, the city's infrastructure has now reached saturation point. To address this, the next crucial steps will be to define the city's perimeter, whether built-up or green, designating where former industrial areas can be redeveloped to extend the park or for new construction. On this subject, the real new theme to be addressed after that of disused areas, the city is preparing for a great debate that will involve the interests of many in the development community. Most likely it will once again be the creativity and strength of will typical of Milan that will open the way for new ideas and new constructions.

Sopra: Notturno sul progetto di Cesar Pelli per la Città della Moda.

Above: Night view of Cesar Pelli's project for the City of Fashion.

Ringraziamenti

Un ringraziamento particolare al fotografo Matteo Piazza e all'art director Warren Bonett per aver contribuito in modo eccezionale allo spirito creativo del libro, offrendo la loro opera con generosità, professionalità e pazienza.

Un ulteriore ma non minore ringraziamento a Monica Motta, che con la sua dedizione e tenacia si è dimostrata instancabile aiuto nella parti più complesse di questa pubblicazione, in tutte le fasi di lavorazione. Il suo contributo è stato ed è tuttora insostituibile.

Vorrei anche ricordare tutti gli uffici stampa che hanno collaborato a fornire informazioni su spazi e attività; Sheena Cleland e Lucy Isenberg che hanno tradotto e redatto la versione inglese del testo; e Gianluca Zucchelli, che ha contribuito alla redazione di alcuni progetti in italiano.

Ultima, ma prima di questo elenco, l'Editor di Wiley, Mariangela Palazzi-Williams, che con la sua vivacità e intraprendenza ha affettuosamente guidato e spronato tutti noi alla concezione e completamento dell'opera.

Acknowledgements

Particular thanks go to the photographer, Matteo Piazza, and to the art director Warren Bonett for their exceptional contribution to the creative spirit of the book. Both of them lent their expertise with generosity, professionalism and patience.

I owe just as much thanks to Monica Motta. With her dedication and tenacity she gave her untiring help in the most complex parts of this book, at every stage of compilation. Her contribution was, and still is, irreplaceable.

I would also like to thank all the press offices who contributed information on their spaces and activities. My thanks too to Sheena Cleland and Lucy Isenberg who translated and edited the English version of the text; and to Gianluca Zucchelli, for his editorial contribution to some of the projects in Italian.

Lastly, but top of this list, my thanks go to my Editor Mariangela Palazzi-Williams, who affectionately guided us and spurred us all on with her vivacity and initiative to conceive and complete this book.

Crediti fotografici // Photo Credits

All photos are by Matteo Piazza unless otherwise specified. All post-production for the photos by Matteo Piazza has been handled by Pino Tellarini.

Cover, pp 8-9 courtesy Nord Light, photos Matteo Piazza; pp 84, 189, 191 (r) courtesy Nord Light; pp 11, 21, 23, 37, 39, 40, 41, 45 © Gianni Berengo Gardin; pp 13, 14, 20, 31, 32, 38 © Cesare Colombo; pp 17, 19 Archivio Pirelli; p 87 courtesy Town House Galleria, photo © Giampiero Briozzo; p 35 Archivio Storico Fiera di Milano; p 29, 46, 47 Courtesy Domus; pp 83, 109-111 © Dolce & Gabbana, photo Ruy Teixeira; pp 97-101 courtesy Matteo Thun & Partners; p 123 courtesy Obikà London; pp 130-137 courtesy Claudio Silvestrin, photos Matteo Piazza; pp 141, 164-165 © D&G Dolce & Gabbana; pp 144, 227, 266-267, 271, 285, 287 © Alberto Ferrero; 155-163 © Dolce & Gabbana, photos Andrea Martiradonna; pp125-9 © LeoTorri.it; pp 167-168 courtesy Gucci; pp 244-245, 251-254 © Christine Schaum; p 247 courtesy Nord Light, photo Pino Tellarini; pp 249 (t), 257-259 courtesy Molteni & C SpA; pp 249 (b), 263-265 © Max Rommel; pp 261-262 © Massimo Garriboli; pp 273, 275 © Mads Mogensen per Casa Amica 2002; pp 281, 283 Vaclav Sedy; pp 288-289, 291 Archivio Fondazione Fiera, photo Federico Brunetti; p 293 courtesy Norman Fosters & Partners.